Nachhaltig Führen

Peter Kinne

Nachhaltig Führen

Werkzeuge für erfolgreichere Organisationen
und eine bessere Gesellschaft

1. Auflage

Schäffer-Poeschel Verlag Stuttgart

Bibliografische Information der Deutschen Nationalbibliothek
Die Deutsche Nationalbibliothek verzeichnet diese Publikation in der Deutschen Nationalbibliografie; detaillierte bibliografische Daten sind im Internet über http://dnb.dnb.de/ abrufbar.

Print:	ISBN 978-3-7910-6516-8	Bestell-Nr. 12122-0002
ePub:	ISBN 978-3-7910-6517-5	Bestell-Nr. 12122-0101
ePDF:	ISBN 978-3-7910-6518-2	Bestell-Nr. 12122-0151

Peter Kinne
Nachhaltig Führen
1. Auflage, April 2025

© 2025 Schäffer-Poeschel Verlag für Wirtschaft · Steuern · Recht GmbH
Reinsburgstr. 27, 70178 Stuttgart
www.schaeffer-poeschel.de | service@schaeffer-poeschel.de

Bildnachweis (Cover): Stoffers Grafik-Design, Leipzig, KI-generiert mit Midjourney

Produktmanagement: Dr. Frank Baumgärtner
Lektorat: Elke Renz, Stutensee

Dieses Werk einschließlich aller seiner Teile ist urheberrechtlich geschützt. Alle Rechte, insbesondere die der Vervielfältigung, des auszugsweisen Nachdrucks, der Übersetzung und der Einspeicherung und Verarbeitung in elektronischen Systemen, vorbehalten. Der Verlag behält sich auch eine Nutzung des Werks für Text und Data Mining im Sinne von § 44b UrhG vor. Alle Angaben/Daten nach bestem Wissen, jedoch ohne Gewähr für Vollständigkeit und Richtigkeit.

Schäffer-Poeschel Verlag Stuttgart
Ein Unternehmen der Haufe Group SE

Sofern diese Publikation ein ergänzendes Online-Angebot beinhaltet, stehen die Inhalte für 12 Monate nach Einstellen bzw. Abverkauf des Buches, mindestens aber für zwei Jahre nach Erscheinen des Buches, online zur Verfügung. Ein Anspruch auf Nutzung darüber hinaus besteht nicht.

Sollte dieses Buch bzw. das Online-Angebot Links auf Webseiten Dritter enthalten, so übernehmen wir für deren Inhalte und die Verfügbarkeit keine Haftung. Wir machen uns diese Inhalte nicht zu eigen und verweisen lediglich auf deren Stand zum Zeitpunkt der Erstveröffentlichung.

Inhaltsverzeichnis

Zuversicht 9

Erster Teil 11

1	**Zweifach legitimiert**	13
1.1	Gute und schlechte Nachrichten	13
1.2	Auf Führung kommt es an	15
1.3	Seele der Nation	21
1.4	Was also tun?	22
1.5	Zu den zwei Teilen dieses Buchs	25
2	**Mythen und andere Lasten**	31
2.1	Heldinnen und Helden	31
2.2	Denken und Verhalten	35
2.3	Effizienz-Getriebene	41
3	**Interaktion ist der Schlüssel**	45
3.1	Warum Mastermind-Strategien?	45
3.2	Wir leben in Systemen	46
3.3	Systemische Dynamiken	49
3.4	Erwartungen	52
3.5	Dreifache Wirklichkeit	55
3.6	Kommunikation und Sinn	56
3.7	Neurologie der Organisation	59
4	**Wie Ertrag entsteht**	63
4.1	Resilienzprinzipien	63
4.2	NEO-Haus: Kategorien und Indikatoren	65
4.3	Logik der Wertschöpfung	71
4.4	Immaterielle Ressourcen	74
5	**Leadership Essentials**	77
5.1	Das Haus nachhaltiger Führung	77
5.2	Vereinfachen, was vereinfacht werden kann	79
5.3	Imaginativ abstrahieren	82
5.4	Vielfalt kultivieren	84
5.5	Einflusslinien, Stilfragen, Gespräche, Selbstführung	87
5.6	Führung und künstliche Intelligenz	90
5.7	Infrastruktur für ganzheitliche Orientierung	93

Zweiter Teil ... 95

6 Zum Aufbau von Teil 2 ... 97

7 Drei Phasen der Moderne ... 99

8 Paradigmenwechsel ... 103
8.1 Problemkomplexe ... 103
8.2 Liberalismus, der einbettet ... 105
8.3 Was Organisationen beitragen können ... 107

9 Resonanzverlust ... 109
9.1 Reproduktion durch Steigerung ... 109
9.2 Misslungene Weltbeziehungen ... 109
9.3 Was Organisationen beitragen können ... 111

10 Gesellschaft der Risiken ... 113
10.1 Globale Verwundbarkeit, globale Verantwortung ... 113
10.2 Transnationale Kooperation ... 114
10.3 Was Organisationen beitragen können ... 115

11 Big Reconnect ... 117
11.1 Systemfallen ... 117
11.2 Horizonte ... 118
11.3 Was Organisationen beitragen können ... 119

12 Glaubwürdigkeit ... 121
12.1 Fiktionale Erwartungen ... 121
12.2 Was Organisationen beitragen können ... 121

13 Vom Verkauf der Zukunft ... 123
13.1 Lösungsblockaden ... 123
13.2 Moralisch anstecken ... 125
13.3 Was Organisationen beitragen können ... 126

14 Überforderte Gesellschaft ... 127
14.1 Querlagen ... 127
14.2 Latenz – und Arrangements, die praktisch funktionieren ... 128
14.3 Was Organisationen beitragen können ... 130

15	Quellen gesellschaftlicher Konflikte	131
15.1	Konfliktarenen	132
15.2	Die Trigger	134
15.3	Moralisch plausibel	134
15.4	Was Organisationen beitragen können	135
16	**Anstoß**	139

Anhang: NEO-Check	143
Danke	148
Literatur	149
Zum Autor	155

Zuversicht

Deutsche sind zuversichtlich. Mit Hinblick auf ihr persönliches Umfeld und privates Glück. 2023 waren 87 Prozent von ihnen sehr oder ziemlich zufrieden mit dem Leben, das sie führen.[1]

Alles prima, oder etwa nicht?

Tiefenpsychologische Analysen haben Hintergründe des allgemeinen Wohlbefindens aufgedeckt. Die Zuversicht entsteht durch Rückzug ins Private: Wohnung, Kochen, Fitness und Beauty, Familie und Freunde, Streaming-Dienste. Konzerte und Reisen, wenn man sich das leisten kann. Gleichzeitig herrscht Angst vor Autonomieverlust, Spaltung der Gesellschaft, Radikalisierung, Substanzverlust bei der Infrastruktur.

Die Verengung des Glückshorizonts auf das Privatleben führt dazu, dass 57 Prozent den Klimawandel nicht zu den fünf bedrohlichsten Krisen zählen. Bis Überflutungen, Dürre und Brände sie persönlich betreffen. (Lerneffekte sind selbst dann nicht garantiert: Bewohner des Ahrtals bauen ihre neuen Häuser genau da, wo ihre alten der Flut zum Opfer fielen.)[2] In privaten Wagenburgen haben es Perspektiven und Aktivierungsimpulse von außen schwer. Weniger Fleisch, öfter mal radeln, Fernreise verschieben – klar will man etwas beitragen. Im Übrigen sollen es technischer Fortschritt und die nächste Generation richten.[3]

Ich finde den Befund alarmierend, weil er uns die Passivität einer desillusionierten Gesellschaft vor Augen führt. Man zeigt bürgerliche Empörung, wenn sich dazu Gelegenheit bietet, überlässt die Zukunft unserer Gesellschaft aber anderen. Zu denen gehören dann nicht nur Mitglieder von Institutionen wie Ethikrat, Wissenschaftsrat und Bewegungen wie Fridays for Future, sondern auch Menschen mit Allmachtsfantasien, Profilierungswahn, Profitgier, sozialer Blindheit und Orientierung an Legislaturperioden. Meist kennzeichnet solche Menschen eine Fehleinschätzung des Systems, in dessen Rahmen sie agieren. Sind wir »Normalos« diesen Menschen nicht hilflos ausgeliefert?

Organisationen sind es nicht. Mit dem, was Unternehmen, Behörden, Schulen und Hochschulen, Institute, Vereine und sonstige private und öffentliche Einrichtungen tun, und *wie* sie es tun, können sie einer bedrohten, freiheitlich demokratischen Gesellschaft wertvolle Impulse geben. Grundlage dafür ist die eigene Nachhaltigkeit, die sie zukunftsfähig macht. Ob das gelingt, hängt vor allem von Führung ab. Nützliche Werkzeuge für nachhaltiges Führen sind selten, abgesehen davon, dass viele Leitende dabei an Klimawandel und Umweltschutz denken – und damit natürlich zu kurz greifen. Weil Führung kein Beruf mit solider Ausbildung ist, geben Wirtschaftsjournale Tipps wie diese:

- *Wie selbst dann Zeit für Pausen bleibt, wenn viel zu viel Arbeit ansteht.*
- *So gewinnen Chefs erschöpfte Teams für den Neustart.*
- *Warum manch ein Meeting durch einen Witz gewinnt; Chefs sollten Kritik nicht zu persönlich nehmen.*

---

1 https://de.statista.com/statistik/daten/studie/153748/umfrage/allgemeine-zufriedenheit-mit-dem-eigenen-leben/ (Zugriff: 23.10.24).
2 https://www.swr.de/swraktuell/rheinland-pfalz/koblenz/vergessen-nach-der-flut-im-ahrtal-102.html (Zugriff: 23.10.24).
3 Rheingold-Institut (2023): Die Zuversicht der Deutschen in Krisenzeiten; Grünewald, S. (2023): Mit German Angst raus aus der Trägheitsfalle. In: Wirtschaftswoche 36/2023, 40 f.

- *Neue Chefs neigen zu Tatendrang. Doch das ist gefährlich.*
- *Künstliche Intelligenz – Müssen Chefs prompten können?*
- *Wie man nervige Aufgaben am besten erledigt.*
- *In einer ungewissen Welt sollten Manager auf ihren Bauch hören.*
- *Vom schmalen Grad zwischen Sicherheit und Kuschelkurs.*[4]

Solche Tipps mögen fallweise nützlich sein. Aber könnte nicht zumindest der Führungsnachwuchs der Illusion erliegen, damit sei das gesamte Universum der Führungskunst abgedeckt?

Dieser Ratgeber beschreibt Grundlagen und neue »Werkzeuge« für nachhaltiges Führen. Außerdem vermittelt er Facetten unserer Gesellschaft, die Organisationen etwas angehen, weil sie in und mit dieser Gesellschaft agieren. Wir brauchen dringend mehr Chefinnen und Chefs, die sich nicht damit zufriedengeben, im Berichtsjahr einigermaßen über die Runden zu kommen. Die in einer Gesellschaft Impulse setzen wollen, welche sich unter neuen Bedingungen neu beweisen muss. Die wissen, dass die Art die Weise, wie man Ertrag erzeugt, nicht nur ansteckend, sondern auch Faustpfand im Wettbewerb sein kann: um Kunden und andere Zielgruppen und natürlich auch um Talente. Dieses Buch soll sie dabei unterstützen.

Kein soziales Gebilde ist besser geeignet, Impulsgeber einer freien, demokratischen Gesellschaft zu sein, als Organisationen. Das liegt nicht nur daran, dass es so viele davon gibt. Unsere Gesellschaft ist verletzlich. Ohne positive Impulse aus ihrer Mitte heraus könnte es immer schwerer werden, eine Organisation zu leiten, ihre Vitalität zu entfalten und persönliche Zufriedenheit daraus zu beziehen. Und unsere Gesellschaft stark genug in einem Europa zu machen, das von Mächten mit autokratisch-neoimperialer Attitüde ernst genommen wird.

Im Vorteil ist, wer in leitender Funktion die Dinge so sieht, wie sie sind, vertraute Lehrmeinungen relativieren kann und nicht jeder Managementmode nachjagt. Wer über starke Antennen verfügt für die natürlichen Funktionsbedingungen einer Organisation, die auch dann gültig bleiben, wenn sich, wie heute, Akzente verschieben: bei Gefährdungslagen und sozio-politischen Konstellationen, beim Tempo technischer Entwicklungen, beim Umgang mit Fakten. Bei den Möglichkeiten, Einfluss zu nehmen. Im Vorteil ist, wer vor Komplexität nicht kapituliert, sondern die Herausforderung annimmt. Wer Ertrag breiter denken kann als andere und neuen Impulsen mit Neugier begegnet. Wenn die Zahl solcher Menschen wächst, ist Zuversicht angebracht.

---

[4] Wirtschaftswoche 19, 46, 48, 49, 52 (2023), 3, 4, 17 (2024).

Erster Teil

1 Zweifach legitimiert

1.1 Gute und schlechte Nachrichten

Unter der Überschrift »Lichtblicke« brachte die Süddeutschen Zeitung in ihrer Silvesterausgabe von 2023 Beiträge, die am Ende eines an Katastrophen nicht gerade armen Jahres Erfreuliches für 2024 ankündigten: Olympische Spiele in Paris, einer Hauptstadt, die wie keine andere ihr Radwegenetz ausbaut, mehr genehmigte Windräder in Baden-Württemberg, ein zur Abwechslung mal würdevoller Verlierer im Wettbewerb um ein Präsidentenamt (George Weah in Liberia). Erfreulich war auch die Abwehr des Verkaufs Berliner Mietwohnungen an einen Privatinvestor durch Nutzung des kommunalen Vorkaufsrechts, Erfolgsaussichten beim Bekämpfen genbedingter Krankheiten mit der Genschere CRISPR/Cas sowie Zeichen der Ablehnung bei US-Bürgerinnen und Bürgern gegenüber einer Staatsführung à la Trump. (Zwei Wochen später bestätigte der US-Bundesstaat Iowa Trump mit 51 % der Stimmen als Präsidentschaftskandidat der Republikaner). Der Gesellschaftsteil der Ausgabe enthielt 23 gute Nachrichten aus dem zu Ende gehenden Jahr, der Artikel »Der Weg zum Glück« den Hinweis, dass ein Spaziergang schön sein kann, wenn man ihn einfach so unternimmt.

Den Mutmachern stand weniger Erfreuliches gegenüber: »Lasst uns den Standort retten« – Rückblick auf ein Jahr mit Kriegen, Krisen und Konjunkturtiefs, dem ein noch schlimmeres folgen könne. Unter der Überschrift »Extremwetter« ein Interview mit Friederike Otto, Erfinderin einer Methode, die Klimawandel als Verursacher von Wetterkatastrophen nachweisbar macht. Sie war frustriert über die Abschlusserklärung der Weltklimakonferenz, die 2023 in Dubai stattgefunden hatte. Nicht erklärt wurde dort nämlich, »wer wie wann was machen muss, um das Verbrennen von Kohle, Öl und Gas zu beenden«[5]. (Ein Jahr später zeigte sich, dass die CO_2-Emissionen weiter gestiegen waren.)[6] Spätestens seit der Covid-Pandemie verdichten sich krisenhafte Zustände, medial vermittelt, zu gefühlt nie gekannter Gleichzeitigkeit schlechter Nachrichten: Überschwemmungs-, Dürre- und Hungerkatastrophen, Pandemie, Finanz- und Energiekrisen, Cyberkriminalität, zunehmend ungleiche Verteilung von Gütern und Lebenschancen, machtpolitische Konflikte in der globalen Arena, Rückkehr des Kriegs in Europa, Eskalation der Gewalt in Nahost etc. rufen Bestürzung und Ängste hervor. Unsere Welt erscheint verwirrend und gefährlich. Menschen suchen nach neuen Gewissheiten, weil ihnen alte abhandengekommen sind. Das neue Sehnsuchtswort ist Nachhaltigkeit: Erhalten werden soll, was erhaltenswert ist. Das liegt zwar im Auge des Betrachters, aber in einem sind sich realitätsaffine Menschen mittlerweile einig: Der Klimawandel, den wir Menschen durch – aus heutiger Sicht fahrlässige Nutzung technischen Fortschritts seit 250 Jahren verursacht haben (1776 erhielt James Watt von König George III. das Patent für seine Überdruck-Dampfmaschine), beraubt uns unserer natürlichen Lebensgrundlage, wenn alles so bleibt, wie es ist. Nebenfolgen sind Erderwärmung, Extremwetterlagen, Anstieg des Meeresspiegels (Küstenbewohner verlieren ihre Heimat), Artensterben, Ertragseinbrüche in der Landwirtschaft, Zunahme von

---

5   Süddeutsche Zeitung, 79. Jahrgang, 52. Woche, Nr. 300.
6   Nach Abschluss der Weltklimakonferenz 2024 in Baku waren die sogenannten Entwicklungsländer bitter enttäuscht, dass die industriellen Verursacher des Klimawandels nicht bereit waren, sie beim Kampf gegen die Klimakrise im geforderten Umfang (1,3 Billion Dollar jährlich bis 2035) zu unterstützen. https://www.tagesschau.de/ausland/baku-cop29-reaktionen-100.html (Zugriff: 24.11.2024).

Herz-Kreislauf-Krankheiten etc. Eine gestörte Biosphäre, Verknappung von Süßwasservorräten sowie beschädigte Phosphat- und Stickstoffkreisläufe durch einseitige Landnutzung gehen ebenfalls auf das Konto von uns Menschen.[7] Deshalb ja hat Paul Crutzen, Nobelpreisträger für Chemie, vorgeschlagen, die erdgeschichtliche Epoche seit 200 bis 300 Jahren *Anthropozän* zu nennen. In Peter Sloterdijks pointierter Ausdrucksweise »gehört es zu den Ironien moderner Zustände, dass man rückwirkend alles verbieten müsste, was gewagt wurde, um sie zu verwirklichen.«[8]

Nicht nachhaltig ist auch die ungleiche Verteilung der Möglichkeiten, sich vor den Folgen ökologischer Krisen zu schützen. Ein Prozent der Weltbevölkerung besitzt mehr Finanzmittel als der Rest der Welt zusammen. In Deutschland gingen vom Vermögenszuwachs, der zwischen 2020 und 2021 erwirtschaftet wurde, 81 Prozent an das reichste Prozent der Bevölkerung, 19 Prozent an die restlichen 99 Prozent. Ein zentraler Reproduktionsmechanismus von Ungleichheit ist Erbschaft: Große Erbschaften erhalten jene, die bereits vermögend sind.[9] Zudem wachsen Renditen auf Kapital schneller als Einkommen aus Erwerbsarbeit.[10]

Aber nicht nur ökologische und soziale, auch ökonomische Probleme und technische Risiken, Wirksamkeitsprobleme staatlicher Instanzen und Vertrauensverlust gegenüber dem Staat müssen verkraftet werden. Vertrauensverlust beflügelt antidemokratische Fantasien und befördert die Radikalisierung von Randgruppen. Mit Gefühlen von mangelnder Selbstwirksamkeit und Kontrollverlust, mit Abwertung von Andersartigkeit einerseits und ideologischer Blindheit für Unterschiede andererseits werden radikalisierte Gruppen – respektlos gegenüber Fakten – immer besser darin, die Mitte der Gesellschaft sozial-medial zu beschallen. *Polarisierungsunternehmer* betreiben Affektpolitik.[11] Paul Mason sieht den demokratischen Liberalismus im 21. Jahrhundert durch technikbasiertes *Empowerment von Emotionen* attackiert.[12] Algorithmen setzen Empörungsspiralen in Gang, falsche Nachrichten verbreiten sich deutlich schneller an exorbitant mehr Menschen als richtige. Sinan Aral, Professor am Massachusetts Institute of Technology, nennt soziale Medien deshalb eine *reality-distortion machine*.[13] Und weil auch Desinformation Überzeugungen stärkt und Menschen mobilisiert, wächst in demokratischen Staaten die Gefolgschaft von Parteien, die das zu nutzen wissen. Aufrechte Demokratinnen und Demokraten erkennt man heute daran, dass ihnen finstere Mächte Gewalt androhen.

Eine Entwicklung ist nachhaltig, *wenn sie den Bedürfnissen der heutigen Generation entspricht, ohne zu riskieren, dass künftige Generationen ihre eigenen Bedürfnisse nicht befriedigen können.*[14] Dieser Leitsatz aus dem Bericht der Brundtland-Kommission von 1987 hat eine neue Verantwortungsethik begründet: menschenwürdiges Leben für alle heute und künftig lebenden Menschen. 2015 wurde der Satz von den 193 Staaten der Vereinten Nation durch 17 Ziele konkretisiert, die berühmten Sustainable Development

---

7 https://www.pik-potsdam.de/de/aktuelles/nachrichten/schwindende-widerstandskraft-unseres-planeten-planetare-belastungsgrenzen-erstmals-vollstaendig-beschrieben-sechs-von-neun-bereits-ueberschritten-1 (Zugriff: 23.10.24).
8 Sloterdijk, P. (2016), S. 150.
9 Mau, S. et al. (2023), S. 71.
10 Piketty, T. (2015), S. 74.
11 Mau, S. et al. (2023), S. 373 ff.
12 Mason, P. (2019), S. 74.
13 Aral, S. (2020), S. 6.
14 Vgl. WCED (1987), S. 43: «Sustainable development is development that meets the needs of the present without compromising the ability of future generations to meet their own needs.»

Goals (SDGs). Abgesehen davon, dass Autoren des Club of Rome darin Widersprüche sehen, solange wir weiter so wirtschaften wie heute,[15] liegen im globalen Maßstab die meisten dieser Ziele in weiter Ferne.[16] Der Weltgemeinschaft erwachsen dadurch Risiken, die sich gegenseitig verstärken.

Im Global Risks Report 2024 des World Economic Forum werden Extremwetter, mittels künstlicher Intelligenz erzeugte Fehl- und Desinformation, gesellschaftliche und/oder politische Polarisierung, Krise der Lebenshaltungskosten und Cyberattacken als aktuell größte Risiken der Menschheit genannt.[17] Kontrollieren kann man sie nicht, sich dagegen versichern auch nicht. Angesichts einer *entsicherten Gesellschaft* fragt sich Ulrich Beck: »Wie soll man in Zeiten unkontrollierbarer Risiken leben?«[18] Der Global Risks Report benennt ein weiteres Risiko: »As polarization grows and technological risks remain unchecked, ›truth‹ will come under pressure.«[19]

Nicht nur die Natur, auch *die Wahrheit* ist heute bedroht. Eine *digitale* Transformation unserer Gesellschaft löst das Problem sicher nicht. Hintergründe der Nachhaltigkeitsdebatte, historische Wurzeln, grundlegende Befunde und Konzepte habe ich an anderer Stelle dargelegt.[20]

1.2 Auf Führung kommt es an

Wir Menschen neigen dazu, die Schuld für Missstände bei anderen zu suchen. Das entlastet unser Gewissen. Im Übrigen hoffen wir auf gute politische Führung. Sie soll Grundlagen guten Lebens wie persönliche Sicherheit und Freiheit, eine saubere Umwelt, Katastrophenschutz, wirksame Verteidigung gegen Angriffe von außen, stabile Preise, hochwertige Bildung und intakte Infrastruktur gewährleisten. Die Verwirklichung dieser komplexen Wunschliste scheint jedoch in lebendigen Demokratien, in denen Abwägungsdebatten öffentlich ausgetragen werden, immer schwerer zu fallen. In Deutschland jedenfalls wurde die Hoffnung auf gute politische Führung enttäuscht: Bundeskanzler Olaf Scholz, offenbar kein geborener Anführer, musste seine Ampelkoalition vorzeitig beenden, weil nicht alle Akteure die nötige Kompromissbereitschaft zeigten. Dass es nicht leicht ist, in einer demokratisch-pluralistischen Gesellschaft zu regieren, bewahrt die Akteure nicht vor heftigster Kritik. Chronisch Enttäuschte neigen leider dazu, Menschen zu folgen, die neben (Verlust-)Ängsten auch Zorn schüren und einfache Lösungen versprechen. Beleidigungen, Falschaussagen, ja sogar Straftaten mindern die Anziehungskraft solcher Menschen scheinbar nicht: Donald Trump zum Beispiel, der seine Anhänger mit der Botschaft *America first!* begeistert, wurde mit überraschend großem Vorsprung vor der Demokratin Kamala Harris erneut zum Präsidenten der Vereinigten Staaten von Amerika gewählt. Als leidenschaftlichen Klimaschützer und Verantwortungsethiker kennt man den Nationalisten und »Dealmaker« nicht. Mit Helfern wie dem Tech-Milliardär Elon Musk (Eigentümer von Tesla, SpaceX, Starlink, xAI und dem Nachrichtendienst X, Reiseziel: Planet Mars) werden persönliche Interessen gegenseitig

---

15 v. Weizsäcker, U., Wijkman, A. (2017), S. 90.
16 Sustainable Development Report 2024.
17 WEF (2024), S. 7.
18 Beck, U. (2017), S. 152; 208.
19 WEF (2024), S. 17.
20 Kinne, P. (2020), S. 19-59.

bestens bedient. Politische, wirtschaftliche und mediale Macht bilden in diesem Bund reicher Männer eine sehr unappetitliche Mischung. Auch andere finanziell sorgenfreie, vormals scheinbar liberale Weltverbesserer aus dem Silicon Valley (darunter Jeff Bezos von Amazon und Mark Zuckerberg von Meta) fühlen sich heute im Trump-Lager wohl. Schutz demokratischer Grundwerte gehört sicher nicht zu ihren Kernanliegen.

Im Ringen um Nachhaltigkeit reift derweil die Einsicht, dass man Herausforderungen wie Klimawandel, Umweltbelastung, wachsende Ungleichheit, Migration, Cyberkriminalität, Pandemiegefahr und Missbrauch von künstlicher Intelligenz nur global lösen kann, mit vereinten Kräften also. Nur: Die Komplexität der Herausforderungen überfordert Staaten, erst recht aber die Gemeinschaft der Staaten. Interessenkonflikte entladen sich wieder in Kriegen (mildere Formen, Konflikte auszutragen, sind Handelskriege). Armin Grunwald weist passend darauf hin, dass beim Suchen nachhaltiger Lösungen Konflikte nicht die Ausnahme, sondern die Regel sind.[21]

Nachhaltigkeit ist ein Anspruch, der konflikthaft auszuhandeln ist. Diese Tatsache hat das Interesse der Sozialwissenschaft geweckt.[22] Wenn aber auf die Weisheit der Politikerinnen und Politiker kein Verlass ist, müssen sich (nationale) Gesellschaften, aus Gründen des Selbsterhalts, davon unabhängiger machen. Im hier skizzierten Ansatz gehen Nachhaltigkeitsimpulse von Organisationen aus. Die sie leiten, können mehr richtige als falsche Entscheidungen treffen und damit nicht nur den Bestand ihrer Organisationen sichern, sondern sie auch zur Impulsgeberin einer nachhaltigeren Gesellschaft machen. Sie können es, wenn sie *nachhaltig führen*.

Aber was bedeutet das? Warum ist das wichtig und – *wie ist das möglich*?

Zur Beurteilung persönlicher Lebenslagen gehört die Beurteilung jener Führung, die das Leben vieler Menschen viel unmittelbarer betrifft als es eine rechtsstaatlich-politische Führung jemals könnte: die Führung in Organisationen. Dazu gehören Unternehmen, Behörden, Schulen und Hochschulen, Verbände und Vereine und sonstige öffentliche und private Einrichtungen. Die Institutionen einer Gesellschaft, ihr Rechts-, Bildungs- und Gesundheitswesen, ihre Wirtschaft, Kultur, Wohlfahrt, ja ihr Staat selbst, werden erst durch Organisationen wirksam: die *Rechtsprechung* durch Gerichte und Anwaltskanzleien, *Politik und Staat* durch politische Parteien, Bundes-, Landes- und kommunale Parlamente, Ministerien und Behörden, die *Wirtschaft* durch Unternehmen, Unternehmensverbände und Gewerkschaften, die *Wissenschaft* durch Universitäten und Institute, *Bildung und Erziehung* (neben familiären Arrangements) durch Schulen und Kindergärten. Das *Gesundheitswesen* entfaltet seine Wirksamkeit durch Arztpraxen, Krankenhäuser, Optiker, Zahntechniker, Physiotherapeuten etc., der *Kunstbetrieb* durch Museen, Galerien, Kinos, Theater, Konzerthäuser und Orchester, *Kirchen* durch Kirchengemeinden, die *Wohlfahrt* durch Wohlfahrtsverbände, Kinder-, Alten- und Pflegeheime. Reiseveranstalter und Vereine organisieren die *Freizeit*. Non-Profit-Organisationen wie Ärzte ohne Grenzen, Foodwatch, UNICEF etc. verpflichten sich dem *Gemeinwohl*. Wie alle Organisationen müssen sie wirtschaftlich betrieben werden, weil Ressourcen nicht beliebig verfügbar sind. Wie sie das machen, entscheidet die Führung. Deren gesellschaftliche Bedeutung wird jedoch, so mein Eindruck, dramatisch unterschätzt.

---

21 Grunwald, A. (2016), S. 37; 57.
22 Neckel, S. et al. (2018), S. 14.

Erwerbstätige verbringen in Organisationen ihren Alltag. Ende 2023 waren 45,8 Millionen Menschen mit Wohnsitz in Deutschland erwerbstätig[23], das sind 54 Prozent der Gesamtbevölkerung.[24] Zieht man davon 3,8 Prozent Selbständige ab[25], wird die Hälfte der Menschen in Deutschland und die Mehrheit der Erwachsenen in Deutschland irgendwie von irgendwem geführt. An jedem einzelnen Arbeitstag. Für das Gelingen von Führung und ihren Einfluss auf Geführte ist es unerheblich, in welchem Organisationstyp, Sektor, in welcher Branche oder Betriebsgröße sie ausgeübt wird. Aber was macht Organisationen und deren Führung – potenziell – so wirksam?

Organisationen befriedigen Bedürfnisse, sonst bräuchte man sie ja nicht. Außerdem sichern sie Existenzen, sind Orte sozialer Interaktion und kollektiver Sinnstiftung. Transformative Prozesse können sie besser gestalten als eine Stadtgesellschaft, eine Nation oder gar die Weltgemeinschaft, weil sie meist über irgendeine Form von Hierarchie verfügen, Bedingungen an die Mitgliedschaft stellen und Erwartungen durchsetzen können. Sie können diese Merkmale mehr oder weniger frei ausgestalten, im Rahmen kultureller Normen, politischer Vorgaben und praktischer Grenzen.[26] Für Organisationen der öffentlichen Verwaltung sind die Grenzen enger als für Unternehmen, weil ihre Aufgaben hoheitlich geregelt sind. Dienstwege, klare Verteilung von Kompetenzen und zentralisierte Entscheidungen machen sie *bürokratisch*.[27] Aber auch Behörden sind soziale Systeme, mit Menschen, deren Verhalten nicht wirklich kalkulierbar ist. Beispielsweise dann, wenn sie führen.

Abb. 1: Einflusssphären einer Organisation

Organisationen können Sinngemeinschaften bilden, persönliche Entwicklungen fördern und das für die nachhaltige Entwicklung einer Gesellschaft so wichtige Human-, Sozial- und Wissenskapital mehren. Wenn alles gut läuft, packen die Beschäftigten mit an, um ihre Organisation zu entwickeln, zu deren und ihrem eigenen Nutzen. Das bekommen auch Menschen außerhalb der Organisation mit, die mit den Beschäftigten als Familienmitglieder, Leistungsnutzer, Lieferanten, Geschäftspartner etc. verbunden sind. Sie bekommen mit, was in der Organisation so läuft, auch weil man es ihnen erzählt. Sie bekommen mit, dass Identifikation mit der Sache und Kooperation mit anderen das Engagement beflügelt und Energien freisetzt. Und weil diese Menschen wieder andere Menschen kennen, kann sich der positive Eindruck in der Zivilgesellschaft verbreiten – und Nachahmer finden (Abb. 1). In *Multi-Akteurs-Netzwerken* können Organisationen noch wirksamer werden als sie es allein schon sind.

---

23 https://de.statista.com/statistik/daten/studie/1376/umfrage/anzahl-der-erwerbstaetigen-mit-wohnort-in-deutschland/ (Zugriff: 23.10.24).
24 https://www.destatis.de/DE/Themen/Gesellschaft-Umwelt/Bevoelkerung/Bevoelkerungsstand/aktuell-quartale.html (Zugriff: 23.10.24).
25 https://www.destatis.de/DE/Themen/Arbeit/Arbeitsmarkt/Qualitaet-Arbeit/Dimension-4/solo-selbstaendige.html (Zugriff: 23.10.24).
26 Kühl, S. (2011), S. 17.
27 Bogumil, J., Jann, W. (2009), S. 21; 140.

Starke Impulse können sich in der Gesellschaft *viral* verbreiten.[28] Jens Beckert, Direktor am Max-Planck-Institut für Gesellschaftsforschung, hat wenig Hoffnung beim Klimawandel, setzt aber auf *widerstandsfähige Überzeugungen,* die bei Begegnungen entstehen können.[29] In Organisationen werden Begegnungen ständig *organisiert* – wenn Führung es veranlasst oder zumindest zulässt.

Für James March und Herbert Simon liegt die gesellschaftliche Bedeutung von Organisationen zum einen in ihrer Allgegenwart, zum anderen in der *Spezifität* ihres Einflusses auf die Menschen. Dieser steht im starken Kontrast zur *Diffusität* anderer Einflüsse, beispielsweise durch Massenmedien. Nutzerinnen und Nutzer von Zeitungen, Radio- und Fernsehprogrammen verfügen weder über ein gemeinsames Vokabular noch über geteiltes Wissen zu bestimmten Themen. Voraussagen, was massenmedial verbreitete Botschaften jeweils bewirken, sind kaum möglich. Von Mitgliedern einer Organisation hingegen wissen die Absender einer Botschaft, vor allem wenn sie selbst Mitglieder sind, so manches über Kenntnisse, Erwartungen und Hoffnungen.[30]

Wer andere in einer Organisation führt, beeinflusst persönliche, materielle Ressourcen (durch Entlohnung), Fähigkeiten und Kenntnisse (durch Alltagserfahrungen, Aus- und Fortbildung) und Gefühle (durch die Art und Weise der Führung). Einen derart umfassenden, legitimen Zugriff auf Menschen haben sonst nur Eltern, in früheren Phasen der Sozialisation. In späteren Phasen greifen auch Lehrerinnen und Lehrer, vor allem aber Vorgesetzte auf die Lebenswirklichkeit von Menschen zu. Um die Führungskultur scheint es jedoch in Deutschland nicht gut bestellt zu sein, und das nicht erst seit kurzem.

Die Langzeitermittlung der emotionalen Bindung von Beschäftigten an ihren Arbeitgeber ergab für 2023, dass nur 14 Prozent der Befragten ein durch gute Führung geprägtes Arbeitsumfeld erleben, das emotional bindet. 19 Prozent der Befragten haben innerlich gekündigt (schlechtester Wert seit 2012!), der Rest macht Dienst nach Vorschrift.[31] Vielleicht haben die Krisen der letzten Jahre (Pandemiefolgen, hohe Strompreise, brüchige Lieferketten, Fachkräftemangel etc.) die Führung anderweitig beansprucht. Transformation funktioniert aber nicht ohne Engagement. Laut einer Metastudie sind engagierte Beschäftigte zufriedener als andere, fühlen sich seltener bei der Arbeit gestresst und bringen weniger Stress mit nach Hause. Davon profitiert auch ihr Umfeld.[32]

Dauergestresste sind keine verlässliche Inspirationsquelle, wenn es gilt, schulpflichtige Kinder beim Aneignen des Lernstoffs zu unterstützen. Unwahrscheinlich, dass Mütter und Väter unter Stress *Value Time* mit ihren Kindern verbringen. Arbeitsfrustrierte sind keine Idealbesetzung, um in freundlicher Zuwendung an kommunalen Tafeln Essen zu verteilen. Abgesehen von erwartbaren Minderleistungen am Arbeitsplatz dürften sie weder Lust noch Energie für ehrenamtliche Tätigkeit aufbringen. Ohne die brechen aber weite Teile des zivilgesellschaftlichen Lebens zusammen.

---

28 Kinne, P. (2020), S. 105-113.
29 Beckert, J. (2024), S. 197.
30 March, J., Simon, H. (1993), S. 22.
31 Engagement Index 2023.
32 https://www.gallup.com/de/505997/rote-karte-schlechte-f%c3%bchrung-emotionale-bindung-deutscher-besch%c3%a4ftigter-talfahrt.aspx (Zugriff: 23.10.24).

Die Krankenkasse DAK-Gesundheit meldet psychisch bedingten Anstieg von Fehltagen im Job um 56 Prozent im Zeitraum 2010 bis 2020. Hauptursachen sind neurotische, Belastungs- und somatoforme Störungen (Stress, Burnout, Ängste, Anpassungsstörungen) sowie affektive Störungen wie z. B. Depressionen.[33] Spitzenreiter bei Fehltagen waren das Gesundheitswesen und die öffentliche Verwaltung (ein Corona-Effekt war noch nicht erkennbar). Die Kaufmännische Krankenkasse (KKH) meldet für das erste Halbjahr 2023 die Zunahme von Fehlzeiten wegen psychischer Belastungen von alarmierenden 85 Prozent zum Vorjahr. Laut einer Forsa-Umfrage sind es, neben Krisen wie Klimawandel und Inflation, vor allem hohe Ansprüche an sich selbst, die Menschen Stress bereiten. Aber auch ständige Erreichbarkeit via Smartphone sowie finanzielle Sorgen verursachen Stress.[34]

Ein hoher Anspruch an sich selbst wird zum Problem, wenn man sich überfordert fühlt. Wer, außer den Betroffenen selbst, kann dieses Gefühl stärker beeinflussen als Vorgesetzte?

Sogar die immer noch stärkste Volkswirtschaft der Welt hat anscheinend Führungsprobleme. Jeffrey Pfeffer, Professor für Organisational Behaviour an der Standford University, berichtet von einer Langzeitstudie in den USA, einem Land, in dem nach Schätzungen jährlich 14 Milliarden Dollar in Führungskräfteentwicklung investiert werden. Jede zweite Führungskraft war eine Fehlbesetzung.[35] Pfeffer hat errechnet, dass in seinem Land jährlich etwa 120.000 Menschen wegen Problemen mit der Arbeit sterben: 29 Prozent davon, weil sie keine Arbeit haben, 40 Prozent, weil sie nicht gegen Krankheit versichert sind, 24 Prozent, weil ihr Job unsicher ist. Bei 14 Prozent liegt es daran, dass sie nicht selbstbestimmt arbeiten können, bei 10 Prozent an Schichtarbeit, bei 2,5 Prozent an mangelnder Unterstützung. Vorgesetzte ermöglichen selbstbestimmtes Arbeiten und bieten Unterstützung – oder nicht. Nach Pfeffers Rechnung haben Leitende in den USA jährlich 20.000 Tote zu verantworten.[36] Mit Hinblick auf die Lebensqualität der Beschäftigten sieht er zwei Möglichkeiten:

> »Employers can make decisions to improve people's lives in fundamentally important ways. Or, alternatively, employers can, either intentionally or through ignorance and neglect, create workplaces that literally sicken and kill people.«[37]

Es sieht ganz danach aus, dass wir ein gigantisches Transformationspotenzial ungenutzt lassen.[38]

Angesichts der Bedeutung von Organisationen hält Fredmund Malik Führung für die wichtigste Funktion der Gesellschaft. Umso beklagenswerter sei, dass sich die meisten Führungskräfte nur mit einem kleinen Teil dessen zufriedengeben, was sie *lernen könnten*. Dann bleibt Führung weit unterhalb dessen, was möglich wäre. Malik sieht »Management« als Beruf, mit Grundsätzen, Aufgaben und Werkzeugen. Die

---

33 https://www.dak.de/dak/download/report-2429408.pdf (Zugriff: 23.10.24).
34 https://www.spiegel.de/wirtschaft/arbeitsbelastung-in-deutschland-zahl-der-psychisch-erkrankten-steigt-deutlich-a-c3ec85d0-68e0-4f53-9f49-5883300bc641 (Zugriff: 2.2.24).
35 Pfeffer, J. (2015), S. 10, 16.
36 Ebd. S. 49.
37 Pfeffer, J. (2018), S. 35.
38 Auch in ca. 660.000 Organisationen der Zivilgesellschaft, in Verbänden, Sportvereinen, Kirchen, Tafeln, freiwilligen Feuerwehren etc. wird geführt. Hier arbeiten ca. 16 Millionen Ehrenamtliche, die das Erwerbsleben hinter sich gelassen haben oder neben der Erwerbsarbeit freiwillig Dienst verrichten. Ob, wie lange und wie engagiert sie das tun, hängt auch da nicht zuletzt von der Qualität der Führung ab.

Vorbereitung darauf könnte schlechter nicht sein: Große Teile der Managementliteratur und -ausbildung seien schlichtweg irrelevant. Themen seien Menschen oder Organisationen, zu wenig aber *Menschen in Organisationen* oder *Organisationen mit Menschen*.[39]

Roger Martin, Harvard-Absolvent, Berater großer Unternehmen und ehemals Dean der Rotman School of Management in Toronto, kritisiert die »MBA-Kaderschmieden«, die Business Schools. Nach Anfängen in den USA zu Beginn des 20. Jahrhunderts gibt es sie längst auf der ganzen Welt. In diesen Schulen verwechsle man Unternehmen mit *Business Machines*, die Inputs in präzise kalkulierbare Outputs verwandeln. Für den Physiker, Kybernetiker und Philosophen Heinz von Foerster wären es *triviale Maschinen*. Aus praktischen Gründen zerlege man Unternehmen in Funktionssilos (Beschaffung, Produktion, Finanzen, Marketing, Personalwesen, IT usw.) und unterrichte in eben diesen Silos. Ohne auch nur den Versuch zu unternehmen, komplexe Inhalte zu *integrieren* (was Martin in seiner Schule getan hat), unterstelle man, die Summe der Silo-Lösungen ergäbe grandiose Gesamtlösungen.[40]

Weil aber weder Unternehmen im Speziellen noch Organisationen im Allgemeinen Business Machines, sondern quicklebendige, soziale Systeme sind, die Impulse in nicht vorhersehbarer Art und Weise verarbeiten, geht diese Rechnung nicht auf – zum Nachteil der Absolventen, zum Nachteil derer, die später von den Absolventen geführt werden und zum Nachteil der Organisationen, in denen die Absolventen Führung praktizieren. Ich unterrichte an deutschen Hochschulen und weiß, dass Funktionssilos auch bei uns die Regel sind. Akademische Angebote sind dann *besser skalierbar*.

Kritik kommt auch von Michael Porter, der mit seinen Beiträgen zu Wettbewerbsstrategien und Branchen-Strukturelementen *(five forces)* zu den einflussreichsten Managementdenkern des späten 20. Jahrhunderts gehört. Führung verkomme heute dazu, operative Verbesserungen voranzutreiben und das Tagesgeschäft zu managen, strategisches Denken und Handeln jedoch zu vernachlässigen. Man verwechsle *operative Exzellenz* mit *Strategie*. Konkurrenten werden dadurch immer ähnlicher.[41]

Malik definiert: »Management ist der Beruf, der die Institutionen einer Gesellschaft wirksam macht, und es ist der Managementanteil in jedem Beruf, der die Menschen innerhalb von Institutionen wirksam werden lässt.«[42] In der letzten Ausgabe seines Buches stellt er die rhetorische Frage: »Was ist seit der Erstausgabe von *Führen Leisten Leben* im Februar 2000 anders geworden?« – und liefert gleich zwei Antworten. Die erste: »So gut wie alles hat sich geändert – ›da draußen‹ – in Wirtschaft und Gesellschaft, und zwar so grundlegend, wie es vor eineinhalb Jahrzehnten nur für wenige vorstellbar war.« Die zweite: »So gut wie nichts hat sich geändert, denn richtiges Management ist gleichgeblieben.«[43] *Richtig* heißt für ihn *wirksam*, und »Wirksamkeit heißt, die richtigen Dinge richtig zu tun – im Denken ebenso wie im Handeln.«[44]

---

39   Malik, F. (2001), S. 8, 47-59.
40   Martin, R. (2020), S. 32.
41   Porter, M. (2008), S. 16 f.
42   Malik, F. (2001), S. 48.
43   Malik, F. (2019), S. 12.
44   Ebd. S. 11.

Führungskräfte handelten richtig, wenn sie sich an Resultaten orientieren, einen Beitrag zum Ganzen leisten, sich auf Weniges konzentrieren, Stärken nutzen, Vertrauen geben und schaffen, bei Problemen auch die Chancen sehen und selbstmotiviert ihr Bestes geben.[45] Kein Widerspruch. Aber wie sieht das Idealbild einer Organisation aus, an dem sich Führung orientieren kann? Auf welchen Grundlagen basiert es? Und wie können Leitende ihr Denken und Handeln so gestalten, dass es ihnen gelingt, das Idealbild zu verwirklichen? Längst geht es dabei nicht nur um die eigene Organisation, denn Führung ist gesellschaftlich relevanter denn je.

1.3 Seele der Nation

Was in Organisationen geschieht, beeinflusst, in Summe, *die Seele der Nation*. Wenn aber Führung Wissensbestände und Gefühlslagen einer Gesellschaft prägt, weil deren Mitglieder zu weiten Teilen in Organisationen beschäftigt sind, drängen sich sofort diese Fragen auf: Wie können Leitende dazu beitragen, gesellschaftliche Herausforderungen zu bewältigen? Was können sie tun, um Konflikte, die in einer liberal-demokratischen, funktional differenzierten Gesellschaft unvermeidlich sind, nicht so zu eskalieren, dass deren Gestaltungskraft zerstört wird?

Gestaltungskraft erfordert *kollektive Lösungskompetenz*, die eine Gesellschaft ebenso benötigt wie jede einzelne ihrer Organisationen. Damit rückt der *soziale Raum* ins Zentrum des Interesses, mit seinen Interaktionsbedingungen. Dieses Buch liefert Antworten auf folgende Fragen:
1. Vor welchen *Herausforderungen des Miteinanders* steht unsere liberal-demokratische Gesellschaft? Welche Konflikte können daraus entstehen? Was sind deren Ursachen? Wie kann verhindert werden, dass sie eskalieren und unsere Gesellschaft geschwächt wird?
2. Was können Organisationen dazu beitragen und wie können sie selbst davon profitieren?
3. Welche Werkzeuge können dabei helfen und welche Erkenntnisse liegen dem zugrunde?

Im Buch *Nachhaltige Führung* verrät Clarke Murphy (vormals Chef von Russel Reynolds Associates, einem global tätigen Beratungsunternehmen für Führungskräfte) zwar nicht, was genau nachhaltige Führung für ihn ist. Weil er aber auf die Nachhaltigkeitsziele der Vereinten Nationen verweist, geht es ihm vermutlich um Führung, die diesen Zielen folgt.[46] Murphy sieht bei nachhaltig Leitenden vor allem vier Eigenschaften: Multilevel-Systemdenken, Inklusion der Stakeholder, disruptive Innovation und langfristige Aktivierung.[47] Was er damit meint, erläutert er anhand von insgesamt 82 *Erkenntnissen für nachhaltige Führung*. Hier wäre zu fragen, wie sich dieser Blumenstrauß an Empfehlungen in der Breite *didaktisch vermitteln* lässt (abgesehen davon, dass Murphy seine Erkenntnisse durchweg aus großen Unternehmen bezieht).

Eine zweite Frage gilt den Empfehlungen selbst. Eine lautet: »Bleiben Sie bescheiden. Nachhaltige Führungspersönlichkeiten sind emphatisch, selbstkritisch, selbstironisch und geben offen zu, was sie wissen und was nicht.«[48] Das sind ganz zweifellos wünschenswerte Eigenschaften. Sie berühren aber die Persön-

---
45 Ebd. S. 73-167
46 Murphy, C. (2023), S. 15.
47 Ebd. S. 22 f.
48 Ebd. S. 131.

lichkeit, die leider dem *bewussten Zugriff* entzogen ist. In Kapitel 2 beleuchten wir das näher. Eine andere Erkenntnis beginnt so: »Sie müssen in Systemen und auf mehreren Ebenen denken.«[49] Einverstanden. Aber ohne belastbare Wissensbasis wird man das nur schwer umsetzen und reproduzieren können.

Hinzu kommt, dass die SDGs vor allem für Staaten gedacht sind. Eine Organisation üblicher Größe (87 Prozent aller Unternehmen in Deutschland hatten im Jahr 2022 weniger als 10 Beschäftigte[50]) kann nicht überall Armut und Hunger beenden, Ungleichheit innerhalb und zwischen Staaten verringern oder Städte und Siedlungen inklusiv, sicher, widerstandsfähig und nachhaltig machen. Sie kann sich aber daran beteiligen, Erderwärmung einzudämmen und zur Gesunderhaltung von Ökosystemen und Gleichstellung der Geschlechter, zu inklusiver Bildung, nachhaltigem Wachstum und einem friedlichen Miteinander beitragen. Meine Definition lautet daher so:

Führung ist nachhaltig, wenn sie das Potenzial ihrer Organisation nutzt, um deren Bestand zu sichern, planetare Grenzen zu achten und die Gesellschaft zu stärken, aus der sie hervorgegangen ist.

Nachhaltig führen ist keine philanthropische Variante eines Heldenmythos, sondern Grundlage organisationalen Gedeihens in einer äußerst störanfälligen Welt. Nur bestandsfähige Organisationen können positive Wirkung entfalten. Die Biosphäre unseres Planeten liefert die Lebensgrundlagen. Dass aber Organisationen *Produkt und Ausdruck* einer Gesellschaft sind, macht sie und ihre Leitenden sowohl für den Zustand der Biosphäre als auch für den Zustand der Gesellschaft mitverantwortlich.

Es liegt im wohlverstandenen Eigeninteresse der Leitenden, diese Verantwortung mit Freude am Gestalten zu tragen. Die Existenzbedingungen und Ertragsaussichten ihrer Organisation werden dadurch besser.

1.4 Was also tun?

Wer den komplexen Anforderungen an Führung gerecht werden will, benötigt, so ein Teil meiner These, *Entlastung*. Wovon?

Zunächst einmal von manchem davon, wie man als Mensch in die Welt blickt und sich darin verhält, mit Ängsten, falschen Gewissheiten und fragwürdigen Routinen. All diese wird man zwar nicht einfach los, kann aber bewusster damit umgehen, wenn es darauf ankommt. Bewusstsein entlastet, wenn es hilft, Fehler zu vermeiden. Auch Freiräume entlasten. Sie entstehen, wenn Mitarbeiterinnen und Mitarbeiter wissen, was im Einzelfall richtig und falsch ist und deshalb selbständig arbeiten können. Auch Wissen kann entlasten. Aber welches Wissen benötigen Leitende, das nicht längst in zahllosen Variationen verfügbar ist?

Warum es gut ist, *eine Strategie zu haben* (aus der, nach gängiger Definition, hervorgeht, was Ziel ist und wie man es zu erreichen gedenkt), muss ich hier nicht erklären. Ich muss auch nicht erklären, warum man bei der Suche nach einer Strategie die geopolitische Lage, technologische und soziale Trends, die

---

49 Ebd. S. 49.
50 https://de.statista.com/statistik/daten/studie/1929/umfrage/unternehmen-nach-beschaeftigtengroessenklassen/ (Zugriff: 23.10.24).

eigene Branche, andere Branchen[51], Zielgruppen, eigene Ressourcen und Schlüsselkompetenzen einer näheren Betrachtung unterziehen sollte. Leitende wissen, dass die meisten Strategien beim Umsetzen scheitern. Sie wissen auch, dass talentierte Beschäftigte Gründe brauchen, um einer Organisation die Treue zu halten. Die Liste verfügbaren Führungswissens ist lang. Mit Hinblick auf den *Führungsstil,* den manche so spannend finden, interessiert hier vor allem dessen *Wirkung*. Weil aber nachhaltig führen auch Veränderung bedeutet, bieten *transformative Stilelemente* immerhin Vorteile.

Das zweite Stichwort lautet *Veränderung.* Organisationen müssen neue Lösungen finden, um in einer Welt bestehen zu können, die sich selbst ständig verändert. Innovationsbedarf gibt es nicht nur bei technischen Produkten, da liegt nur meist der Fokus. Mindestens genauso dringend sind neue soziale Praktiken, weil hier die Fehlleistung offenbar besonders groß ist. Eine zentrale These dieses Buches ist damit jetzt komplett:

Nachhaltiges Führen bewegt sich im Spannungsfeld zwischen Entlastung und Innovation.

Das eine bedingt das andere. Gut und schön, mögen Sie denken, nur wie lässt sich beides realisieren? Die wichtigste Veränderung erfolgt, heißt es immer, in den Köpfen. Stimmt auch diesmal. Leitende sollten drei Maximen folgen (das sind, nach Kant, handlungsleitende Grundsätze). Weil sie für die Köpfe der Führungsriege gedacht sind, nenne ich sie *Mastermind-Strategien* (vgl. Kap. 3.1 sowie 5.2–5.4):
1. Imaginativ abstrahieren
2. Vielfalt kultivieren
3. Vereinfachen, was vereinfacht werden kann.[52]

Das erscheint auf den ersten Blick paradox. Wie kann man Vielfalt kultivieren und gleichzeitig Dinge vereinfachen? Diese merkwürdige Kombination entpuppt sich jedoch als Rezept zum Bewältigen von Komplexität, der wohl größten Herausforderung für Leitende im 21. Jahrhundert. Darauf sollte das *persönliche Empowerment-Programm* von Leitenden beruhen, aus den folgenden Gründen:

Wer *imaginativ abstrahieren* kann, gewinnt Abstand vom *Hier und Jetzt* und kann sich Mögliches besser vorstellen. Sie oder er kann das Verhalten ihrer/seiner Organisation, aber auch das eigene Verhalten besser beobachten, verstehen und richtige Schlüsse daraus ziehen. Sie oder er kann erfolgskritische Gegensätze, *Stabilität versus Dynamik* zum Beispiel, besser ausbalancieren und einen Blick für Synergien entwickeln. Das erleichtert den Zugang zu neuen Ideen und Lösungen.

Kultivierte Vielfalt verbessert die kollektive Lösungskompetenz und damit die Voraussetzung für gelingende Innovation. Aber was bedeutet *kultivieren*? Es bedeutet *nicht nur,* für eine möglichst »diverse« Belegschaft zu sorgen. Was hier zählt, ist nicht Vielfalt der Menschen *an sich*, wie es in Diversity-Debatten anklingt, sondern die *Vielfalt ihrer Perspektiven auf konkrete Probleme und Aufgaben*. Kultivieren heißt, diese Vielfalt intelligent zu nutzen. Mit dem Begriff *interdisziplinär* bezeichnet die Wissenschaft eine

---
51 Die Blue Ocean Strategy basiert auf Orientierung an anderen Branchen als der eigenen, vgl. Kim, W. C., Mauborgne, R. (2005).
52 Vgl. Kinne, P. (2022), S. 51.

Interaktionsform, die Fachgrenzen überwindet.[53] Angesichts der Vielschichtigkeit der Herausforderungen ist das nirgends wichtiger als bei nachhaltiger Entwicklung.

Durch *Vereinfachung* schließlich lässt sich die unendlich große Menge möglicher Zustände, die in Organisationen entstehen können, auf *die wünschenswerten* und *nicht vermeidbaren* reduzieren.

Diese Mastermind-Strategien, die ich in Kapitel 5.2–5.4 ausführlich beschreibe, schärfen den Blick für *systemisch Wichtiges*. Sie entlasten, weil sie »blinde Flecken« verhindern, von Unnötigem befreien und Räume für Neues erschließen. Daraus ergibt sich die nächste Frage: *Was ist denn systemisch wichtig?* Blinde Flecken entstehen naturgemäß durch Missachtung von Wichtigem.

Hier kommt das NEO-Haus ins Spiel (NEO = Nachhaltige Entwicklung in Organisationen) (Abb. 2) (vgl. Kap. 4.2). Seine »Bauteile« sind für Organisationen erfolgskritisch, die zunächst einmal *bestandsfähig* sein müssen, um Positives bewirken zu können. Nach Art und Kombination unterscheiden sich die »NEO-Kategorien« (die konstituierenden Säulen und Balken des Hauses) deutlich von herkömmlichen Konzepten zum Steuern von Unternehmen:
- Du-Pont-Schema,
- Profit Impact of Market Strategy (PIMS),
- Werttreibermodell,
- EFQM-Modell (European Foundation of Quality Management),
- Balanced Scorecard (sie wird uns in Kapitel 4 kurz wiederbegegnen) oder,
- ganz klassisch, die monatliche betriebswirtschaftliche Auswertung des Steuerberaters.

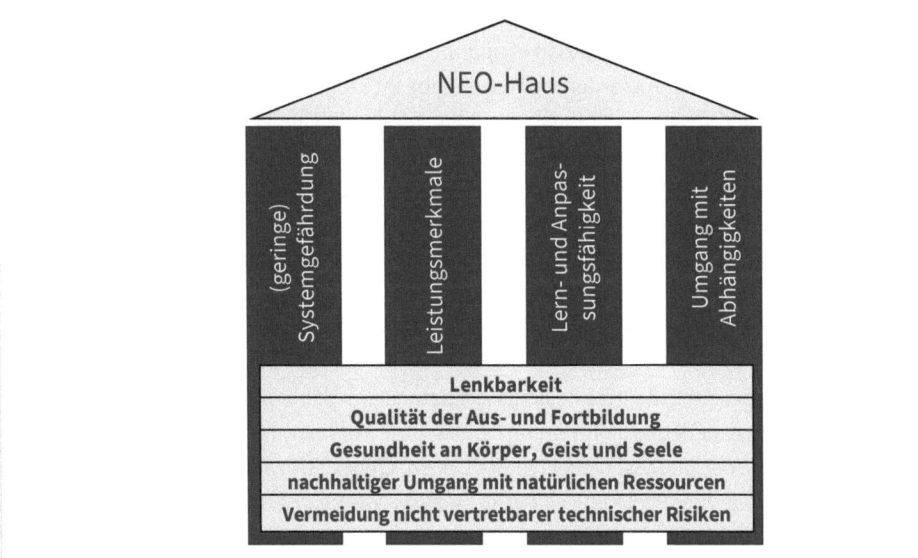

Abb. 2: NEO-Haus

---
53 Krickhahn, T. (2022), S. 30.

Anhand der »Logik der Wertschöpfung« (Abb. 3) zeige ich in Kapitel 4.3, wie die NEO-Kategorien die organisationale Wertschöpfung beeinflussen. In dieser Logik ist der Ertragsbegriff erweitert, Erträge sind »Etappenziele« beim Reproduzieren des Systems. Aber welcher Zusammenhang besteht zwischen den NEO-Kategorien und den Mastermind-Strategien?

Anders als die *NEO-Kategorien* sind *Mastermind-Strategien* keine Idealzustände von Organisationen, sondern Werkzeuge für Leitende, um die Ausprägung der NEO-Kategorien positiv beeinflussen zu können. Das *Haus nachhaltiger Führung* (Abb. 10, Kap. 5.1) veranschaulicht, was die Mastermind-Strategien prinzipiell voneinander unterscheidet: ihr Umgang mit Komplexität. Im »Erdgeschoss« reduziert man hausgemachte, »schädliche« Komplexität durch Vereinfachung. Im »Obergeschoss« vergrößert man »nützliche« Komplexität durch Erweiterung von Horizonten. Imaginativ zu abstrahieren erweitert das eigene Denken, Vielfalt zu kultivieren beeinflusst das Verhalten von Teams und einzelnen Beschäftigten.

Wer nachhaltig führen will, benötigt demnach zwei Referenzmodelle: Eines beschreibt nachhaltig ertragreiche Organisationen – das, *was Führung bewirken soll* –, ein anderes die Art und Weise, *wie sie es bewirken kann*. Eine differenzierte Betrachtung von beidem, des *zu lenkenden Objekts* und des *lenkenden Subjekts,* macht es leichter, Organisationen sicher in die Zukunft zu führen, mit positiven Effekten für die Gesellschaft. Die Haus-Metapher verweist auf den physischen Rahmen von Organisationen, in dem sich auch die Leitenden bewegen.

1.5 Zu den zwei Teilen dieses Buchs

Weil es in diesem Buch um Führung geht, behandle ich die Fragen in Kap. 1.3 in umgekehrter Reihenfolge: gesellschaftliche Herausforderungen bilden den zweiten Teil. Am Ende des ersten Teils sollten Leserinnen und Leser wissen, wie man Organisationen, im Sinne meiner Definition, nachhaltiger führen kann, und die Gründe dafür kennen. Am Ende des zweiten Teils sollten sie wissen, warum unsere Gesellschaft stärker werden kann, wenn man die hier vorgestellten Werkzeuge nutzt.

Kapitel 2 beginnt mit Vorstellungen, die für Leitende nicht weniger belastend sind als manche Herausforderungen im Alltag. Der Heldenmythos der Führung (Kap. 2.1) basiert auf Erwartungen, die kein normaler Mensch erfüllen kann (darunter die Erwartung, stets vernünftig zu handeln). Grenzen unseres Denkvermögens stehen dem entgegen. Auch »ökonomische Denkschablonen« können belasten. In mehr als 99,5 Prozent aller privaten und öffentlichen Organisationen besteht die Absicht, Gewinne zu erzielen oder Verluste so klein wie möglich zu halten. Im Jahr 2022 galten deshalb ca. 3,4 Millionen Organisationen als »Unternehmen«, ohne die 660.000 Organisationen der Zivilgesellschaft.[54] Organisationen der Gesundheits- und Sozialfürsorge wie Krankenhäuser, KITAS, Seniorenpflegeheime und Obdachlosenunterkünfte werden *auch* nach betriebswirtschaftlichen Aspekten geführt.

Kernthema der Betriebswirtschaft ist der Einsatz begrenzter Mittel zur Erfüllung bestimmter Zwecke. Zentrale Orientierungsgröße ist *Effizienz*, die die Ergebnisse ins Verhältnis zu den eingesetzten Mitteln

---

54 https://de.statista.com/statistik/daten/studie/1929/umfrage/unternehmen-nach-beschaeftigtengroessenklassen/ (Zugriff: 23.10.24).

setzt. Ergebnisse und Mittel müssen *quantifizierbar* sein. Bei Finanz-, Sach- und Zeitgrößen trifft das zu, bei immateriellen Gütern wie Bildung, Wohlbefinden und sonstigen Befindlichkeiten allerdings nicht. Der *blinde Fleck* einer rein effizienzorientierten Führungspraxis besteht in der Annahme, in einer Organisation könne man bestimmte Inputs in »sichere« Outputs verwandeln, wie bei trivialen Maschinen. *Deren* Verarbeitungslogik ist linear und vollkommen transparent. Diese Annahme widerspricht aber der Realität komplexer, sozialer Systeme: Inputfaktoren sind auch Motive, Emotionen, Wissen, Fähigkeiten und Haltungen, die messtechnisch kaum erfassbar sind.

Wer beim Führen nur an Effizienz denkt, ertrinkt früher oder später in der Komplexität heutiger Herausforderungen: Ihr oder ihm fehlt das Gespür für systemische Dynamiken, die beim Verarbeiten von Impulsen entstehen, ohne wirklich kalkulierbar zu sein. Organisationale Wertschöpfung, zumal eine nachhaltig ertragreiche, kann so nicht gestaltet werden. Das Effizienz-Paradigma bedarf einer Ergänzung, die die Betriebswirtschaft nicht liefern kann – die Systemlehre aber schon.

Im Kapitel 3 geht es um Besonderheiten sozialer Systeme. Leserinnen und Leser erfahren Grundlegendes darüber, was Organisationen *lenkbar* macht, warum Interaktion das Systemverhalten bestimmt und soziale Systeme am Leben erhält. Einsichten zum *Interaktionsbedarf* liefert das Modell lebensfähiger Systeme von Stafford Beer. Aber wie kann gewährleistet werden, dass Interaktion auch die gewünschten Erkenntnisse liefert?

Antworten darauf gibt eine Community, die im Wirtschaftsleben kaum jemand kennt, weil die Ökonomie, vordergründig, gar nicht ihr Thema ist: die sozialökologische Resilienzforschung. Mit ihrem Ansatz beginnt Kapitel 4. Dieser Forschungszweig basiert auf dem Systemcharakter von Organisationen, die strukturell mit ökologischen und anderen sozialen Systemen ihrer Umwelt gekoppelt sind. Resiliente Organisationen können auch nach Schocks (Pandemie, Finanzkrise, Energiekrise, Wetterextreme etc.) die Leistungen erbringen, derentwegen man sie gegründet hat.

Sozialökologische Resilienzprinzipien sind Bauteile des NEO-Hauses. Dieses Referenzmodell eignet sich zur Analyse und Entwicklung von Organisationen besser als Modelle, die auf (vermeintlich) quantifizierbaren Kosten-Nutzenverhältnissen basieren und systemische Zusammenhänge außer Acht lassen. Das NEO-Haus, dessen Architektur ich in Kapitel 4 beschreibe und begründe, verknüpft sozialökologische Resilienzprinzipien mit Grundprinzipien der Bio-Kybernetik, Funktionsprinzipien sozialer Systeme, Erkenntnissen der Verhaltensforschung und Grundsätzen nachhaltiger Entwicklung. Das Modell ist nicht nur unabhängig von Organisationstyp und -größe, sondern auch davon, welche Art von Erträgen erbracht werden soll. Die NEO-Kategorien bilden wünschenswerte Zustände ab. (Im Anhang befindet sich der »NEO-Check«, mit dem die Ausprägung der NEO-Kategorien beurteilt werden kann).

Abb. 3 zeigt die Umwandlung der Möglichkeiten einer Organisation in unterschiedliche Arten von Erträgen. Diese *Logik der Wertschöpfung* gilt prinzipiell auch für unsere Gesellschaft.

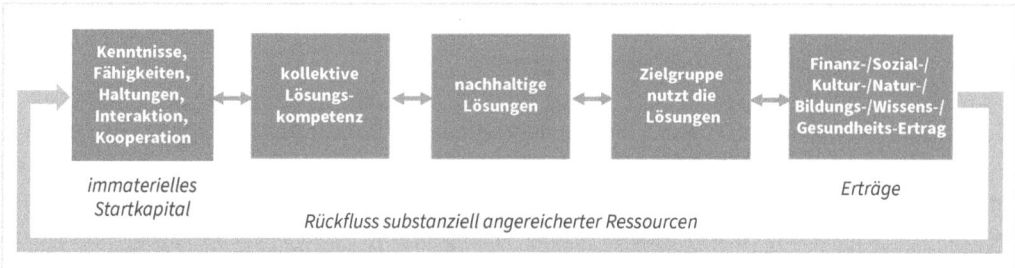

Abb. 3: Logik der Wertschöpfung

In Kapitel 4 wird weiterhin deutlich, in welchen Prozessphasen die NEO-Kategorien jeweils greifen. Sie enthalten Praktiken des Miteinanders, von denen nicht nur Organisationen profitieren: Sofern sie in das Umfeld der Organisation *hineindiffundieren,* tragen sie auch zur Stärkung unserer freien, demokratischen Gesellschaft bei.

Mit Hilfe der hier entwickelten Werkzeuge können Leitende nicht nur ihre Organisation gestalten, sondern auch die Art und Weise, wie sie Führung praktizieren. Dann fällt es ihnen leichter, die Organisation für Beschäftigte, Leistungsnutzer und Investoren zum bevorzugten Anbieter zu machen. Behörden können ihre hoheitlich geregelten Aufgaben besser erfüllen, Non-Profit-Organisationen bleiben für Mitglieder, Spenderinnen und Spender und die Öffentlichkeit gleichermaßen attraktiv. Um welche Art von Organisation es sich auch immer handelt – ihre Bestandsfähigkeit, die eigene Nachhaltigkeit also, kann mit diesen Werkzeugen leichter beurteilt und verbessert werden.

Demokratiepraktisch haben die Werkzeuge einen wichtigen Effekt: Wenn es stimmt, dass vor allem solche Menschen durch demokratiefeindliche Parolen verführbar sind, die an ihrer Selbstwirksamkeit zweifeln, kann man dem mithilfe der beiden »Häuser« entgegenwirken. Andere soziale Praktiken als die, die man täglich erlebt, können dazu beitragen, dass gesellschaftliche Konflikte nicht eskalieren und unsere freie, demokratische Gesellschaft stärker wird.

Die Existenz von Organisationen ist dann *zweifach legitimiert*: zum einen für Beschäftigte, Leistungsnutzer, Investoren und andere direkt Betroffene, zum anderen für die Gesellschaft insgesamt. Wer solche Organisationen leitet, nimmt ordnungspolitische Mitverantwortung wahr.[55] Außerdem sind solche Organisationen Vorbild bei der Corporate Social Responsibility; sie sind

> »Gestalter gesellschaftlicher Herausforderungen im Rahmen der Einflussmöglichkeiten, mit Anspruch einer nachhaltigen Veränderung der Rahmenbedingungen«.[56]

Zu den Rahmenbedingungen gehört das soziale Klima einer Gesellschaft. Wer es positiv beeinflusst, hat Reputationsvorteile. Angesichts eines zunehmend scharfen Wettbewerbs um Talente, loyale Abnehmer,

---

55 Schneidewind, U. (2018), S. 377.
56 Schneider, A. (2015), S. 37.

langmütige Investoren und in Anbetracht einer zunehmend kritischen Öffentlichkeit beeinflusst das ganz sicher auch den eigenen Erfolg. Nachhaltig positiv.

Die vornehmste Aufgabe von Führung besteht nunmehr darin, für hohe Ausprägungen in den NEO-Kategorien zu sorgen. Die Systemgefährdung wird dadurch geringer. In Kapitel 5 beschreibe ich mit dem *Haus nachhaltiger Führung* ein Werkzeug, das Leitende darin unterstützt. Die Mastermind-Strategien werden darin konkretisiert und in Beziehung zueinander gebracht. Dabei beleuchte ich auch das Thema *künstliche Intelligenz* (Kap. 5.6).

Im zweiten Teil des Buches lege ich dar, *warum* eine Führung, die sich am NEO-Haus, an der Logik der Wertschöpfung und am Haus nachhaltiger Führung orientiert, unsere Gesellschaft stärken kann. Dem liegt die Frage zugrunde, wie nach teilweise schockartigen Modernisierungserfahrungen soziale Ordnung möglich ist[57] (Kap. 7).

Fachleute aus der Sozial- und Nachhaltigkeitswissenschaft haben die Entwicklungen untersucht, die sich in unterschiedlichen Phasen der »Moderne« vollzogen haben und aktuell vollziehen. Angesichts der Risiken, die Krisen und Konflikte für moderne Gesellschaften mit sich bringen, schlagen sie auch Lösungen vor. In den Kapiteln 8-13 skizziere ich Beiträge von Andreas Reckwitz, Hartmut Rosa, Ulrich Beck, Maja Göpel, Jens Beckert, Armin Nassehi sowie von Steffen Mau, Thomas Lux und Linus Westheuser. Kernelemente ihrer Vorschläge sind
- die soziokulturelle Integration in täglichen Praktiken,
- resonante Beziehungen,
- transnationale Kooperation,
- erweiterte Horizonte,
- Schutz vor Systemfallen,
- Glaubwürdigkeit fiktionaler Erwartungen,
- moralische Ansteckung,
- kommunikative Anschlüsse, die praktisch funktionieren und
- moralisch plausible Institutionen.

Diese Elemente können mit Hilfe der hier vorgestellten Werkzeuge durch Organisationen geschaffen werden. Angesichts des beachtlichen Potenzials von Organisationen, eine Gesellschaft positiv zu beeinflussen, verwundert es, dass sie in den Lösungsansätzen der Fachleute praktisch nicht vorkommen. Diese Lücke möchte ich füllen.

Organisationen sind Interaktionsräume, in denen man sich über Zweck, Absichten und Anspruch des Handelns verständigt, um zu erreichen, was erreicht werden soll. Geteilte Grundorientierungen sind eine kollektive Energiequelle, die eine Gesellschaft weniger verletzlich macht.[58] Deren Zustand sollte Organisationen schon deshalb interessieren, weil ihre Existenz davon ebenso abhängt wie von einer intakten Biosphäre. Die Vorstellung, Unternehmen seien dazu da, Bedürfnisse zu befriedigen, die sie oft

---
57 Rosa, H. et al. (2018), S. 15
58 Vgl. Senge, P. (1990), S. 206.

selbst erzeugen, materielles Auskommen zu ermöglichen und Steuereinnahmen zu generieren, kann angesichts der Herausforderungen unserer Zeit nicht befriedigen. Wir benötigen einen *erweiterten Ertragsbegriff* und besseres Wissen über die Bedingungen, durch die nachhaltigere Erträge entstehen. Und über die Führung, die das möglich macht.

2 Mythen und andere Lasten

2.1 Heldinnen und Helden

Du bist Chefin oder Chef und als solche(r) so einfühlsam wie durchsetzungsstark. Weil du geschickt in *Change-, Digital- und Distance Leadership* bist, entspricht deine Art und Weise zu führen einem modernen Führungsverständnis. Immer handelst du angemessen, bleibst auch unter Stress souverän, schätzt dich selbst realistisch ein und bist Mitarbeiterinnen und Mitarbeitern eine verlässliche Quelle der Inspiration. Dank deiner Urteilskraft entscheidest du auch dann vernünftig, wenn sonst noch niemand weiß, was überhaupt Sache ist. Der Erfolg der Organisation, deren Schicksal du verantwortest, entspricht der Qualität deiner Entscheidungen.

Auf Betriebsversammlungen verbreitest du auch dann Zuversicht, wenn die Zeiten, wie gerade eben, nicht nur unsicher, sondern auch chaotisch sind. Medienleute stehen Schlange für Interviews. Ausgleich zum anspruchsvollen Job findest du in einem harmonischen Familienleben. Du betreibst nicht nur Ausdauersport, sondern auch Mentaltraining und unterstützt mit persönlichem Einsatz deinen Sportverein ebenso beherzt wie Einrichtungen der Wohlfahrt – oder etwa nicht?

Du zögerst, diesem Bild zuzustimmen, weil deine Realität eine völlig andere ist? Don't worry, du befindest dich in bester Gesellschaft.

Im Buch *On Leadership* weisen James March und Thierry Weil darauf hin, dass sich Führung in den Augen von Journalisten, Finanzanalysten, Wirtschaftswissenschaftlern, Konkurrenten, Freunden und Feinden im Spannungsfeld zwischen einem, wenngleich diffusen, Idealbild und der kalten Realität bewegt. Geschichte erscheint als Abfolge absichtsvollen Handelns Leitender.[59]

Die Geschichten berühmter Anführerinnen und Anführer wie Alexander der Große, Kleopatra VII., Karl der Große, Jeanne d'Arc, Elisabeth I. von England, Katharina II. von Russland, Napoleon, Adolf Hitler, Mahatma Gandhi und Nelson Mandela, so unterschiedlich sie nach persönlicher Werteskala und weltgeschichtlicher Bedeutung auch waren, beeinflussen die Art und Weise, wie Führung interpretiert und was von ihr erwartet wird. Ihre mythische Verklärung motiviert Menschen aus Fleisch und Blut nicht gerade, überhaupt führen zu wollen. Wenig hilfreich ist auch die Vorstellung, nur Menschen mit Charisma könnten führen und ohne eine Coolness à la Barack Obama solle man gar nicht erst antreten. Erwartungen an Leitende sind zudem sehr heterogen. Der Erwartungsbogen spannt sich vom Kämpfer, Strategen, Analytiker, Makler und Verwalter bis zum Treuhänder, Lehrer, Beschützer und Coach (dies gilt selbstverständlich für Menschen jeglichen Geschlechts). Solche Erwartungen lassen auf die Position der Beobachtenden schließen, aus der hervorgeht, inwiefern sie die Führung etwas angeht. Dazu March und Weil:

»Leadership is pictured as demanding great action, thus as requiring great expectations.«[60]

---

59 March, J. G., Weil, T. (2005), S. 7.
60 Ebd., S. 9.

Die Vielschichtigkeit und Widersprüchlichkeit der Erwartungen belasten Leitende jedenfalls nicht weniger als der Heldenmythos der Führung. Dieser hat unter anderem zur Folge, dass man Leitenden gewisse Tugenden unterstellt. Schon in der altgriechischen Tragödie benannte der Dichter Aischylos im Theaterstück *Sieben gegen Theben* Tugenden, die dann von Platon über die Stoiker, Cicero, Thomas von Aquin und andere Kirchenväter des Mittelalters als *Haupt- oder Kardinaltugenden* bis in die Moderne gelangt sind: Klugheit, Gerechtigkeit, Tapferkeit und Mäßigung. Tatsächlich sind das keine schlechten Voraussetzungen, um nachhaltig zu führen.

Klugheit braucht, wer komplexe Zusammenhänge durchblicken und Entscheidungen treffen muss, die längerfristig Bestand haben. Auf *Gerechtigkeit* innerhalb und zwischen Generationen beruht der Leitsatz nachhaltiger Entwicklung. *Tapfer* muss sein, wer Nachhaltigkeit gegen Widerstände mächtiger Anspruchsgruppen, die vielleicht nur am Profit interessiert sind, in der DNA einer Organisation verankern will. Und *Mäßigung* wird anstreben, wer verstanden hat, dass man die lebensspendenden »Services« der Natur nicht durch Effizienzgewinne allein erhalten kann, sondern auch maßvoller leben muss. Leitende können da Vorbild sein. Die sokratische Erkenntnis *Ich weiß, dass ich nichts weiß* zeugt von einer Demut, die beim Führen durchaus angebracht ist, solange man sich damit nicht dauerhaft entspannt zurücklehnt.

Sind diese Eigenschaften *erlernbar*, oder müsste man sie in Gänze mitbringen? Vieles spricht dafür, dass Menschen, die als gerecht, tapfer, maßvoll und demütig gelten, eine Disposition dafür besitzen, die sich in ihrer Persönlichkeit ausdrückt. Diese Veranlagung entsteht durch genetische Faktoren, vor- und nachgeburtliche Einflüsse und Erfahrungen im weiteren Verlauf der Sozialisation.

Der Verhaltensphysiologe Gerhard Roth erklärt, dass menschliches Handeln vom Belohnungswert erwarteter Konsequenzen abhängt. Ob eine Belohnung zu erwarten ist, wird im mesolimbischen System des Gehirns beurteilt, das Handlungsfolgen als positive oder negative Emotionen registriert. (Das Belohnungssystem schüttet im positiven Fall den »Glücksbotenstoff« Dopamin aus.) Unsere handlungsleitenden Urteile hängen damit wesentlich von der intrinsischen Motivlage ab, auf der unsere Persönlichkeit beruht.[61] Vorgänge im mesolimbischen Gehirn sind uns so lange unbewusst, bis wir aus Motiven *Ziele* machen. Mit denen steuern wir dann bewusst unser Verhalten.[62] In fortgeschrittenerem Alter können (tugendhafte) Vorbilder – wenn wir versuchen, uns ihnen anzunähern – unsere Verhaltensziele beeinflussen. Psychologen nennen das *Lernen am Modell*.

Wie aber steht es dann mit Klugheit?

Der Duden bietet das Synonym *Vernunft* und definiert diese als »geistiges Vermögen des Menschen, Einsichten zu gewinnen, Zusammenhänge zu erkennen, etwas zu überschauen, sich ein Urteil zu bilden und sich in seinem Handeln danach zu richten«.[63] Je stärker dieses Vermögen ausgeprägt ist, desto leichter sollte es sein, zu führen. Vernünftige Menschen handeln, so denken wir, *absichtsvoll*, im vollen Bewusst-

---

61 Nach der Motivationstheorie von Deci und Ryan geht es dabei um Streben nach Kompetenz, Eingebundenheit und Selbstbestimmung, vgl. Deci, E. L., Ryan, R. M. (1990), S. 237-288.
62 Roth, G. (2019), S. 27-59, 97 f.; 211 f.
63 https://www.duden.de/rechtschreibung/Vernunft (Zugriff: 1.12.24).

sein der Hintergründe und nach sorgfältiger Abwägung möglicher Konsequenzen. Leider scheitert diese heroische Vorstellung an den Grenzen unserer kognitiven Verarbeitungskapazität. Herbert Simon, Nobelpreisträger für Wirtschaftswissenschaften von 1978, nannte dieses Phänomen der Eingeschränktheit vornehm *bounded rationality*.[64] Weil unsere Realität so komplex ist, wie sie ist, sind Menschen, von denen wir vernünftige Entscheidungen erwarten, wie alle Menschen gar nicht in der Lage, alle möglichen Konsequenzen abzuwägen. Sie kennen nicht einmal alle möglichen Alternativen. Wären uns aber die Alternativen und deren Konsequenzen bekannt, wüssten wir nicht zwangsläufig auch, welcher wir den Vorzug geben sollten.[65] So viel zum Thema Vernunft und Zukunft. Zu glauben, es wäre anders, müsste in Führungskreisen bereits als *Denkfehler* gelten.

Einen Ausweg bietet eine Entscheidungsvariante, die auf *Angemessenheit bezüglich eines Zwecks* abzielt. Bei einer *Suffizienz-Entscheidung* wählt man die erstbeste Alternative, die den Zweck erfüllt.[66] Auch das ist vernünftig, setzt aber voraus, dass ein Zweck definiert ist – eine erste Anforderung an nachhaltiges Führen. Wer einem Zweck folgt, befolgt eine Regel. Das ist sozusagen *kognitiv komfortabler*, vor allem aber *aussichtsreicher* als der Versuch, sich als prinzipiell vernunftbegabter Mensch die Konsequenzen aller nur möglichen Entscheidungen auszumalen.

Könnte nicht die Heldenhaftigkeit heutiger Anführerinnen und Anführer darin bestehen, dass sie auch bei unklarer Sachlage sinnvolle Entscheidungen treffen, nach Austausch mit anderen, unter Nutzung von Imagination? Können sie nicht auch *abduktiv denken*? Anders als beim *deduktiven* und *induktiven* Denken, den Denkstrategien, mit denen wir groß geworden sind und die bei Schlussfolgerungen und Beweisführungen Mittel der Wahl sind, benötigt man beim abduktiven Denken weder formale Logik noch Beweise, die es bei Entscheidungen unter Unsicherheit ohnehin nicht gibt.[67] Design-Thinker schätzen diese freie Art zu denken, weil sie einen spielerischen Umgang mit Ideen ermöglicht, aus denen Lösungen werden, die sich dann im Test bewähren müssen. Dazu Jon Kolko, Direktor des Austin Center of Design:

> »The notion of being playful is to appreciate and encourage divergent, abductive thinking and to encourage the shifting, flexing, and removing of constraints and the exploring of ›what-if‹ scenarios; that is, dream states.«[68]

Künstliche Intelligenz kennt keine *dream states*. Kolko ermutigt dazu, bei neuen Herausforderungen Hürden im Denken zu beseitigen und – *zu träumen*. Rick Rubin, erfolgsverwöhnter Musikproduzent, bricht eine Lanze für den *Tiefenblick*:

> »Die Wurzel der Kreativität liegt in der Fähigkeit, in die Tiefe zu schauen. Hinter das Gewöhnliche und Alltägliche zu blicken und zu dem zu gelangen, was andernfalls vielleicht unsichtbar bliebe.«

---

64 Simon, H. A (1972), S. 161-176.
65 March, J. G.; Simon, H. (1993), S. 172.
66 March., J. G. (1994), S. 18.
67 Oehler, K. (Hrsg.) (1985).
68 Kolko, J., (2011), S. 49.

Die Fähigkeit, abduktives Denken mit Tiefen- und Weitblick zu verknüpfen, nenne ich *Imaginatives Abstrahieren* (vgl. Kap. 5.3). Diese Mastermind-Strategie erweitert Horizonte und »Weltausschnitte«, inhaltlich wie zeitlich. Wer imaginativ abstrahieren kann, gewinnt Abstand vom *Hier und Jetzt*, kann das Verhalten seiner Organisation, aber auch sein eigenes Verhalten, besser verstehen und findet leichter Zugang zu neuen Ideen und Lösungen. Das wird uns weiter beschäftigen.

Für konventionell Denkende mag es Zeitverschwendung sein, sich neue Denkformen anzueignen (abgesehen davon, dass man nicht abduktiv denken muss, wenn herkömmliches Denken passende Lösungen ergibt.) Aber wie ist dann ihre Innovationsbilanz? Cyert und March fanden heraus, dass Lösungssuche in Organisationen einem sehr einfachen Schema folgt. Tauchen Probleme auf, sucht man vor allem, wenn nicht ausschließlich, bei den *Symptomen* und bevorzugt bekannte Lösungen. Neue Ansätze kommen erst in Betracht, wenn entweder die Symptome nicht verschwinden (dann kann es zu spät sein!) und/oder die Lösungen zu unsicher erscheinen.[69] Schlecht für die Innovationskraft! Sie scheint in weiten Teilen der deutschen Wirtschaft nicht gerade beeindruckend zu sein.[70] Auf den Symptomfokus komme ich zurück.

Wird also abduktives Denken, die *logic of what might be,* Ausdruck imaginativen Abstrahierens, bald Standard beim Bearbeiten komplexer Aufgaben? Ich fürchte nicht. In einem kulturellen Umfeld, in dem Fehler Anlass für Schuldzuweisungen sind, wächst nicht nur der Zeitdruck, sondern auch der *Rechtfertigungsdruck*. Junge Wissensarbeiterinnen und -arbeiter spüren das. Frage ich angehende Masters of Sales, Marketing, Logistics, Taxation, IT, Human Resources oder Consulting in meinen Kursen, wer eine Führungsposition anstrebt, bleiben die allermeisten Hände unten. Zum Führen gehört eben auch Mut. Zumal dann, wenn man unkonventionelle Methoden nutzt. Oft ist das ein Wettbewerbsvorteil. Roger Martin scheibt:

> »Without the logic of what might be, a corporation can only refine its current heuristic or algorithm, leaving it at the mercy of competitors that look upstream to find a more powerful route out of the mystery or a clever new way to drive the prevailing heuristic to algorithm.«[71]

Heuristiken basieren meist auf Intuitionen, die trotz begrenzten Wissens brauchbare Erkenntnisse liefern. Leider gilt das nicht immer. Schauen wir genauer hin.

---

69   Cyert, R. M., March, J. G. (1963), S. 102; 120-122.
70   https://bdi.eu/artikel/news/innovationsindikator-2023-deutschland-auf-rang-10-von-35-volkswirtschaften-zu-wenig-innovationsdynamik-spuerbar (Zugriff: 19.7.24).
71   Martin, R. (2009), S. 68.

2.2 Denken und Verhalten

Dietrich Dörner hat sich mit Denkfehlern beschäftigt. Für ihn geht die größte Gefahr für Leib und Leben der Menschen von törichten Politikern aus. Deren Torheit bestehe darin, dass sie nicht einmal versuchen, herauszufinden, *unter welchen Bedingungen* ihre Entscheidungen richtig sein könnten, mit welchen Neben- und Fernwirkungen zu rechnen ist und auf welchen Motiven ihre Entscheidungen beruhen. Selbstreflexion sei bei Politikern (vor allem den erfolgreichen) ein rares Gut.[72] An Beispielen dafür mangelt es derzeit nicht. (Das Ausblenden von Neben- und Fernwirkungen ist umso attraktiver, je sicherer man sein kann, bei ihrem Eintreten nicht mehr im Amt oder, noch besser, am Leben zu sein.) Bei einem kognitiv fehlgeleiteten Chef einer mittelständischen Firma mag die Gefährdungslage weniger kritisch sein. Der Grund für seine Fehlleitung ist jedoch derselbe wie bei den Politikern: *Die Informationen, aufgrund deren sie entscheiden, sind unvollständig.*

Daniel Kahneman, der 2002 mit Vernon L. Smith den Nobelpreis für Wirtschaftswissenschaften erhielt, hat unser Denken anhand von *System 1* und *System 2* veranschaulicht. Diese fiktiven Charaktere helfen uns verstehen, inwieweit unsere Vernunft ein zutreffendes Bild von der Realität abgibt. (Die wahren Verhältnisse in unserem Gehirn sind komplizierter, mit Cortex-Arealen, limbischen Zentren, 170 Milliarden Nerven- und Gliazellen und 300 Milliarden Synapsen. Hauptaufgabe des Gehirns ist die Selbsterhaltung seines Besitzers durch Steuerung lebenswichtiger Organe und Funktionen.[73])

Kahnemans *System 1* arbeitet permanent (also auch im Schlaf), schnell und unbewusst. Es liefert Eindrücke, Erinnerungen, Gefühle und Intuitionen und lenkt unsere Aufmerksamkeit blitzschnell auf gewisse Dinge. Das kann lebensrettend sein, z. B. im Straßenverkehr. *System 2* arbeitet deutlich *weniger* und *langsamer* als System 1. Es lässt uns Regeln befolgen, Vergleiche anstellen, Rechenaufgaben lösen, Daten sammeln und auswerten und bewusste Entscheidungen treffen. System 2 überwacht die Logik unseres Denkens. Gerade darin ist seine Leistungsfähigkeit jedoch sehr überschaubar.[74] Künstliche Intelligenz (KI) hat da, und vorerst nur da, deutlich mehr zu bieten. Die intuitiven Urteile erfahrener Fachleute, die ebenfalls Leben retten können, beispielsweise in Medizin oder Luftfahrt, kann KI derzeit aber ebenso wenig ersetzen wie assoziative, moralische Bewertungen. Beides liefert System 1.[75]

Kahneman beschreibt einen Effekt, der für intuitive Schlussfolgerungen typisch ist: WYSIATI. Das steht für *What you see is all there is* – was wir sehen, ist alles, was es gibt. System 1 ist, und da liegt das Risiko, recht unsensibel für die Qualität und Quantität der Informationen, die manche Intuitionen hervorrufen. Wir vertrauen Geschichten, die uns kohärent (also schlüssig) erscheinen, weil wir sie aus den wenigen verfügbaren Informationen kohärent machen. Ein Nachbar beobachtet, wie die Frau ihr Haus verlässt und zum wartenden Taxi rennt. Anders als sonst ist die ungeschminkt und unfrisiert, der große blaue Fleck um ihr Auge herum ist selbst aus der Entfernung nicht zu übersehen. Ihr Ehemann nutzt häufig

---

72 Dörner, D. (2019), S. 2-8. Anm.: Dörner verwendet das generische Maskulinum.
73 Roth, G. (2019), S. 35; 90; 173.
74 Kahneman, D. (2012), S. 36; 411.
75 Für Gerd Gigerenzer, der wie Kahneman zu Intuition geforscht hat, geht es nicht um die Frage, ob, sondern wann wir unserem Bauch vertrauen dürfen. Das Unbewusste von Menschen mit spezifischen Erfahrungen ist insofern intelligent, als dass es weiß, welche Regeln in welcher Situation vermutlich funktionieren. Gigerenzer, G. (2008), S. 25-27.

das Homeoffice, muss also zu Hause sein. Er schlägt seine Frau, schließt der Nachbar. Die aber flüchtet, denkt er, mit dem Taxi zu ihrer Schwester, weil ihr Mann den Autoschlüssel nicht herausrückt.

Wahr in diesem konstruierten Beispiel ist dies: Die Frau ist im feuchten Bad ausgerutscht und mit dem Gesicht auf die Kante des Waschbeckens gefallen. Ihr Mann war diesmal in seiner Firma, erwartet sie aber in der Notfallambulanz des Krankenhauses. Weil eine Gehirnerschütterung nicht auszuschließen war, nahm die Frau ein Taxi.

Es ist die *Schlüssigkeit* von Informationen, die Geschichten so glaubhaft (und spannend) macht, dass wir sie weitererzählen, nicht ihre *Vollständigkeit*. Vermutlich ist der Ehemann dem Nachbarn ohnehin unsympathisch, vielleicht missgönnt er ihm seine begehrenswerte Gattin. Dann wirkt auch der *Halo-Effekt*: die Tendenz, aufgrund erster Eindrücke alles an einer Person zu mögen oder zu verabscheuen – einschließlich solcher Dinge, die man gar nicht beurteilen kann.[76] Klar beeinflusst dieser Effekt *die Story*.

Offenbar ist es so, dass wir, je weniger wir wissen, dieses wenige umso leichter in schlüssige Muster einpassen können. Beweise, die für ein ausgewogenes Urteil ausschlaggebend wären, vermissen wir nicht – *what you see is all there is*. Unser assoziatives System 1 liebt kohärente Aktivierungsmuster und blendet deshalb Zweifel und Mehrdeutigkeit aus.[77] Bei unmittelbarer Gefahr für Leib und Leben ist das auch gut so. Unsere steinzeitlichen Vorfahren der Gattung Homo sapiens (die es seit ca. 300.000 Jahren gibt) lebten in einer Zeit ohne rasante Veränderungen und komplexe sozioökonomisch-ökologische Wechselwirkungen. Ab und zu mussten sie sich der Angriffe von Säbelzahntigern und Übergriffe anderer Stämme erwehren. Dann hatten sie keine Zeit, die Sachlage zu analysieren. Seitdem hat die Entwicklung unseres Gehirns mit der Entwicklung der Anforderungen der »modernen Zeit« nicht wirklich Schritt gehalten. Fachleute erkennen eine *psychische Desynchronisationskrise*: Weil die Eigenzeiten der menschlichen Psyche überfordert sind, reagiert sie mit Angst-, Stress-, Burnout- und Depressions-Symptomen.[78] Zum Burnout gleich mehr.

Es gibt weitere Eigenarten unseres Gehirns, deren Funktion entwicklungsgeschichtlich schlüssig ist, die im Hinblick auf Führung jedoch als Denkfehler, kognitive Verzerrungen oder *Biases* gelten. Oft interessieren wir uns nur für eigene Belange oder solche, die gerade aktuell sind und unsere Aufmerksamkeit auf sich ziehen. Allzu gerne ignorieren wir Informationen, die nicht zu unserem (Wunsch-)Bild von der Welt passen (auch *confirmation bias* genannt), und blenden eigene Fehler aus.[79] So entstehen *Informationsblasen*.

Leicht erliegen wir der Illusion, Entwicklungen der Vergangenheit gut genug verstanden zu haben, um Patentrezepte für die Zukunft davon ableiten zu können. Das ruft die nächste Illusion hervor: die Vorstellung, den Gang der Dinge steuern zu können. Manager nennen dieses erhabene Gefühl *to be in control*. Zufälle, Glück und andere Rahmenbedingungen werden ausgeblendet, die bestimmte Zustände, den Erfolg eines Unternehmens zum Beispiel, haben eintreten lassen. Aber genau wegen dieser Rahmen-

---

76 Kahneman, D. (2012), S. 82.
77 Ebd. S. 86-88.
78 Beck, U., Rosa, H. (2014), S. 473.
79 Bazerman, M.H., Moore, D. (2009); Levinthal, D. A.; March, J. G. (1993), S. 95–112.

bedingungen sind sie nicht einfach *reproduzierbar*.[80] Für angehende Masters of Business Administration ist das schmerzhaft: Ihre Lehrbücher sind voll mit Beispielen strategisch gewiefter Unternehmenslenker. Weil aber Glück eine Rolle spielt, kann man Führungsqualität nicht nur am Erfolg des Unternehmens festmachen. Auch wenn das die *bessere Story* ergibt.

Eine Illusion ist auch die Annahme, Unsicherheiten beim Vorhersagen der Zukunft könne durch Expertenwissen kompensiert werden. Kahneman berichtet von einer Studie, die Philip Tetlock, Psychologe an der Universität von Pennsylvania, mit 284 Expert(inn)en durchgeführt hat. Sie verdienten ihr Geld als Kommentator(inn)en oder Berater(innen) in Politik und Wirtschaft und sollten die Wahrscheinlichkeit dreier alternativer Entwicklungen angeben, und zwar sowohl in der Region, in der sie sich auskannten, als auch in anderen Regionen. Die Alternativen waren:
1. Es bleibt beim status quo,
2. der gegenwärtige Trend verstärkt sich,
3. der gegenwärtige Trend schwächt sich ab.

Selbst für »ihre« Regionen waren die Prognosen der Expert(inn)en weniger zutreffend als hätten sie allen Alternativen dieselbe Wahrscheinlichkeit gegeben, wie Laien es vermutlich getan hätten.[81]

In einer Talkrunde von Markus Lanz saßen im März 2024 zwei Männer, die zweifellos über viel Wissen und Erfahrung verfügen und außerdem gewohnt sind, dass man auf sie hört: die ehemaligen Vorstandschefs der Industriegiganten Siemens und Volkswagen, Herbert Diess und Joe Kaeser. Ich staunte nicht schlecht, mit welcher Selbstverständlichkeit sie zukünftige wirtschaftspolitische Entwicklungen beschrieben, obwohl ihre Zukunftsbilder keineswegs übereinstimmten. Dass sie sich irren könnten, zog erkennbar keiner der beiden in Betracht. Kahneman wusste, warum:

> »The person who aquires more knowledge develops an enhanced illusion of her skills and becomes unrealistically overconfident.«[82]

Irrtümer dieser Art bedeuten nicht, dass man gewisse Dinge nicht mit einer *gewissen* Sicherheit vorhersagen kann. Trends können sich zumindest kurzfristig fortsetzen, einfache Kausalitäten bleiben gültig: Hält ein Lieferant Zusagen nicht ein, wird er, wenn möglich, ersetzt. Nun ist die Komplexität solcher Fälle gering: Es gibt zwei Beteiligte mit einer glasklaren Leistungsbeziehung. Beckert spricht von *zahmen Problemen* und nennt das Ozonloch als Beispiel. Die Ursache des Problems war nicht nur eindeutig, sondern auch leicht zu beheben: der industrielle Gebrauch von Fluorkohlenwasserstoffen (FCKW), zum Beispiel in Kühlschränken und Spraydosen.[83] Das weltweite Verbot von FCKW führt dazu, dass sich das Ozonloch im Laufe von 50 bis 100 Jahren (der Wirkungsdauer von FCKW) vermutlich schließen wird.[84] Kommen aber »mehr Spieler ins Feld«, deren Funktionen weniger eindeutig sind, wächst die Zahl möglicher Zustände im Spiel. Dessen Ausgang ist dann nicht mehr so leicht vorhersehbar.

---

80 Kahneman, D. (2012), S. 200 f.
81 Ebd. S. 218 f.
82 Ebd. S. 219.
83 Beckert, J. (2024), S. 20.
84 https://www.nationalgeographic.de/umwelt/2021/09/klimaschutz-wie-steht-es-um-das-ozonloch (Zugriff: 22.4.24).

Und wann genau werden Vorhersagen kritisch? Kahneman weiß es nicht:

> »The line that separates the possibly predictable future from the unpredictable distant future is yet to be drawn.«[85]

Warum *systemisches Denken* bei Unsicherheit hilft, erläutere ich in Kapitel 3.

Entscheidungen, die auf unzutreffenden Annahmen beruhen, sind heute riskanter und belastender denn je. Wir leben in einer stark beschleunigten, komplexen Welt mit einer neuen Gleichzeitigkeit krisenhafter Entwicklungen. Täglich sind Leitende mit Ungewissheit konfrontiert, verantworten aber dennoch das Schicksal ihrer Organisation. Wer unter diesen Bedingungen versucht, auch nur annähernd nach dem oben skizzierten, heldenhaften Idealbild zu führen, ist wegen seiner begrenzten Möglichkeiten ein aussichtsreicher Kandidat, gleich welchen Geschlechts, für ein handfestes Burnout. Das Risiko, »auszubrennen«, wächst nämlich mit Eigenschaften, die ambitionierten Führungskräften vertraut sein dürften:

- perfektionistische Einstellungen (»Ich muss alles richtig und 100-prozentig machen, darf mir keine Fehler erlauben, bin für alles verantwortlich, muss allem gerecht werden …«)
- geringe Kompetenzerwartung (»Ich schaffe es nicht, habe keine Chance …«)
- ein ausgeprägtes Harmoniebedürfnis (»Alle müssen zufrieden sein, ich darf niemanden kränken …«)
- Kontrollüberzeugung (»Ich bin ein Getriebener. Vorstand, Aufsichtsrat, Aktionäre, Vorgesetzte bestimmen über mich, ich bin nur eine Marionette …«)

Unsere Persönlichkeit prägt die Art und Weise, wie wir mit Belastungen umgehen, was wiederum großen Einfluss darauf hat, ob wir ausbrennen oder nicht.[86] Nach einer Erhebung der AOK sind Arbeitsausfälle wegen Burnout zwischen 2004 und 2022 von 0,6 auf fast sieben pro Tausend AOK-Mitglieder gestiegen.[87]

Bei Führungskräften spielen die Erwartungen kritischer Beobachter(innen) einerseits und eigene Ansprüche andererseits eine wichtige Rolle. Aufschlussreich ist hier ein erster Blick auf die spätmoderne Gesellschaft, in der wir uns etwa seit den 1980er Jahren befinden.

In der Spätmodere gilt bei Angehörigen der neuen, gut ausgebildeten Mittelklasse (ihr dürften die meisten Leitenden angehören) die *performative Selbstentfaltung* als hohes Gut. Hier paart sich das Streben nach persönlicher Authentizität mit Statuswünschen, die nur durch Einkommen und Anerkennung erfüllbar sind. Dieser paradoxe Selbstanspruch ist ebenso wie ständiges *Agieren vor Publikum* (beides kommt oft gemeinsam vor) Quelle von Stress. Das Enttäuschungspotenzial ist beachtlich, kann extrem belasten und krank machen.[88] Hartmut Rosa schreibt:

---

85 Kahneman, D. (2011), S. 221.
86 https://www.neurologen-und-psychiater-im-netz.org/psychiatrie-psychosomatik-psychotherapie/stoerungen-erkrankungen/burnout-syndrom/ursachen/ (Zugriff: 3.2.24).
87 https://de.statista.com/statistik/daten/studie/239872/umfrage/arbeitsunfaehigkeitsfaelle-aufgrund-von-burn-out-erkrankungen/ (Zugriff: 23.10.24).
88 Reckwitz, A. (2019), S. 92; 96.

»Spätmoderne Subjekte [...] können sich ihrer Position in der Welt, und das heißt auch: der Qualität der Beziehungen zur Welt, zu keinem Zeitpunkt sicher sein. In den zentralen Sphären der Anerkennung, sowohl in den Intim- und Freundschaftsbeziehungen als auch mit Blick auf die ihnen qua ihrer beruflichen oder gesellschaftlichen Leistungen zukommende Wertschätzung, auf ihren Status, sind sie stets gezwungen, ihre Anerkennungswürdigkeit performativ unter Beweis zu stellen. Die Steigerungslogik der Gesellschaft zwingt sie in erbarmungslose Optimierungsschleifen, die unabdingbar sind.«[89]

Zur persönlichen *Performanz* gehört auch der gefühlte Zwang, im Unternehmen, Internet, in der Öffentlichkeit oder in globalen Netzwerken ständig verfügbar zu sein. Hohe Verantwortung, hohes Tempo sowie gefühlt sinkende Freiheitsgrade im Umgang mit Problemen erhöhen das gesundheitliche Gefährdungspotenzial.[90] Auch hier also: Entlastung gesucht! Mehr zu Besonderheiten der Spätmoderne im zweiten Teil.

Halten wir fest: Der unvoreingenommene Blick auf Dinge wird durch Bewertungs-, Belohnungs- und Steuerungsmechanismen getrübt, die unserem Bewusstsein in weiten Teilen entzogen sind, weil sie im limbischen Teil unseres Gehirns ablaufen, in *System 1* also. Diese neuronalen Vorgänge entscheiden, was uns so *neu* oder *wichtig* erscheint, dass wir unsere Aufmerksamkeit darauf richten. Außerdem bestimmen sie unsere Persönlichkeit und leiten damit unser Handeln. Besonderheiten der geschilderten Art sind natürlicher Bestandteil des Menschseins und verrichten in vielen Situationen gute Dienste. Unser assoziatives Gedächtnis verwaltet das Repertoire an Fähigkeiten, die wir im Laufe unseres Lebens erwerben. Automatisch liefert es Lösungen für Herausforderungen, sobald diese entstehen, vom Ausweichen vor dem Hindernis auf unserem Weg bis zur Besänftigung eines zurecht verärgerten Kunden. Sofern wir in der Lage sind, auf eine Herausforderung adäquat zu reagieren, tun wir es unverzüglich, dank der *Agilität* von *System 1*. Leider kann es nicht zwischen kompetenten und solchen Impulsen unterscheiden, die auf WYSIATI und anderen tückischen Effekten beruhen. Von *verlässlichen Heuristiken*, die brauchbare Erkenntnisse liefern, war bereits die Rede. Tückisch ist auch eine Verhaltensvariante, die ambitionierte Leitende ebenfalls belasten kann und mehr Verhaltens- als Denkfehler ist.

Chris Argyris hat erkannt, dass die Inhalte einer Aussage (er nennt sie *espoused theory,* die »verkündete Theorie«) mit dem, wie die/der Sprechende dann handelt (*theory-in-use*), oft nicht übereinstimmen: *kommunizierter Anspruch ungleich gelebte Wirklichkeit*. Dann kann es beispielsweise sein, dass man von anderen mit dem Brustton der Überzeugung Kritikfähigkeit fordert, diese aber selbst nicht so recht erkennen lässt. Ein Grund dafür: Menschen neigen dazu, sich durch erlernte, *defensive Routinen* davor zu schützen, mit eigenen Widersprüchen und sonstigen Schwächen konfrontiert zu werden. Die Realisierung eigener Ziele wäre dann ja nicht mehr kontrollierbar – man wäre *out of control*.[91] Verlustängste spielen dabei eine wichtige Rolle. Sie setzen bei »Verteidigern« ungeahnte Kräfte frei.[92] Man kennt das von Change-Projekten, die vor die Wand gefahren werden.

---

89 Rosa, H. (2017), S. 595.
90 https://www.klinik-friedenweiler.de/methoden/therapieplanung/berufsgruppen-indikationen/fuehrungskraefte-burnout-depression/ (Zugriff: 23.10.24).
91 Argyris. C. (1999), S. 131.
92 Kahneman, D. (2012), S. 305.

Eine beliebte Methode, den nicht sehr schmeichelhaften Kontrollanspruch zu verbergen, sind *Mixed messages*. Die gut ausgebildeten, selbstbewussten Wissensarbeiterinnen und Wissensarbeiter in Organisationen legen Wert darauf, selbständig zu arbeiten. Leider kollidiert dieser Anspruch mit dem Kontrollbedürfnis ihrer Vorgesetzten. Um nun die Motivation ihrer kostbaren Mitarbeitenden nicht zu gefährden (und damit das Image als Führungskraft), kommen Ansagen wie diese: »Du hast im Projekt alle Freiheiten, stimm dich nur kurz mit mir ab.«

Die Strategie dahinter ist folgende: Man macht erstens eine logisch inkonsistente Aussage und vermittelt zweitens den Eindruck, als wäre sie logisch konsistent. Drittens sorgt man für Nicht-Diskutierbarkeit der Schritte 1 und 2, viertens für »Nicht-Diskutierbarkeit der Nicht-Diskutierbarkeit«.[93]

Diese Strategie macht defensive Routinen so wirksam, wie sie sind. Weil aber *alle* Mitglieder einer Organisation (wie auch, kulturübergreifend, die meisten Menschen) defensive Routinen nutzen, findet man in Gruppen, in denen niemand bewusst gegensteuert, mehr *Wettbewerb* als *Kooperation*, mehr *Misstrauen* als *Vertrauen*, mehr *nicht-hinterfragten Gehorsam* als *informierten Dissens*. Unter solchen Bedingungen ist es schwer, Argumente zu diskutieren. Genau das wäre aber nötig, um neues Wissen zu erzeugen und knifflige Aufgaben zu lösen.[94] Stattdessen geht jeder mit der Position (und dem Wissen) nach Hause, mit der er oder sie gekommen ist.[95] Nichts Neues also.

Die geschilderten Eigenarten unseres Denkens und Verhaltens belasten den Führungsalltag immer dann, wenn Informationen so *gefiltert* und Aussagen und Urteile so *eng gerahmt* werden,[96] dass sich »blinde Flecken« im Bewusstsein bilden. Dann aber droht Realitätsverlust, der das Urteilsvermögen vermindert. Nachforschungen unterbleiben, Entscheidungen haben oft unerwünschte Folgen. Aber wie kann man die Wahrscheinlichkeit steigern, richtig zu entscheiden?

Das *spätmoderne Subjekt*, die Führungskraft aus der neuen Mittelklasse, tut sicher gut daran, die unheilvolle Allianz aus Authentizitätsstreben und Statuswünschen zu hinterfragen, kann sie doch die eigene Gesundheit, aber auch die Gesundheit der Geführten gefährden. *Gesundheit* im umfassenden Sinn, an Körper, Geist und Seele, ist deshalb ein wichtiger *Befähiger*. Mehr dazu in den Kapiteln 4 und 5. Mit Hinblick auf riskante System-1-Impulse rät Kahneman:

> »Recognize the signs that you are in a cognitive minefield, slow down, and ask for reinforcement from System 2.«

---

93 Argyris, C. (1999), S. 58; 59
94 Ebd. S. 84.
95 Argyris unterscheidet zwischen Single-loop und Double-loop Learning. Letzteres hinterfragt die Grundannahmen von Positionen oder Lösungen, während ersteres darauf abzielt, bei Fehlschlägen neue Lösungen auszuprobieren, ohne deren Grundannahmen zu hinterfragen. In Organisationen dominiere Single-loop Learning, das permanent von defensiven Routinen begleitet wird. Vgl. Argyris, C., (1999), S. 67-69.
96 Kahneman, D (2012), S. 343.

Und dann nimmt er auf Bezug auf Organisationen und deren Schutzpotenzial:

> »Organizations can also encourage a culture in which people watch out for one another as they approach minefields.«

Wer nachhaltig führen will, sollte, ganz grundsätzlich, Folgendes beherzigen:
- phasenweise eine gewisse Distanz zum hektischen Tagesgeschäft herstellen
- Bewusstsein für Minenfelder sowohl beim eigenen Denken und Verhalten als auch beim Denken und Verhalten anderer entwickeln
- eine Interaktionskultur aufbauen, die Fehlentscheidungen unwahrscheinlicher macht

Die Mastermind-Strategie *Imaginativ Abstrahieren* leistet hier gute Dienste, weil sie Horizonte erweitert und hilft, Realitätsverlust so gering wie möglich zu halten. Für *Mitarbeitende, die aufeinander aufpassen*, braucht man zudem eine positive Interaktionskultur. Vielfalt kultivieren ist angesagt.

2.3 Effizienz-Getriebene

Das »Lastenkapitel« (Kap. 2) wäre unvollständig ohne vertiefende Überlegungen zur *Effizienz*. Warum ist das wichtig?

In seinen *Principles of scientific management* von 1911 propagierte der amerikanische Ingenieur Frederick Winslow Taylor die Zerlegung industrieller Arbeitsabläufe in standardisierte Teilschritte. Um sie »wissenschaftlich« planen zu können, trennte er Kopfarbeit von Handarbeit, Planung von Ausführung. Ausführende waren Arbeiterinnen und Arbeiter ohne besondere Vorkenntnisse, die bestimmte Tätigkeiten so schnell wie möglich lernen sollten, damit sie durch produktive Lohnarbeit ihren Broterwerb in einer Zeit sichern konnten, in der viele den Wert handwerklicher Arbeit durch industrielle Produktion bedroht sahen. Zu Taylors zahleichen Verehrern gehörte auch Lenin, der den Ansatz als Chance sah, ein Millionenheer russischer Bauern im Verlauf des von ihm konzipierten, sozialistischen Umbaus der russischen Gesellschaft binnen kürzester Zeit in Fabriken einsetzen zu können.

Taylor löste mit seinem Ansatz in der zweiten Phase der industriellen Revolution, in der, neben Dampfkraft, elektrische und chemische Energie nutzbar wurde, eine weltweite Rationalisierungswelle aus. Damit begann der Siegeszug der *Orientierungsgröße Effizienz*. Wirtschaftliches Handeln wird seitdem davon bestimmt.

Effizienz setzt messbare Ergebnisse von Handlungen ins Verhältnis zu den dafür eingesetzten, messbaren Mitteln: Anzahl von Fahrzeugen zu Fertigungskosten zur Ermittlung der *Stückkosten*, Umsatz zu Gewinn zur Ermittlung der *Umsatzrendite* etc. Die Eindeutigkeit der Größe verleitet dazu, Effizienz zum Maßstab des Führungshandelns schlechthin zu machen. Weniger eindeutige Zusammenhänge zwischen Ursache und Wirkung blendet man ebenso aus wie Fern- und Nebenwirkungen – man kann ja nicht messen, was nicht eingetreten ist.

Dieses Ausblenden hat schon dem Klima unseres Planeten nicht gutgetan.

Um durch Effizienz die gewünschten Produktivitätsgewinne erzielen zu können, musste man Arbeitsschritte in genau der Reihenfolge ausführen, wie sie die (selbstverständlich viel schlaueren) Manager geplant hatten.[97] Planungen basierten auf Studien zur durchschnittlich benötigten Zeit für bestimmte Abläufe. So entstand eine neue Disziplin: *Human Engineering*.[98]

Weil mit größeren Überraschungen im Arbeitsablauf damals nicht zu rechnen war und Technologien eine höhere Halbwertzeit hatten als heute, konnte der Kollege und Zeitgenosse Taylors, der französische Management-Vordenker Henri Fayol (1841–1925), Managern fünf Funktionen zuordnen, die er als universell gültig betrachtete. Auch die waren in der immer gleichen Reihenfolge auszuführen: *Planung, Organisation, Personaleinsatz, Anweisung, Kontrolle.*

Diese Phasenabfolge ordnete das Geschehen. Die zugrundeliegende Logik bewährt sich teilweise bis heute. Den Klassikern der Managementlehre galt der arbeitende Mensch jedoch als Instrument zur Durchführung mechanischer Arbeitsschritte, wie der Teil einer Maschine. Menschliches wie Freude, Leid und Vorlieben waren unsichere Variablen – für wissenschaftliches Planen ohne Belang.[99]

Trotz blinder Flecken für Menschliches, Nicht-Messbares und Unvorhersehbares gilt Effizienz immer noch als Maxime im Management einer kapitalistischen Marktwirtschaft, die auf Anerkennung der Rechtmäßigkeit von Privateigentum basiert. Roger Martin hält die amerikanische Wirtschaft, derzeit noch die größte Volkswirtschaft der Welt, im vierten Quartal des 20. Jahrhunderts für eine *von Effizienzsteigerung besessene und getriebene*.[100] Ihre Grundfunktion ist so einfach wie wirksam: Im freien Wettbewerb von Ideen werden Bedürfnisse erkannt oder erzeugt, deren Erfüllung mit immer wieder neuen Mitteln (Schumpeters schöpferische Zerstörung[101]) möglich ist, vor allem aber Gewinne in Aussicht stellt. Werden diese *realisiert* und *akkumuliert*, lässt sich damit Wachstum generieren.

Immer mehr Unternehmen erklären sich mittlerweile zur Speerspitze nachhaltiger Entwicklung. Meist beschränken sie sich jedoch auf die ökologische Dimension. Hier sind Ursache und Wirkung bekannt, Ergebnisse perfekt messbar. Das Zauberwort ist *Ökoeffizienz;* mit Effizienz kennt man sich aus. Durch Einsatz von Technologie werden CO_2-Emissionen im Verhältnis zur erbrachten Leistung verringert. Effizienzgewinne werden aber oft durch *Rebound-Effekte* neutralisiert, weil sie *Konsumimpulse* auslösen. Durch effizientere Verbrennungsmotoren konnten Autos, ganz im Sinne der Steigerungslogik, größer

---

97 Die Kleinteiligkeit der Arbeitsschritte am damals (z. B. beim Autoproduzenten Ford in Detroit) eingeführten Fließband nahm Charly Chaplin im Film Modern Times von 1936 auf die Schippe: Die Arbeit der Hauptfigur bestand darin, mit zwei Schraubenschlüsseln an zwei Schraubenmuttern zu drehen. Die arg reduzierten Bewegungsvarianten blieben nicht ohne Folgen für die Motorik des Tramps jenseits des Arbeitsplatzes.
98 March, J. G., Simon, H. (1993), S. 32.
99 Steinmann, H., Schreyögg, G. (2005), S. 56. Den Gegenentwurf zur klassischen Schule des Managements stellte später die verhaltenswissenschaftliche Schule dar. Zu ihren Erkenntnissen gehörte, dass Produktivitätssteigerungen auch emotionale Gründe hat wie z. B. der Stolz, einer wichtigen Gruppe anzugehören, vgl. ebd., S. 61.
100 Martin, R. (2020), S. 43.
101 Vgl. Schumpeter, J.A. (1931), S. 100 f.

und schneller werden. Energiesparlampen verführen dazu, öfter mal das Licht anzulassen.[102] Es gibt viele weitere Beispiele.

Nicht missverstehen: Höhere Effizienz macht Unternehmen schlanker und schneller, ihre Angebote preiswerter. Das bringt so lange Wettbewerbsvorteile, bis Konkurrenten dieselbe *operative Exzellenz* (Effizienz kombiniert mit Effektivität) erreicht haben. Instrumente wie Total Quality Management (TQM), Benchmarking, Six Sigma, KAIZEN, Reengineering und Outsourcing können sie ja ebenfalls nutzen. Eine Behörde, die effizient arbeitet, wird von Bürgerinnen und Bürgern wertgeschätzt. Ich war so überrascht wie begeistert, als man mir beim Anmelden im Bürgerbüro der rheinischen Stadt Meerbusch (da wohne ich heute) mitteilte, man werde sich um meine Abmeldung im ostwestfälischen Rietberg kümmern (da wohnte ich vorher). Die Ummeldung war effizienter.

Effizienz-Strategien ermöglichen einen niederschwelligen Einstieg in ökologisch nachhaltigere Entwicklung. Ökoeffizienz ermöglicht Wachstum bei geringerem Ressourcenverbrauch. Politische Initiativen wie der *Green Deal* der Europäischen Union, die 2050 klimaneutral sein will, indem ihre Mitgliedsstaaten bis dahin nicht mehr CO_2 ausstoßen als sie binden können, machen ökoeffizientes Handeln zur Eintrittskarte in die Wettbewerbsarena. Effiziente Nutzung natürlicher Ressourcen ist ein Gebot guter Haushaltsführung. Die »Kreislaufwirtschaft« reduziert den Verbrauch von Ressourcen, Emissionen und Abfälle, indem man Produkte länger nutzt und Energie, organische Stoffe und technische Teile *zirkulieren* lässt (deshalb auch *Circular Economy*). Man braucht weniger neue Produkte, weil Werkzeuge, Haushaltsgeräte, Autos, Kleidung etc. nicht mehr *besessen*, sondern *miteinander geteilt* und nicht *entsorgt*, sondern *repariert* werden. Material wird aufbereitet oder recycelt.

Sofern in allen Prozessen die planetaren Grenzen beachtet werden und Konsumenten maßvoller konsumieren, trägt eine gut designte Kreislaufwirtschaft dazu bei, die Ökostrategien *Effizienz, Konsistenz und Suffizienz* zu einem wirksamen Gesamtpaket zu integrieren. Oft wird jedoch der *Interaktionsbedarf* bei diesem Ansatz unterschätzt: Die Abläufe aller im Kreislauf Tätigen müssen aufeinander abgestimmt sein. Wir wissen jetzt, mit welchen kognitiven Hindernissen dabei zu rechnen ist. Nicht zu unterschätzen sind auch die Abwehrkräfte eines Wirtschaftsregimes, das auf dem Narrativ der Wohlstandsvermehrung durch Konsum basiert (vgl. z. B. Kap. 13.1).

Nachhaltigkeitsprobleme entstehen, wenn Effizienzorientierung das Führungshandeln *dominiert*, weil Leitende dem Charme der Messbarkeit erliegen und in einer simplen Kosten-Nutzen-Logik verharren (als ob man den Nutzen immer problemlos definieren könnte). Die Nachteile spüren längst auch die Leitenden. Sie spüren, dass heutige Herausforderungen nicht auf monokausalen, quantifizierbaren Zusammenhängen beruhen, sondern auf intransparenten Dynamiken mit einem hohen Maß an Unsicherheit. Modewörter wie *Agilität, Purpose, Corporate Mindset, Customer Journey, Employer Culture* etc. lassen ahnen, dass Sphären des Wollens, Könnens, Empfindens und Verhaltens erfolgskritisch sind. Sie entziehen sich jedoch der Messbarkeit. Eine kohärente Orientierung bieten solche Begriffe sicher nicht.

---

102 Schneidewind, U. (2018), S. 57.

Wer nachhaltig führen will, sollte sich vor überzogenen Erwartungen schützen. Sie/er sollte die eigenen kognitiven, psychischen und physischen Belastungsgrenzen kennen, Fallstricke im Denken und Verhalten umgehen oder, was einfacher ist, *bewusst damit umgehen*. Dabei hilft *imaginantives Abstrahieren*. Leitende sollten wissen, wann Effizienz eine gute Orientierungsgröße ist und wann nicht.

Indikatoren wie Durchlaufzeiten, Stückkosten, Cashflow-Marge etc. gelten als *hart*, weil sie niemand bezweifelt, sofern sie korrekt gemessen wurden. Das sollte bei üblicher Datenlage kein Problem sein. Solche Daten dokumentieren bereits Eingetretenes oder zeigen, was unter bestimmten Bedingungen eintreten würde. Finanzkennzahlen beschreiben *Vergangenes*, Beobachter blicken *rückwärts*. Übertreibt man es damit, können Finanz-, Rohstoff- und Energiekrisen, Pandemien, Inflation und chronischer Fachkräftemangel zum Systemkollaps führen. Dann aber hat man *weiche* Faktoren, über die sich trefflich streiten lässt, missachtet, und präventive Maßnahmen unterlassen. Aber worauf kommt es dabei an? Was macht Organisationen lebensfähig? Beginnen wir die Untersuchung mit weiteren Überlegungen zu den Mastermind-Strategien.

3 Interaktion ist der Schlüssel

3.1 Warum Mastermind-Strategien?

Leitende mit falschen Vorstellungen von Leitung werden nicht nachhaltig führen können. Dasselbe gilt, wenn sie falsche Vorstellungen von der Organisation haben, die sie leiten. Das Verhalten einer Organisation erschließt sich nicht aus dem Verhalten ihrer Einzelteile. Vor allem in größeren Organisationen ist man geneigt zu glauben, man könne einzelne Komponenten dieser Gebilde nach Effizienzkriterien optimieren, ohne sie ganzheitlich zu betrachten.

Dazu braucht man Vorstellungskraft und erweiterte Horizonte, inhaltlich und zeitlich. Wer *imaginativ abstrahiert,* kann Zukunft, die typischerweise unvorhersehbar ist, besser denken und Erfolgskritisches umfassender in Betracht ziehen. Der »Weltausschnitt« wird größer. Zeit für diesen Reflexionsprozess gewinnt man durch Entlastung.

Brink Lindsay erklärt, warum Abstraktion wichtig ist:

> »Abstraction is our master strategy for dealing with complexity.«

Und weiter, ins Deutsche übersetzt:

> »Wir müssen unser Wissen über die Reichweite unserer Wahrnehmung hinaus erweitern, lernen, mit mehr Menschen erfolgreich zu interagieren, als wir persönlich kennen, und Pläne schmieden können, die weit über die Befriedigung täglicher Grundbedürfnisse hinausgehen. Dazu brauchen wir eine erweiterte Sicht der Dinge und Regeln mit übergeordneter Gültigkeit.«[103]

Imaginatives Abstrahieren bringt mehr von dem auf den Radarschirm, was das Verhalten einer Organisation beeinflusst oder beeinflussen kann. Zukunftsbilder beispielsweise und systemische Dynamiken, die wir in Kapitel 3.3 näher untersuchen. Beidhändigkeit und Synergien vergrößern die Reichweite des Handelns. Einzelheiten dazu im Kapitel 5, *Leadership Essentials.*

Die Zukunft gehört nicht den *Short-term optimizers.* Peter Senge, ein Vordenker der *lernenden Organisation,* schreibt dazu:

> «In complex human systems there are always many ways to make things look better in the short run.»[104]

---

[103] Lindsay, B. (2013), S. 13.
[104] Senge, P. (1990), S. 60.

Diesen Menschen fehlt, außer Weitblick, Sinn für *response diversity*. Diese Vielfaltsvariante kommt zum Einsatz, wenn man auf unerwartete Ereignisse reagieren, wenn man Fehler ausbügeln muss.[105] Das begründet schon die zweite Mastermind-Strategie: *Vielfalt kultivieren*. Auch das erweitert Horizonte und erleichtert den Umgang mit Komplexität, die nichts anderes ist als Vielfalt, wie wir sehen werden. Das Kultivieren betrifft in diesem Fall nicht die Leitenden selbst, sondern zum einen Gruppen, zum anderen jeden einzelnen Beschäftigten, egal welchen Geschlechts. Mehr dazu in Kapitel 5.4.

Von William Ross Ashby, einem Pionier der Kybernetik (Lehre vom Steuern komplexer Systeme), stammt der Satz

> »Only variety can destroy variety«.[106]

Wer komplexe Aufgaben lösen will, braucht dazu ein System, dessen Verhaltensrepertoire der Komplexität der Aufgabe entspricht.[107] Dann kann Vielfalt mit Vielfalt *absorbiert* werden. Sind also Lösungen komplexer Aufgaben zwangsläufig komplex? Nein, denn bei allem, was wir tun, gilt der Satz von Edward de Bono:

> »There is never any justification for things being complex when they could be simple.«[108]

Das ist Grundlage von Mastermind-Strategie Numero drei: *Vereinfachen, was vereinfacht werden kann*. Organisationen bieten da ein weites Betätigungsfeld: umfassendere Orientierung, schlankere Strukturen und Prozesse, Standards und, nicht zuletzt, *barrierefreie Interaktion*. In dieser Strategie wird Entlastung zuerst spürbar. Dass Vereinfachung Grenzen hat, schreibt uns wieder einmal Albert Einstein ins Gebetbuch:

> »Alles sollte so einfach wie möglich gemacht werden, aber nicht einfacher.«[109]

Die (Führungs-)Kunst besteht darin, die Grenzen auszuloten. Aber welche Besonderheiten von Organisationen geben den Mastermind-Strategien ihren Sinn?

3.2 Wir leben in Systemen

Ist es falsch zu sagen, das Besondere an Organisationen sei ihre Rätselhaftigkeit?

Systemiker wundern sich, wie in aller Welt man Unternehmen mit *Business-Maschinen* verwechseln kann mit ihren einfachen, linearen Ursache-Wirkungsbeziehungen.[110] Heinz von Förster nannte solche Ma-

---

105 Elmqvist et al. (2003), S. 488-494.
106 Ashby, W. R. (1970).
107 Schwaninger, M. (2006), S. 14.
108 De Bono, E. (1998), S. 16.
109 https://gutezitate.com/albert-einstein (Zugriff: 23.10.24).
110 Martin, R. (2020), S. 39.

schinen *trivial*: *ein* bestimmter Input erzeugt *einen* bestimmten Output, wie bei einem Uhrwerk. Diese mechanische Sicht entspricht nicht der Realität komplexer sozialer Systeme, was Organisationen nun einmal sind. Die Fehldeutung kann dazu führen, dass man organisationales Verhalten falsch interpretiert, aufhört zu lernen und Entscheidungen trifft, die alles andere als nachhaltig sind. Aber was überhaupt ist ein System?

Für Donella Meadows ist es »eine zusammenhängende Menge von Elementen, die auf kohärente Weise so organisiert sind, dass sie etwas bewirken.«[111] Konstitutiv für Systeme sind Elemente, deren Verbindungen und ein Zweck. Außerdem sind Systeme mehr oder weniger *komplex*. Die Menge voneinander unterscheidbarer Zustände, die in ihnen auftreten können, ist mehr oder weniger groß.

In sozialen Systemen handeln Menschen, um gemeinsam etwas zu bewirken: eine gelungene Gartenparty, den Sieg in einem Mannschaftsspiel, Erfolg als Start-up, Verbesserung der Ökobilanz etc. Was dabei möglicherweise herauskommt, welche Zustände eintreten können, ist wesentlich vielfältiger (und damit komplexer) als in technischen Systemen mit ihren eindeutigen Input-Output-Beziehungen. Organisationen sind auch dann soziale Systeme, wenn sie Technik nutzten, um ihren Zweck zu erfüllen. Inwieweit das gelingt, hängt meist weniger von der Technik ab als davon, wie sie genutzt wird. Aber warum sind soziale Systeme so schwer zu durchschauen?

Wir Menschen können nicht präzise vorhersagen, wie wir uns in bestimmten Situationen verhalten, weil das von sehr unterschiedlichen Variablen abhängt: der eigenen Persönlichkeit (deren Grundlagen dem Bewusstsein entzogen sind), Stimmungen, Kraftreserven, Zeitdruck, Neuigkeit der Situation, Kenntnisstand, Vertrauen in Beteiligte etc. Schon gar nicht können wir vorhersagen, wie sich Andere verhalten. Unterschiedliches Verhalten erzeugt je eigene Systemzustände. Die Menge möglicher Zustände in einem Fußballspiel, die Menge möglicher Spielverläufe ist gigantisch. Kein Spielverlauf gleicht jemals einem anderen. In Organisationen erzeugen Wechselwirkungen zwischen Personen und Gruppen sowie andere innere und äußere Einflüsse (Streik, neue Gesetze, neue Wettbewerber, neue Technik, Covid-Pandemie etc.) weitere, unvorhersehbare Systemzustände.

Unvorhersehbarkeit ist das Scheckgespenst strategischer Planer: Es ist sinnlos, kollektives Handeln für längere Perioden im Detail durchdenken zu wollen. Das hat uns die Covid-Pandemie anschaulich vor Augen geführt, die in kurzen Abständen neue Zustände hervorgebracht hat. Wie ist unter chaotischen Umständen Ordnung in Systemen möglich? In Organisationen vor allem durch Führung, die sich mit Systemen auskennt.

Wie existenziell wichtig systemische Kenntnisse sind, wurde einer breiten Öffentlichkeit bewusst, als 1973 im Auftrag des Club of Rome der Bericht *Die Grenzen des Wachstums* erschien. Ein Team am Massachusetts Institute of Technology (MIT), dem auch Donella Meadows und ihr Ehemann Dennis angehörten, hatte die Daten geliefert. Der Bericht war eine Mahnung an die Industriegesellschaften, die von der wirtschaftlichen Entwicklung nach der Katastrophe des 2. Weltkriegs verwöhnt waren, ökosozial umsichtiger zu handeln.

---

111 Meadows, D. H., (2008), S. 11.

Begünstigt vom raschen Wachstum der Bevölkerung hatte man in der westeuropäischen Nachkriegswirtschaft beispiellose Wachstumsraten erlebt: Im westlichen Teil des geteilten Deutschlands wuchs das Bruttoinlandsprodukt pro Kopf der Bevölkerung zwischen 1950 und 1972 real um mehr als 300 Prozent, in Frankreich um 150 Prozent. 1950 wurden in Westdeutschland 900.000 Paar Nylonstrümpfe verkauft, drei Jahr später 58 Millionen. 1951 wurden in Italien 18.500 Kühlschränke gebaut, zwei Jahrzehnte später reichlich fünf Millionen.[112] Die Boomphase endete mit dem Ölschock von 1973. »Der Westen« hatte Israel im Jom-Kippur-Krieg mit Ägypten und Syrien unterstützt. Daraufhin verdoppelten die arabischen Ölexporteure, die mit diesen Ländern sympathisierten, mal eben den Ölpreis. Erstmals konnte man an Sonntagen auf bundesdeutsche Autobahnen spazieren gehen, weil die PKWs wegen Spritmangel in der Garage bleiben mussten.

Zeit für die »moderne« Gesellschaft, mal kurz innezuhalten? Eher nicht. Mehr dazu im zweiten Teil.

Im MIT-Bericht werden die Zukunftsaussichten der Menschheit auf unserem Planeten, von den Autoren *Weltsystem* genannt, skizziert.[113] Teilsysteme sind Biosphäre, Kulturen, Nationen, Institutionen der Politik, Wirtschaft, Wissenschaft und Zivilgesellschaft und natürlich alle Lebewesen. Das *größte für uns greifbare* System hat keinen Aktionsplan, der auf geteilten Werten und einheitlichen Regeln basiert. Konflikte sind überall.[114]

Was in komplexen Systemen geschieht, ist mehrdimensional und in vielerlei Hinsicht *uneindeutig*. Welche Motive oder Absichten haben oder hatten die Personen, die am Geschehen beteiligt sind oder waren? Wer ist/war überhaupt beteiligt? Was genau ist überhaupt geschehen? Die Beurteilung von Sachlagen wird von Filtern und Rahmungen beeinflusst, die schwer durchschaubar sind. Und schließlich: Wodurch werden Probleme, die wir als solche erleben, verursacht?

Für unerwünschte Zustände (Probleme also) Ursachen zu finden, kann schon deshalb schwer sein, weil Zustände in komplexen Systemen oft nicht unmittelbar nach dem Ereignis (oder *den Ereignissen*) eintreten, durch das/die sie ausgelöst wurden, sondern mehr oder weniger stark verzögert.[115] Dann ist die Verführung groß, sich den *Symptomen* zu widmen und die Lösung des eigentlichen Problems »zu vertagen« – vielleicht auf den Sankt Nimmerleinstag.

> **Wenn mit den Symptomen das Problem nicht beseitigt wird**
>
> Ein Unternehmen hat mehrere schlechte Quartalsergebnisse. Die Suche nach Ursachen (hier angenommen: schlechte Produktqualität) ist aufwändig und, wegen der Suche nach Schuldigen, konfliktträchtig. Lieber werkelt man, unter dem Druck kritischer Beobachter, an den Symptomen herum: Man entlässt Fachleute. Das verkleinert den Aufwandsposten *Personal*, verbessert sofort

---

112 Judt, T. (2005), S. 363-365; 376 f.
113 Meadows, D. (1972), S. 16.
114 Grunwald. A. (2016), S. 57.
115 Ein Beispiel für die Mehrdimensionalität von Gründen von Ereignissen ist die Chance Adolf Hitlers, 1933 deutscher Reichskanzler zu werden: die Schmach des Versailler Vertrags, der den Deutschen als Verlierer des 1. Weltkriegs verordnet wurde, Hyperinflation (eine Folge der Reparationszahlungen), Ablehnung der Demokratie bei einflussreichen Eliten, Weltwirtschaftskrise, Massenarbeitslosigkeit, schwelender Antisemitismus, wachsende Sehnsucht nach dem »starken Mann« etc.

die Ertragslage und stellt nervöse Anteilseigner einstweilen ruhig. Wenig überraschend, wird das Unternehmen mittelfristig von seinem wahren Problem eingeholt. Dann aber haben längst weitere Kunden ihren Lieferanten gewechselt, weil ihre eigene *Performanz* durch die grottenschlechte Produktqualität gefährdet war. Der Schaden für unser Unternehmen ist angerichtet und wirkt sich natürlich auch in der Jahresrechnung aus. Spätestens dann ziehen sich auch Investoren zurück.

Im Kapitel 2, *Mythen und andere Lasten,* habe ich beschrieben, wie Menschen mit ihrer begrenzten kognitiven Verarbeitungskapazität auf Komplexität reagieren. Wie schlecht wir darin sind, Komplexität zu bewältigen, hat Dörner in Simulationen in Fantasieländern und an Fantasieorten gezeigt, zu denen es detaillierte Informationen gab. Aufgabe der Versuchspersonen war, die Situation der Menschen im kargen *Tanaland* in mehreren Spielrunden mit gezielten Interventionen zu verbessern oder als Bürgermeister den Ort *Lohhausen* durch geschickte Politik sicher in die Zukunft zu führen. Mehrheitlich endete das in Schieflangen oder Katastrophen. Die Fehler waren meist identisch:
1. Handeln ohne hinreichende Situationsanalyse,
2. Nichtbeachtung möglicher Wechselwirkungen,
3. Konzentration auf das Hier und Jetzt unter Missachtung möglicher Fern- und Nebenwirkungen,
4. starres Festhalten an bestimmten Methoden,
5. Flucht in neue Projekte, wenn die alten fehlzuschlagen drohten,
6. Verstärkung bisheriger Maßnahmen, wenn Erfolge ausblieben.[116]

Imaginatives Abstrahieren kann das verhindern. Wer dazu in der Lage ist, hat gute Voraussetzungen, systemisch zu denken. Ursachen rätselhafter Ereignisse erkennt sie oder er dann leichter und kann plausiblere Schlüsse daraus ziehen. Senge schreibt:

> »The art of systems thinking lies in seeing through complexity to the underlying structues generating change.«[117]

Von Jay Forrester, Senges Mentor am MIT und Vater der *System Dynamics,* stammt das Systemmodell für den Bericht *Grenzen des Wachstums*. Die Menge möglicher Systemzustände wächst mit der Anzahl der Systemelemente, die in Wechselwirkung miteinander treten können: Eine Organisation mit 5.000 Beschäftigten und zwölf desintegrierten IT-Systemen hat mehr Unsicherheitsquellen als ein Betrieb mit fünf Beschäftigten und einem robusten Computerprogramm für die Buchhaltung.

3.3 Systemische Dynamiken

Nicht die *Detailkomplexität* von Systemen, die Menge ihrer (zählbaren) Elemente, macht Leitenden zu schaffen, sondern ihre *dynamische Komplexität*. Sie beruht auf Rückkopplungen oder Feedbacks, den Wechselwirkungen zwischen den Elementen. Systeme reagieren auf Ereignisse, indem sie bestimmte Zustände (z. B. schlechte Quartalsergebnisse) *verstärken* (wenn man *nichts* tut) oder *ausbalancieren*

---
116 Dörner, D. (1997).
117 Senge, P. (1990), S. 128.

(wenn man *etwas Richtiges* tut). Reagiert ein System nicht (Ergebnisse bleiben konstant, weil Kunden auf baldige Besserung hoffen), könnte man dem Irrtum erliegen, alles könne bleiben, wie es ist.

Wer eine Organisation in eine bestimmte Richtung lenken will, sollte ein waches Bewusstsein für Kopplungsverhältnisse mit anderen Systemen entwickeln. Eines davon ist die natürliche Umwelt. Sie bietet »Services« wie saubere Luft, sauberes Wasser, fruchtbare Böden etc. Solange das, was die Organisation im Gegenzug in die Natur entlässt (Emissionen, Abfälle etc.) deren Aufnahmekapazität nicht überfordert, bleiben natürliche Feedbacks *störungsfrei*. Das ist aber längst nicht mehr der Fall.

Kopplungen gibt es auch mit anderen sozialen Systemen wie Lieferanten, Leistungsnutzern, Investoren etc. Feedbacks sind *Interaktionsdynamiken, die sich durch Eingriffe musterhaft verändern.*[118] Fachleute nennen solche Muster *Archetypen*. Nehmen wird das Beispiel von oben: Der Archetyp in Abbildung 4 entspricht dem gescheiterten Versuch, Quartalsergebnisse durch Freisetzung von Personal zu verbessern – *Fixes that fail*, Fehlschläge.[119] Die Waage symbolisiert ein ausgleichendes Feedback, der Pfeil ein verstärkendes. Daraus lassen sich zwei Daumenregeln ableiten. Die erste: *Vermeide Kurzfristlösungen; erweitere lieber deinen Zeithorizont!* Die zweite: *Mehr vom Selben vergrößert den Schaden!*

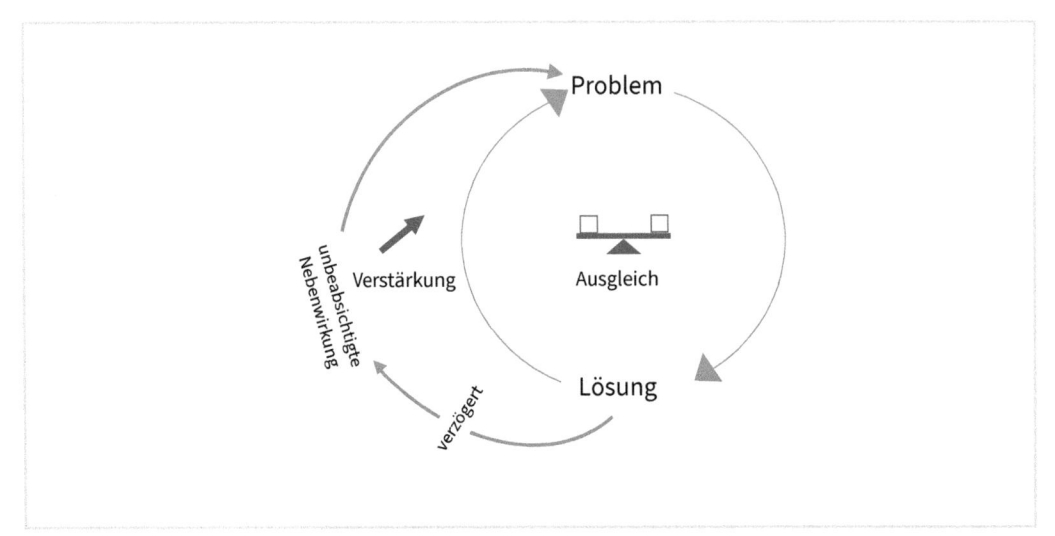

Abb. 4: Fehlschläge

Die Dynamik in Abbildung 5 entspricht dem Feedback-Archetyp *Limits of growth*, Wachstumsdeckelung.[120] Wie links zu sehen, konnte der Umsatz durch gute Qualität und zufriedene Kunden über mehrere Perioden gesteigert werden. Dann wollte man auch noch die Umsatzrendite steigen, durch Automatisierung und Abbau von Personal (rechts zu sehen). Wie in Abb. 4 hat auch hier der Verlust erfahrener Fach-

---

118 Brand, K.W. (2014), S. 156.
119 Senge, P. (1990), S. 388.
120 Ebd. 379.

leute der Produktqualität, mit Verzögerung, geschadet. Die Wachstumsphase war beendet. Hier lautet die Daumenregel: *Willst du wachsen, verstehe die Treiber!*

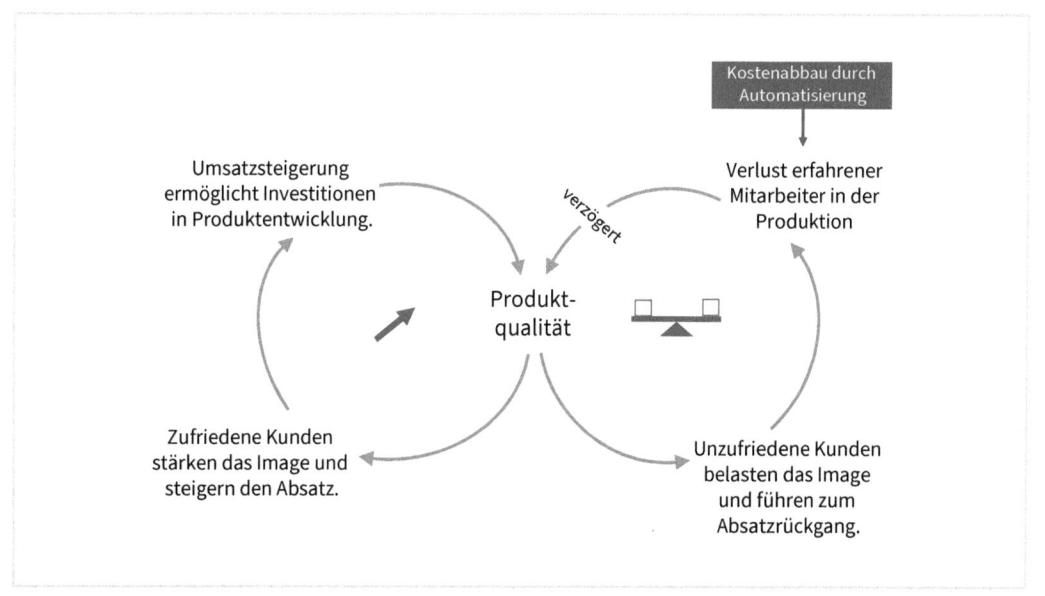

Abb. 5: Wachstumsdeckelung

Wer systemische Dynamiken versteht (Senge beschreibt weitere Archetypen[121]), wird weniger aufgrund von Intuition entscheiden (was bekanntlich Risiken birgt), sondern mehr aufgrund von *systemischen Einsichten*. Die lassen sich in Organisationen leichter gewinnen als im Weltsystem.

Organisationen können Komplexität begrenzen, indem sie Bedingungen für die Mitgliedschaft festgelegen und Mitglieder zu kohärentem Verhalten veranlassen. Bestimmte Erwartungen können sie meistens durchsetzen (mehr dazu im nächsten Abschnitt 3.4).[122] Das reduziert die Menge möglicher Zustände. Organisationen lassen sich deshalb leichter lenken als soziale Systeme ohne solche Möglichkeiten. Leider hat man nicht für jedes Ereignis immer auch einen Archetyp mit passender Daumenregel parat, und zwar genau dann, *wenn entschieden werden muss*. Vieles wird erst mehr oder weniger lange nach Eintritt der Ereignisse plausibel (ich erinnere an Kahnemans Test mit den Experten, Kap. 2.2).

Auch hier ist imaginatives Abstrahieren gefragt: Es befähigt uns, im Gewusel von Details Sinn und neue Möglichkeiten zu finden. Das gelingt mit etwas Distanz zum Tagesgeschäft besser als inmitten des täglichen Wahnsinns. Außerdem empfehle ich Kahnemans *Slow down*. Leitende treffen bessere Entscheidungen, wenn sie wissen, *dass es systemische Dynamiken gibt* und wann sie wie unter welchen Voraussetzungen auftreten können.

---

121 Ebd. 378-390.
122 Kühl, S (2011), S. 17.

Eine andere Frage brennt jetzt aber unter den Nägeln: Unter welchen Voraussetzungen können eigentlich Organisationen *funktionieren*?

3.4 Erwartungen

Wohl niemand hat den Zusammenhang zwischen sozialen Systemen, Komplexität, Lenkbarkeit und Funktionsfähigkeit treffender beschrieben als Niklas Luhmann. Er ging davon aus, dass moderne Gesellschaften ihre Probleme durch *funktionale Differenzierung* organisierter, sozialer Systeme lösen, durch Organisationen also. Sie grenzen sich von ihrer Umwelt durch Funktionen ab, die sie in den Institutionen der Gesellschaft, in Wirtschaft, Wissenschaft und Zivilgesellschaft, im Staats-, Rechts-, Gesundheits-, Bildungswesen etc. erfüllen, als Unternehmen, Behörde, Verband, Verein, Schule oder Hochschule, Krankenhaus, Arztpraxis, Anwaltskanzlei etc. Dadurch entstehe ein Komplexitätsgefälle an den Systemgrenzen, das die unendlich große Vielfalt möglicher Handlungen begrenze. Komplexität werde dadurch reduziert, Unsicherheit absorbiert.[123]

> »Die Unsicherheitsabsorption läuft über die Stabilisierung von Erwartungen, nicht über die Stabilisierung des Verhaltens selbst, was natürlich voraussetzt, dass das Verhalten nicht ohne Orientierung an Erwartungen gewählt wird.«[124]

Nach Luhmann konditionieren Organisationen das Verhalten ihrer Mitglieder durch Erwartungen, die sich in Personen, Rollen, Programmen und Werten ausdrücken.[125] Wie jemand an Aufgaben herangeht (beharrlich, verbindlich, kreativ etc.), hängt von seiner/ihrer Persönlichkeit ab. Was die Aufgabe ist (Vertriebsleitung, Qualitätsmanagement, Buchhaltung etc.), bestimmt die Rolle. Zu Programmen gehören Strategien, Dienstanweisungen, EDV-Programme und Projekte. Sie haben unterschiedliche Zeithorizonte und damit unterschiedliche Verfallsdaten. Den Zweck einer Organisation zu erfüllen, ihre *Raison d'être*, ist meist eine Aufgabe von unbestimmter Dauer. Strategien gelten, bis die Organisation durch äußere und/oder innere Einflüsse zur Kurskorrektur veranlasst wird. Projekte sind normalerweise irgendwann beendet.

Zweckprogramme zielen auf einen *Output*. Hier unterscheidet man zwischen Zwecken oder Zielen und den Mitteln, um sie zu erreichen. Erlaubt ist, was nicht verboten ist. (Die dazu passende Führungsmethode ist *Management by objectives*.) *Konditionalprogramme* beziehen sich hingegen auf Inputs und basieren auf Wenn-dann-Beziehungen, um beispielsweise Standards zu formulieren.[126] Verboten ist, was nicht erlaubt ist. Der Alltag in Organisationen wird maßgeblich von solchen *performance programs* geprägt. Sie sind Teil des Kontrollsystems und koordinieren Aktivitäten.[127]

---

[123] Luhmann, N. (2021), S. 158; 397.
[124] Ebd. S. 158.
[125] Ebd. S. 429 f.
[126] Luhmann, N. (2000), S. 261-263.
[127] March, J. G., Simon, H. (1993), S. 163; 166.

Zweck- und Konditionalprogramme kommen durch Entscheidungen zustande. Das gilt auch für die Besetzung von Stellen mit Personen und die Festlegung von Kommunikationswegen (mehr dazu unter *Neurologie der Organisation,* Kap. 3.7). Einmal entschieden, sind Programme, Personen und Kommunikationswege *Prämissen weiterer Entscheidungen*, die im Alltagsgeschäft in großer Zahl an allen möglichen Orten in der Organisation zu treffen sind. Entscheidungsprämissen werden nicht hinterfragt oder verhandelt, sondern gleich für weitere Entscheidungen genutzt. »Entschiedene Entscheidungsprämissen« bilden die *formalen Erwartungen einer Organisation.*[128]

Dagegen *nicht* entschieden werden *informelle Erwartungen*. Sie entstehen im Laufe der Zeit wie von selbst und bilden dann die *Kultur* der Organisation. Wer schon mal ein Führungsseminar besucht hat, kennt vielleicht den *Eisberg:* Unausgesprochen Gültiges, wie Grundannahmen und Motive, Gewohnheiten, Routinen (betriebliche »Trampelpfade«) und Konflikte befinden sich in der Eisberg-Metapher *unter Wasser*. Sie bleiben unerkannt, bis jemand einen analytischen Blick darauf wirft, damit Veränderungsprojekte bessere Chancen haben. (Wie man auch *unter Wasser* brauchbare Handlungsimpulse finden kann, zeige ich an anderer Stelle mit der *Wertebalance-Analyse*).[129]

Rodriguez hat vorgeschlagen, Organisationskultur als *Komplex unentscheidbarer Entscheidungsprämissen* zu definieren.[130] Kultur greift bei Problemen, die durch formale Anweisungen nicht lösbar sind.

Werte sind ein besonderer Typ informeller Erwartungen. Klugheit, Gerechtigkeit, Tapferkeit und Mäßigung sind, als Werte, *generell wünschenswert.* Luhmann schreibt zu Werten:

> »Ihre Bedeutung ergibt sich aus der Differenz von Werten und Programmen. Programme müssen, sollen sie ihre Eigenleistung bestmöglich erbringen, oft sehr komplex, änderbar und in den Details instabil formuliert werden. Dann erleichtert Wertkonsens die Kommunikation über die Kontingenz (Offenheit) der Programme: über Programmentwicklung, situative Adaptierung, Programmänderungen oder auch über das Obsoletgewordensein der Programme.« […] »Werte dienen im Kommunikationsprozess dann wie eine Art Sonde, mit der man prüfen kann, ob auch konkretere Erwartungen funktionieren, wenn nicht allgemein, so doch jedenfalls in der konkreten Situation, die jeweils vor Augen steht. Die Konsequenz ist dann freilich: dass die Rangrelationen zwischen Werten nicht ein für allemal festgelegt sein können, sondern wechselnd, das heißt opportunistisch gehandhabt werden müssen.«[131]

Informelle Erwartungen können Regelungslücken schließen und formale Rigiditäten abmildern, die in turbulenten Zeiten den Geschäftsbetrieb lahmlegen können. Hätte man nicht in Gesundheitsämtern auf dem Höhepunkt der Covid-Pandemie die vorgeschriebene Meldefrist für Infektionen deutlich unterschritten, wäre die Pandemie vermutlich noch dramatischer verlaufen.[132] Gerade in angespannten Situ-

---

128 Kühl, S. (2011), 102 f.
129 Kinne, P. (2017), S. 28.
130 Rodriguez, D. (1991), S. 140 f., zitiert nach Luhmann, N. (2000), S. 241.
131 Luhmann, N. (2021), S. 434.
132 https://www.rki.de/DE/Content/Service/Presse/Pressemitteilungen/2021/03_2021.html (Zugriff: 23.10.24).

ationen sind Werte ein brauchbares Prüfmittel für die Richtigkeit von Handlungen. Leider macht das den Versuch, die Kultur einer Organisation zu ändern, nicht einfacher.

Beginnen sollte man immer mit den *formellen Erwartungen*. Andernfalls könnte der Versuch im Nebel des Unkonkreten verpuffen.[133] Was können Leitende nun aus alldem mitnehmen?

Vor allem dies: Mitarbeiterinnen und Mitarbeiter handeln aufgrund persönlicher Entscheidungen, die durch Prämissen beeinflusst werden, mit denen Organisationen ihre Erwartungen ausdrücken und für die nötige Orientierung sorgen. Sind sie allseits akzeptiert, lenken sie das Verhalten der Beschäftigten, ohne dass Vorgesetzte eingreifen oder entscheiden müssen, was in Einzelfällen richtig oder falsch ist. Das ist wahrlich keine neue Erkenntnis, wird aber überraschend häufig missachtet.

Der Entlastungseffekt ist gewaltig und basiert auf *Vereinfachung dessen, was vereinfacht werden kann*: Auf Basis belastbarer Orientierungsgrößen, die eine Organisation *lenkbar* machen (Kap. 4.2), können unter anderem Effizienzreserven in Strukturen, Abläufen, Produkten und Projekten ausgeschöpft werden, durch Re-Design, Standardisierung, Digitalisierung und Automatisierung, Nutzung künstlicher Intelligenz. Oder einfach *durch Verzicht*. Das reduziert den Aufwand, den Organisationen betreiben müssen. Wer ohne klar definierte Erwartungen beispielsweise ein größeres IT-Projekt durchziehen will, dem kann man, mit Wohlwollen, Fahrlässigkeit nachsagen. In meinen Kursen höre ich immer wieder von verzögerten oder gar gescheiterten IT-Projekten. Manche Betriebe kostet das sogar die Existenz.

Der Entlastungseffekt tritt ein, wenn, erstens, orientierungsstarke Erwartungen (Grundsätze, Ziele, Strategien, Werte etc.) *existieren*. Wenn sie, zweitens, allseits bekannt sind und, drittens, sich die Beschäftigten ihnen freiwillig und gerne unterziehen. Dann nämlich verfügt die Organisation über eine *positive, überpersönliche Autorität*. Es spielt dann keine Rolle, ob diese Konditionierung (die ja zunächst mal ein Angebot ist, dass angenommen oder abgelehnt werden kann) *Vision, Mission, Philosophie, Leitbild, Strategie* oder sonst wie heißt.

Lehrbücher sind voll mit Beschreibungen dieser Orientierungsgrößen; man gewinnt den Eindruck, Organisationen seien ohne eine Vision und eine Mission nicht funktionsfähig. Perfekt, wenn es eine Mission gibt, die besagt, wozu eine Organisation da ist, sodass man davon Strategien ableiten kann.[134] Prima, wenn es eine Vision gibt, ein Bild von der Zukunft. Beckert weist darauf hin, dass solche Bilder seit Anbeginn der Moderne treibende Kraft von Innovation und Wachstum sind.[135] Für Senge sind geteilte Visionen *kollektive Energiequellen*.[136]

Nach meiner Beratererfahrung ist das mit geteilten Visionen allerdings nicht so einfach: Nicht jedem fällt es leicht, imaginativ zu abstrahieren. Außerdem: Wer würde heute auf gute Fachleute verzichten, nur weil sie entweder (noch?) kein visionäres Bild von der Zukunft haben oder weil ihre eigene Vision nicht

---

[133] Kühl, S. (2011), S. 129.
[134] De Witt, B. (2020), S. 131
[135] Beckert, J. (2018), S. 293.
[136] Senge, P. (1990), S. 206.

ganz der offiziellen entspricht, wenn sie im Übrigen aber allerbeste Entfaltungschancen in der Organisation haben?

Und: Müssen und können Anspruch und Wirklichkeit immer perfekt zusammenpassen?

3.5 Dreifache Wirklichkeit

Botschaften mit Visions- und Missionscharakter, die mit Hilfe von Agenturen in Hochglanzbroschüren, Websites und sonstigen Artefakten erscheinen, zeigen, wie Stefan Kühl es ausdrückt, *die Schauseite* einer Organisation. Die Funktion solcher Botschaften besteht zunächst einmal darin, widersprüchlichen Erwartungen (kurz- versus langfristige Rendite, Kundenorientierung versus Mitarbeiterorientierung, Markt versus Moral etc.) gerecht zu werden, ohne dabei *zu konkret* werden zu müssen, denn das kostet Flexibilität. Die Botschaft »Wir achten planetare Grenzen« könnte einstweilen auf der Regelung beruhen, in der Betriebskantine auf Plastikbecher zu verzichten, sofern das nur den Anfang des ökologischen Engagements markiert. Das Verkünden »grüner«, aber unaufrichtiger Absichten hat in Organisationen mit Anspruch auf Nachhaltigkeit nichts zu suchen. (Öl- und Gasförderern scheint dieser Grundsatz eher fremd zu sein, vgl. Kap. 13).[137]

Abgesehen von unvermeidlichen Inkongruenzen zwischen Außenbild und wahrem Zustand schützt die »Schauseite« vor Einblicken ins organisationale Innenleben, mit seinen alltäglichen Trivialitäten, ungelösten Fragen und Reibereien (nicht *Schummeleien*, wie einst mit Abgaswerten bei Volkswagen). Unter *Latenzschutz* lassen sich Probleme besser bearbeiten als unter den wachen Augen einer kritischen Öffentlichkeit.[138] Von Armin Nassehi werden wir im zweiten Teil erfahren, dass Latenzschutz sogar Konflikte vermeiden kann (Kap. 14.1).

Zu den Aufgaben nachhaltig Leitender gehört, die *dreifache Wirklichkeit* von Organisationen, die *offizielle*, die *zu praktizierende* und die *praktizierte* Wirklichkeit, so zu gestalten, dass Vertrauen erzeugt und erhalten wird, ohne Flexibilität zu zerstören. Markenführung verliert ihren Sinn, wenn man diese Wirklichkeiten entkoppelt. Markendesigner interessiert ja gerade die Wechselseitigkeit von Markenimage (Wahrnehmung anderer) und Identität einer Marke (eigenes Denken und Handeln). Sie formulieren Botschaften und gestalten Narrative, die auf eben dieser Identität basieren – und setzen sich dafür ein, dass diese immer besser *erlebbar wird*.[139] Bei starken Marken achtet man darauf, dass corporate identity (Identität der Organisation), corporate design (grafisch-bildliche Gestaltung), corporate communication (Texte) und corporate behaviour (Verhalten der Akteure) so gut wie eben möglich zusammenpassen. Diesen Anspruch im Blick, bedarf die *symbolische Oberflächenstruktur*[140] der Organisation, ihre »Schauseite«, durchaus gezielter Pflege.

---

137 Beckert, J. (2024), S. 60.
138 Kühl, S. (2011), S. 142 f.
139 Burmann, C., Halaszovich, T., Hemmann, F. (2012), S. 28 f.
140 Kühl, S. (2011), S. 156.

Funktionell entscheidend ist jedoch, dass es artikulierte Erwartungen gibt, die so konkret, in sich stimmig und attraktiv sind, dass sie Menschen anziehen, die man sich als Beschäftigte wünscht. Es sind dann Prämissen für deren Entscheidungen, die es ihnen ermöglichen, ihrerseits stimmig zu handeln und die sie, vielleicht, längerfristig an die Organisation binden. Gute Fachleute fallen heute leider nicht von den Bäumen. Narrative können einen starken Bindungseffekt haben. Durch sie lassen sich Erwartungen ausdrücken, die ihre Wirkung entfalten, sofern man sie pflegt. Wie man sie strukturieren kann, ohne eine Organisation mit visionär-missionarisch-philosophischen Botschaften zu überfordern, zeige ich in Kapitel 5.2.

Die Mastermind-Strategie *Vereinfachen, was vereinfacht werden kann* (Kap. 5.2) besteht im Wesentlichen darin, die ungeheure Menge möglicher Zustände in Organisationen auf Basis von Entscheidungsprämissen *auf die wünschenswerten zu reduzieren*. Dadurch entsteht die erhoffte Entlastung. Widmen wir uns jetzt den »Systemelementen« und dem, was sie miteinander tun. Oder besser: *tun sollten*.

3.6 Kommunikation und Sinn

Nach Luhmann machen Erwartungen Ereignisse *anschlussfähig*:

> »Das Wiederherstellen der Erwartbarkeit ist kein Erfordernis der Stabilität, sondern ein Erfordernis der Reproduktion. Erwartungen sind, und insofern sind es Strukturen, das autopoietische Erfordernis (Autopoiesis = Selbsterhalt) für die Reproduktion von Handlungen. Ohne sie würde das System in einer gegebenen Umwelt mangels *innerer Anschlussfähigkeit* schlicht aufhören, und zwar: von selbst aufhören.«[141]

Aber wie werden die Anschlüsse vollzogen? Diese Frage führt zu Luhmanns Verständnis der konstitutiven Elemente sozialer Systeme. Das sind nicht etwa Personen, sondern das, was diese sprechend von sich geben, was sie *kommunizieren*.

Soziale Systeme werden von *psychischen Systemen* beeinflusst, von dem, was ihre Mitglieder denken und fühlen. Psychische Systeme können nicht kommunizieren, sind aber mit dem Sprachsystem denkender und fühlender Menschen gekoppelt. Ob und wie sich Organisationen entwickeln, hängt davon ab, ob, wie und worüber man innerhalb ihrer Grenzen miteinander redet. Gedanken und Gefühle müssen zur Sprache kommen, um *anschlussfähig* zu sein. Luhmann schreibt:

> »Kommunikation legt einen Zustand des Empfängers fest, der ohne sie nicht bestehen würde, aber nur durch ihn bestimmt werden kann«.[142]
>
> Oder anders: »Information received includes echoes of information sent.«[143]

---

141 Luhmann, N. (2021), S. 391 f.
142 Luhmann, N. (2021), S. 204.
143 March, J. G., Simon, H. (1993), S. 17.

Wer schlecht kommuniziert, darf sich nicht wundern, dass seine Vorstellungen nicht Realität werden.[144]

An anderer Stelle skizziert Luhmann die Systembildung:

> »Kommunikation setzt [...] Systembildung in Gang. Wenn immer sie in Gang gesetzt wird, bilden sich thematische Strukturen und redundant verfügbare Sinngehalte. Es entsteht eine selbstkritische Masse, die Angebote mit Annahme/Ablehnungsmöglichkeiten hervorbringt. All das differenziert sich als Prozess aus einer Umwelt aus, die in Themen parat gehalten, in Kommunikation intendiert werden kann und Ereignisse provoziert, die im System als Information weiter behandelt werden können. Das System findet sich, soweit dafür gesorgt ist, dass Teilnehmer sich wechselseitig wahrnehmen, in einer Art Dauererregung, die sich selbst reproduziert, aber auch von außen stimuliert werden kann – ähnlich wie ein Nervensystem ... Dass sie Zufallsanlässe in sinnhafte Informationen umsetzen, ist für sie unvermeidlich; aber ob das, was sie dann als Redundanz und als Differenz erzeugen, sich in der Evolution bewährt und wie lange es sich bewährt, ist aus der Zwangsläufigkeit des Ordnungsaufbaus nicht abzuleiten.«[145]

Evolutive Selektion ist die richtige Antwort auf ein Umfeld, dessen Komplexität mitunter bedrohlich wirkt. Es zwingt Organisationen dazu, die ungeheuer große Menge *möglicher* Verhaltensweisen durch bewusste Auswahl auf die *wünschenswerten* zu beschränken – mit Entscheidungsprämissen, die vereinfachen und entlasten. Kommunikation (für Luhmann die Einheit aus Sachverhalt, Botschaft und Verstehen) bietet Anschlussmöglichkeiten, die auf *Sinn* basieren:

> »Sinn stattet das je aktuell vollzogene Erleben oder Handeln mit redundanten Möglichkeiten aus. Dadurch wird die Unsicherheit der Selektion (i. S. v. Handlungsmöglichkeiten) zugleich auch wieder kompensiert. Redundanz hat eine Sicherungsfunktion. Man kann sich Fehlgriffe leisten, weil die Möglichkeiten damit noch nicht erschöpft sind. Man kann zum Ausgangspukt zurückkehren und einen anderen Weg wählen.«[146]

Sinn entsteht in Organisationen durch Kommunikation und verweist auf Mögliches.[147] Auf etwas Rätselhaftes muss man sich *einen Reim* machen, um entscheiden zu können. Dazu Weick und Sutcliffe:

> »Decision making consists mainly of the ratification of a sense of the situation that has already been defined, constrained, and framed interactively.«[148]

Bei einem Autobauer, der sich der Elektromobilität verschrieben hat, wären Gespräche zwischen Ingenieuren über die Optimierung des Kühlsystems von Verbrennermotoren sinnlos. Sinnbasierte Interaktion ist anschlussfähig, erzeugt neues Wissen und neue Möglichkeiten. Das steigert die Innovationskraft

---

144 Luhmann, N. (2000), S. 258.
145 Luhmann, N. (2021), S. 158.
146 Ebd. S. 94.
147 Kneer, G., Nassehi, A. (2000), S. 75.
148 Weick, K., Sutcliffe, K. (2015), S. 34.

der Organisation und damit ihre kollektive Lösungskompetenz. Sie ist dann auch unter Bedingungen leistungsfähig, die heute noch niemand kennen kann.

Findet Kommunikation keinen Anschluss, hören Organisationen auf zu existieren.[149] Mit Hinblick auf Nachhaltigkeit ist diese Logik plausibel: Komplexe Probleme können nicht von Einzelkämpfern gelöst werden, die sich anschweigen, sollten sie sich doch mal begegnen.

Das *Prinzip der inneren Anschlussfähigkeit* hat Luhmann dazu veranlasst, soziale Systeme als *selbstreferenziell, autopoietisch* und *geschlossen* zu bezeichnen:

> »Das Konzept des selbstreferenziell-geschlossenen Systems steht nicht im Widerspruch zur Umweltoffenheit der Systeme; Geschlossenheit der selbstreferenziellen Operationsweise ist vielmehr eine Form der Erweiterung möglichen Umweltkontaktes; sie steigert dadurch, dass sie bestimmungsfähigere Elemente konstituiert, die Komplexität der für das System möglichen Umwelt.«[150]

(*Möglich* hier im Sinne von *nutzbar*. Auf genutzten Umweltkontakten basieren Austauschprozesse.)

Anbieter leben davon, dass andere ihre Leistungen nutzen (und bezahlen). Ohne den Austausch mit Kundinnen und Kunden, Patientinnen und Patienten, Studierenden, Lesenden, Bürgerinnen und Bürgern, Beschäftigten oder wer immer auch Zielgruppe ist, gehen in Organisationen früher oder später die Lichter aus. Was sie aber ihren Zielgruppen bieten und wie sie es bieten, entscheiden sie selbst – nach Kriterien, die durch Interaktion entstehen und eigene »Binnenlogiken« schaffen. Nur systemisch geschlossene Systeme können mit *je eigener Stimme* sprechen. Und nur dann können sie Resonanzachsen zu denen entwickeln, von deren Zuspruch ihr Schicksal abhängt.[151] Solche Systeme können sich selbst regulieren. Nach einem kybernetischen Grundsatz sind komplexe Systeme ohne diese Fähigkeit nicht lenkbar.[152]

Die Autopoiesis-Theorie hat Luhmann von den chilenischen Biologen und Neurowissenschaftlern Humberto Maturana und Francisco Varela übernommen. Sie verbinden den Begriff alles *Lebendigen* mit der *autopoietischen,* sich also *selbst schaffenden Organisation*, die sie am Beispiel einer Zelle aufzeigen und auf mehrzellige Organismen übertragen.[153]

Jürgen Habermas, Theoretiker der Verständigungsverhältnisse, nennt anschlussfähige Interaktion *kommunikatives Handeln*. Es ist zweckbasiert, dient der Reproduktion von Lebenswelten und beruht auf gegenseitig akzeptierten Geltungsansprüchen: *Wahrheit* (für die objektive Welt), *normative Richtigkeit* (für die gemeinsame soziale Welt) und *Wahrhaftigkeit* (für die *subjektiv-individuelle* Welt). Die Ansprüche

---

149 Kneer, G., Nassehi, A. (2000), S. 69.
150 Luhmann, N. (2021), S. 63.
151 Rosa, H. (2017), S. 654.
152 Kybernetik ist die Wissenschaft von der (Selbst-)Lenkung und (Selbst-)Regulierung komplexer Systeme durch Information und Kommunikation, vgl. Malik, F. (2008), S. 56.
153 Maturana, H., Varela, F (2009), S. 35.

fordern kritische Einschätzungen der Interaktionspartner heraus. Gegenseitige Anerkennung von Ansprüchen erzeugt Einverständnis.[154]

> »Ich spreche von kommunikativem Handeln, wenn sich die Aktoren darauf einlassen, ihre Handlungspläne intern aufeinander abzustimmen und ihre jeweiligen Ziele nur unter der Bedingung eines sei es bestehenden oder auszuhandelnden Einverständnisses über Situationen und erwartete Konsequenzen zu verfolgen.«[155]

Luhmann sieht im Einverständnis keine Bedingung für gelingende Kommunikation. Im Sinn schon. Sinn setzt aber kein Einverständnis voraus. Auch Streit kann sinnvoll sein. Luhmanns Grundsatz, nicht Personen, sondern deren Kommunikationen seien die maßgeblichen Elemente sozialer Systeme, hat für Leitende in zweierlei Hinsicht Gewicht: Erstens wäre danach eine Organisation bald mausetot, würde man dort nicht anschlussfähig interagieren. Wer soll das veranlassen, wenn nicht die Führung? Zweitens führt der Grundsatz allen Beteiligten vor Augen, dass man komplexe Probleme interaktiv lösen sollte, vom Erkennen des Problems bis zum Nutzbarmachen der Lösung.

Einzelne Köpfe sind dafür zu klein. Abgesehen von ihrer hohen Anfälligkeit für Denkfehler (Kap. 2.2) haben sie ein eingeschränktes *Interpretations-Repertoire* und damit auch eine eingeschränkte Lösungskompetenz. Beckert schreibt:

> »Die Bedeutung und die Interpretation von Situationen entwickeln und wandeln sich in kommunikativen Prozessen, in denen sich gemeinsame Perspektiven entfalten und die vorherrschenden Interpretationen bestätigt oder angefochten werden.«[156]

Das *Destillat unterschiedlicher Perspektiven* wird zum Lösen komplexer Aufgaben genutzt. Es entsteht durch *Synthese*[157] und basiert auf der Mastermind-Strategie *Vielfalt kultivieren* (Kap. 5.4).

3.7 Neurologie der Organisation

Wer nachhaltig führen will, muss Kommunikation anschlussfähig machen. Interaktionswege müssen entschieden werden. Aber nach welchen Kriterien? Was sollte bei der Interaktion Thema sein?

Aus systemischer Perspektive wäre zu fragen, *wer mit wem zu welchem Zweck* interagieren muss, damit Reproduktion, der Selbsterhalt der Organisation, sichergestellt werden kann. Das gelingt nicht zwangsläufig dadurch, dass Beschäftigte an ihre Vorgesetzten berichten oder gelegentlich der Teeküche auf ihrem Flur einen Besuch abstatten, um ein paar Minuten mit den dort Anwesenden zu plaudern. Benötigt wird eine Theorie, die, unter Bezug auf soziale Systeme, die *Struktur des Interaktionsbedarfs* abbildet.

---

[154] Habermas, J. (2023), S. 34, 68.
[155] Ebd. 144.
[156] Beckert, J. (2018), S. 429.
[157] Kolko, J. (2015).

Der britische Organisationsforscher Stafford Beer gilt als Begründer der Management-Kybernetik, weil er die Steuerungslogik lebensfähiger Systeme (Bio-Kybernetik) auf Organisationen übertragen hat. Sein *Viable System Model* (VSM) bildet die Struktur des Zentralnervensystems des Menschen ab, einschließlich seines Gehirns.[158] Beers Forschung hatte ergeben, dass Systeme lebensfähig sind, sofern sie erstens bestimmte Teilelemente aufweisen, zwischen denen, zweitens, in geregelten Bahnen Interaktion erfolgt (Abb. 6). Betrachten wir die Funktion der Teilsysteme.[159]

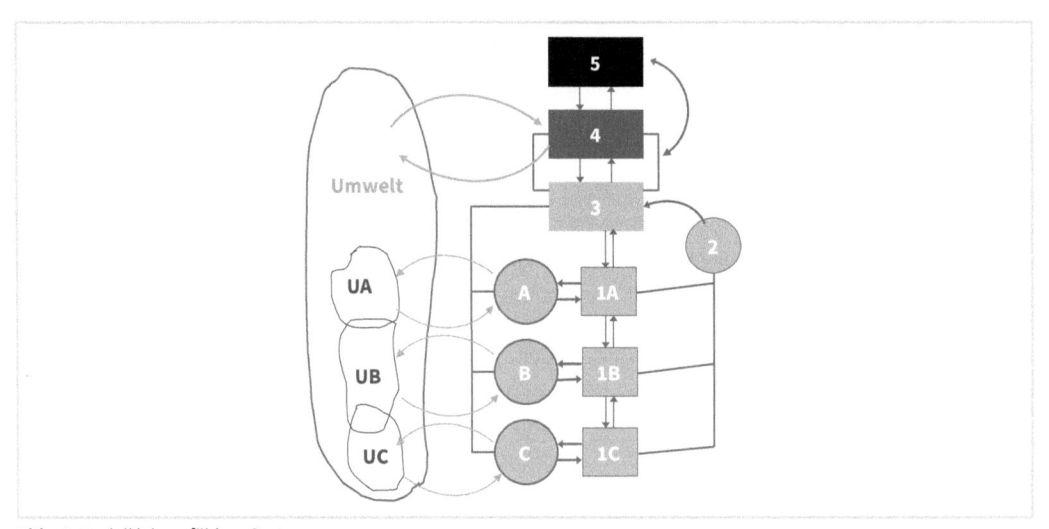

Abb. 6: Modell lebensfähiger Systeme

Systeme 1A – 1C erbringen Leistungen gemäß dem Zweck der Organisation. Die Kreise bezeichnen die Aktivitäten, die Rechtecke deren Steuerung. Jede dieser Aktivitäten wird in der dafür relevanten Umwelt (UA-UC) vollzogen: der Welt von Kundinnen/Kunden, Bürgerinnen/Bürgern, Kranken, Studierenden etc., also der *externen Nutzer(innen) der Leistungen*. Diese Welten können mit anderen Welten verknüpft sein. Es sind Bestandteile der gesamten, für die Organisation relevanten Umwelt.

System 2 koordiniert die Systeme 1, mit Fragen wie diesen:
- *Wie können sich die Bereiche gegenseitig unterstützen?*
- *Welche Synergien sind denkbar?*
- *Wie lassen sich Störungen in der Zusammenarbeit (beispielsweise bei gegenseitigen Lieferbeziehungen) beheben?*

Was immer dem reibungslosen Miteinander der operativen Einheiten 1 dient, ist System 2: Konferenzen, Meetings, Systeme zur Planung und Budgetkontrolle, informelle Treffen in der Teeküche. Systeme 2 sind »Informationsdrehscheiben«.

---

158   Beer, S. (1972), S. 168.
159   Ebd. S. 86-91; 492-509.

Die Autonomie der operativen Systeme 1 wird durch Vorgaben eines operativen Gesamtplanes eingeschränkt. Den entwickelt System 3 und setzt ihn über die zentrale Befehlsachse durch. Direkte Informations- und Interventionsmöglichkeiten symbolisiert die Linie neben den operativen Kreisen A–C, weitere Informationen laufen über System 2. System 3 teilt Ressourcen zu und integriert die operativen Einheiten zu einem funktionsfähigen, operativen Gesamtsystem. Es kontrolliert das *Gegenwartsgeschäft*, wie es die Chefin oder der Chef beim Rundgang durch die Fabrik machen.

System 4 sorgt für die Aufnahme, Verarbeitung und Weiterleitung von Umweltinformationen für die gesamte Organisation (bei Lebewesen sind es die Sinnesorgane). Dazu gehören Kontakte zu Kundinnen und Kunden, Fachverbänden, politischen Parteien, Lions- und Rotary-Clubs, Instituten, kommunalen Einrichtungen und Partnern im In- und Ausland. Die Gesamtheit der Kontakte ist ein *Umweltseismograf*, der Erkenntnisse liefert, auf Basis derer Zukunft gestaltet werden kann. Ob das gelingt, hängt zum einen davon ab, wie gut die Erkenntnisse, Interessen und (heimlichen) Präferenzen der operativen Leitung (System 3) mit den Erkenntnissen, Interessen und (heimlichen) Präferenzen des Umweltmonitors (System 4) ausbalanciert werden können. Zum anderen hängt es davon ab, wie gehaltvoll die Erkenntnisse in den Systemen selbst jeweils sind.

System 5 ist die oberste Entscheidungsinstanz. Hier werden Grundsätze, Ziele und Regeln festgelegt, die *Entscheidungsprämissen*, die für alle Einheiten verbindlich sind (deshalb haben sie normativen oder strategischen Charakter). System 5 sorgt, in enger Abstimmung mit den Systemen 3 und 4, für ausgewogene Berücksichtigung von Gegenwarts- und Zukunftsdaten, Innen- und Außenwelt.

Die Zuordnung von Rollen und Interaktionsroutinen zu den Teilsystemen ist anfangs nicht immer leicht. Welche Organisation wird schon nach dem Modell lebensfähiger Systeme gestaltet?[160] In kleineren Unternehmen (87 Prozent aller Unternehmen in Deutschland hatten im Jahr 2022 weniger als 10 Beschäftigte) üben Chefin oder Chef oft mehrere Funktionen in Personalunion aus (operative Leitung + Kundenkontakte + Beobachtung der Wettbewerber etc.). Interaktionslücken macht das VSM jedoch erkennbar. Sie werden zu Kenntnislücken, die dann *Bestandsrisiken* werden können.

Leitende, die Impulse für Nachhaltigkeit setzen wollen, bilden naturgemäß das System 5. Interaktionslücken sollten sie erkennen – und dafür sorgen, dass sie geschlossen werden. Ist der systemische Interaktionsbedarf gedeckt, besitzt die Organisation bereits eine gewisse *Lern- und Anpassungsfähigkeit* – ein zentraler Befähiger nachhaltiger Entwicklung, wie wir sehen werden.

Und wer garantiert, dass dann, wenn ein VSM durch Zuweisung entsprechender Rollen implementiert ist, die nötigten Informationen erstens wirklich fließen und zweitens den nötigen Realitätsbezug haben?

Niemand. Gegen »blinde Flecken« ist leider niemand gefeit. Leitende benötigen deshalb eine fundierte Vorstellung von *möglichst allen systemischen Erfolgsfaktoren* und deren Wirkung. Sämtliche bestands- und nachhaltigkeitskritischen Schwachstellen müssen erkennbar sein. Nur dann kann man sie gezielt beheben.

---

160   Malik, F. (2000), S. 510.

4 Wie Ertrag entsteht

4.1 Resilienzprinzipien

Der radikale Kommunikationsanspruch von Luhmanns Systemtheorie, der Vorrang der Funktion vor der Struktur und die Kopplung von Systemen machen Luhmanns Ansatz voll kompatibel mit der sozialökologischen Resilienztheorie. In diesem Forschungsfeld wurden Regeln entwickelt, auf deren Basis komplexe Systeme selbst bei »Störungen« oder gar Schocks funktionsfähig bleiben. Was sind die Grundzüge diese Theorie?

Wir Menschen benötigen Luft zum Atmen, Wasser zum Trinken, Böden und Gewässer als Grundlage unserer Ernährung, Wälder zur Regulierung des natürlichen Stoffwechsels usw. Solche Güter sind »Services« des Ökosystems, die es zu erhalten gilt, solange wir auf dem Planeten Erde zu leben gedenken. Ihr gegenwärtiger Zustand gibt Anlass zur Sorge – aus Gründen, die wir mit unserer Art zu leben und zu wirtschaften zu verantworten haben. Klimawandel, Luftverschmutzung, Verlust der Artenvielfalt, Bodenerosion, Plastikvermüllung der Ozeane etc. gefährden unsere natürliche Lebensgrundlage. Das Überschreiten planetarer Grenzen[161] beruht auf Wechselwirkungen zwischen ökologischen und sozialen Systemen.[162]

Die Resilienz sozialökologischer Systeme ist der Schlüssel für Nachhaltigkeit.[163]

Dieser Resilienzansatz basiert auf der Theorie der Schwellen (thresholds, tipping points), Anpassungszyklen (adaptive cycles) und regulierenden Variablen (slow variables). Schwellen begrenzen »Komfortzonen«, in denen sich Systeme unter vertrauten Bedingungen bewegen. Ihre Ausdehnung wird von der Menge der Störungen bestimmt, die sie mit »Bordmitteln« verkraften können – sofort abrufbaren Reaktionen also, die wirken. Nähert sich ein System einer Schwelle, muss es seine Komfortzone, und damit seinen Abstand zur Schwelle, durch Anpassung vergrößern. Beim Überschreiten einer Schwelle gerät es in unbekanntes Terrain. Entweder stirbt es dann oder es »transformiert« sich. Walker und Salt schreiben:

> »Transformability is the capacity to create a fundamentally new system when ecological, social, economic, and political conditions make the existing system untenable.«[164]

Ob und wann Transformation gelingt, hängt auch davon ab, mit welchen Mitteln man zu transformieren versucht.

In Anpassungszyklen durchlaufen lebende Systeme die Phasen *Wachstum, Konsolidierung, Auflösung* und *Reorganisation*. Beim Wachsen und Konsolidieren werden Ressourcen erworben, Strukturen und

---

161 https://www.pik-potsdam.de/de/aktuelles/nachrichten/schwindende-widerstandskraft-unseres-planeten-planetare-belastungsgrenzen-erstmals-vollstaendig-beschrieben-sechs-von-neun-bereits-ueberschritten-1 (Zugriff: 23.10.24).
162 Folke et al. (2010).
163 Chapin et al. (2010).
164 Walker, B.; Salt, D. (2006), S. 62.

Prozesse etabliert. Da lohnt Effizienzoptimierung. Mit zunehmender Verfestigung von Strukturen und Prozessen werden die Systeme anfälliger für Störungen, weil sie unflexibler werden.[165] Den nächsten »Schock« überleben sie vielleicht nicht, sondern lösen sich auf. Und beginnen von vorne.

Regulierende Variable bestimmen das Systemverhalten. In einem See bestimmt der Phosphorgehalt, ob Fische darin leben können. In landwirtschaftlich genutzten Gebieten bestimmen, unter anderem, Grundwasserspiegel und Qualität des Grundwassers, wie das Gebiet bewirtschaftet werden kann.

Die Theorie ist perfekt auf Organisationen übertragbar: Sie benötigen personelle, finanzielle und Sachmittel, um bestimmte Funktionen erfüllen zu können. Sie haben bestimmte Möglichkeiten, auf kritische Situationen spontan zu reagieren (Komfortzone). Kommen sie damit an Grenzen (Schwellen), müssen sie sich etwas Neues einfallen lassen, um mit ihren Services weiterhin »zu funktionieren«.

Bei Unternehmen hängt das maßgeblich davon ab, inwieweit sie von Kunden anderen Anbietern gegenüber bevorzugt werden (regulierende Systemvariable).[166] In einem hochdynamischen Umfeld müssen dafür die sofort abrufbaren Leistungen mitunter angepasst werden – durch gemeinsames Lernen. Sollte das misslingen, weil die Fähigkeit oder Bereitschaft dazu fehlt, naht das Ende. Manchmal besteht die Chance für einen Neubeginn, meist aber unter völlig neuen Bedingungen (andere Inhaber, Leitende, Kapitalgeber etc.).

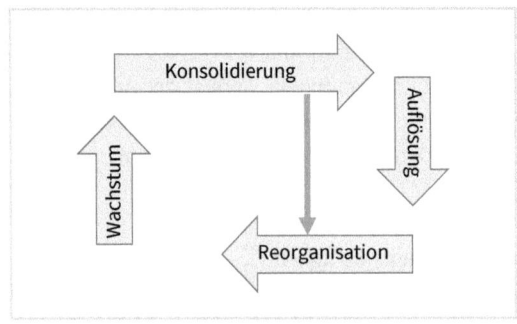

Abb. 7: Adaptiver Zyklus mit »Abkürzung«

Weitsichtige Anführerinnen und Anführer werden daher versuchen, *rechtzeitig zu reorganisieren*, um die schmerzhafte Auflösung zu vermeiden (Abb. 7).

Auf Grundlage der systemischen Zusammenhänge haben Biggs et al. Prinzipien für den *Aufbau von Resilienz von sozialökologischen Systemen* beschrieben. Der Forschungsprozess durchlief eine mehrjährige Review-Phase. Beteiligt waren 31 interdisziplinär Forschende aus 21 Instituten weltweit (deutsche leider nicht). Die Prinzipien sind folgende:

1. Maintain diversity and redundancy
2. Manage connectivity
3. Manage slow variables and feedbacks
4. Foster complex adaptive systems thinking
5. Encourage learning
6. Broaden participation
7. Promote polycentric governance systems[167]

---

165 Ebd. S. 77.
166 Kinne, P. (2011).
167 Biggs, T. et al. (2015), S. 255 ff.

Man kann die Bedeutung der Prinzipien wie folgt beschreiben: Das Reaktionsvermögen sozialökologischer Systeme auf unerwünschte Ereignisse basiert auf gut dosierter *Diversität und Redundanz* ihrer Elemente (1.), die zudem Ausfälle kompensierbar macht. Auch die *Konnektivität der Elemente* (nutzbare Synergien) (2.) verbessert das Reaktionsvermögen, solange sie unabhängig genug sind, um Fehlfunktionen zu vermeiden. Wer Auswirkungen des Handelns auf *systemregulierende Variablen* (3.) im Blick hat (und damit mögliche Nebenwirkungen) und außerdem passend reagiert, kann böse Überraschungen vermeiden. Die anderen Prinzipien dienen der Implementierung der ersten drei: *Systemisches Denken* (4.) sowie *gemeinsames Lernen* (5.); letzteres gelingt durch gut koordinierte *Beteiligung relevanter Akteure* (6.). *Polizentrisches Lenken* (7.) ermöglicht angemessenes Handeln an Orten des Geschehens. Die übrigen Prinzipien werden dadurch noch wirksamer.

Diese Prinzipien erscheinen wie das Who is who dessen, was heute in Organisationen als erfolgskritisch gilt. Zu einzelnen Prinzipien existiert umfangreiche Literatur.[168] Ein praxistaugliches Referenzmodell für Organisationen, das die Prinzipien integriert, existiert jedoch nicht. Der Standard BS 65000 der British Standards Institution, *Guidance on Organizational Resilience*, ist Grundlage der im deutschen Sprachraum kaum bekannten ISO 22316, *Security and Resilience*. Der Standard beinhaltet neun Attribute resilienter Organisationen:
- gemeinsame Vision und Zielklarheit
- Kontext verstehen und beeinflussen
- effektive, fähige Führung
- eine Kultur zur Unterstützung der Resilienz
- Informationen und Wissen teilen
- Verfügbarkeit von Ressourcen
- Managementdisziplinen koordinieren und entwickeln
- kontinuierliche Verbesserung unterstützen
- Veränderungen antizipieren und bewältigen können[169]

Abgesehen davon, dass es teilweise schwer ist, die Attribute inhaltlich voneinander abzugrenzen und die »innere Logik« der Aufzählung Rätsel aufgibt, sind die Attribute so allgemein gehalten, dass man in Organisationen jedweder Art und Größe den »praktischer Anpack« vermissen dürfte. Was dieser ISO-Norm außerdem fehlt, ist der Systembezug.

4.2 NEO-Haus: Kategorien und Indikatoren

Am sozialökologischen Resilienzansatz wird kritisiert, dass er die Rolle einzelner Akteure nicht angemessen berücksichtigt, so wenig wie Machtverhältnisse. Man vermisst auch den Bezug zu handelnden

---

168 Hier eine sehr kleine Auswahl: Mandl (2019): Managing Complexity in Social Systems: Leverage Points for Policy and Strategy; Weick/Sutcliffe (2015): Managing the Unexpected; Porter/Kramer (2011): Creating shared value; Kaplan/Norton (2001): Balanced Scorecard; Chen et al. (2011): Empowering Leadership; Schwaber/Sutherland (2012): Software in 30 days etc.
169 https://www.iso.org/obp/ui/#iso:std:iso:22316:ed-1:v1:en (Zugriff: 20.3.24).

Personen,[170] außerdem die Möglichkeit, Resilienz zu messen und zu beurteilen.[171] Gesucht wird deshalb ein Modell, das nicht nur sozialökologischen Resilienzprinzipien, sondern auch *sozioökonomischen Anforderungen* gerecht wird. Der Status quo sollte messbar sein, die Ergebnisse sollten konkretes Handeln anregen. Das Modell sollte an eine Organisation erinnern – wie ein Haus. Aber wie sollte es aussehen?

In der sozialökologischen Resilienztheorie gelten vier Aspekte als konstitutiv:
- *Precariousness* (Abstand von Schwellen),
- *Latitude* (Größe der Komfortzone),
- *Resistance* (Widerstand gegenüber Veränderungen) und
- *Panarchy*, ein Kunstwort von »Buzz« Holling.[172]

Warum die ersten drei Aspekte für Organisationen relevant sind, leuchtet unmittelbar ein. *Panarchy* bezeichnet systemische Einflüsse mit unterschiedlichen Reichweiten und Eigenzeiten. Das Klima ist ein globales Phänomen, das die Resilienz von Ökoservice-Systemen beeinflusst und sich langsam verändert. Wetterereignisse sind kurzlebiger und örtlich begrenzt. Menschen beeinflussen das Klima, das Klima beeinflusst das Wetter, das Wetter beeinflusst die Menschen.[173] Wie gehen nun Organisationen mit Einflüssen um, die bestandskritisch sind, deren Ursprung aber außerhalb der eigenen Systemgrenzen liegt?

Aus den vier konstitutiven Aspekten der sozialökologischen Resilienzforschung werden die vier *Säulen des NEO-Hauses* (NEO steht für <u>N</u>achhaltige <u>E</u>ntwicklung in <u>O</u>rganisationen) (vgl. Abb. 8). Man muss sie aber übersetzen oder umbenennen:
- Precariousness wird zu *Systemgefährdung*.
- Latitude heißt jetzt *Leistungsmerkmale* – sie bestimmen die Größe der »Komfortzone«.
- Positives Gegenstück von Resistance ist *Lern- und Anpassungsfähigkeit*.
- Aus Panarchy schließlich wird *Umgang mit Abhängigkeiten*.

Die Ausprägung dieser *NEO-Kategorien* kann anhand von *Indikatoren* gemessen und beurteilt werden. Aber nach welchen Kriterien wählt man sie aus?

Indikatoren bewegen sich meist im Spannungsfeld zwischen *vollständiger Abbildung* von (oft komplexen) Phänomenen und *hinreichend guter Orientierung*. Hinreichend gut ist Orientierung dann, wenn sie die Aufmerksamkeit auf die richtigen Themen lenkt, die dann genauer untersucht werden können. Aktuelle Probleme sollte man anhand der Indikatoren reflektieren, Ergebnisse im Zeitverlauf vergleichen, aber auch andere Indikatoren mit höherem Erkenntniswert benutzen können.[174]

Sinnvolle *Indikatoren für Systemgefährdung* sind beispielsweise drohende Insolvenz, Haftungsrisiken, Ausfallrisiken bei Zulieferern, Verlust wichtiger Abnehmer und Leistungsträger oder Cyberattacken. In-

---

170 Cinner, J. E.; Barnes, M. L. (2019).
171 Lade et al. (2020).
172 Holling, C. S. (1973).
173 Walker et al. (2004).
174 Grunwald, A., Kopfmüller, J. (2022), S. 113 f.

dikatoren für Leistungsmerkmale sind reproduzierbare Qualität, operative Exzellenz, gutes Preis-Leistungs-Verhältnis, skalierbare Produkte, Finanzkraft, gutes Image etc. Bei Unternehmen sind dies die *klassischen Wettbewerbsvorteile*.

Lern- und Anpassungsfähigkeit basiert auf »sensorischer Fitness«: Was bekommt man überhaupt mit von dem, was systemisch relevant ist? Das Viable Systems Modell (VSM) ist eine gute Bemessungsgrundlage, entsprechende Daten sollten auf einer gut gemachten Plattform nutzbar sein. Die Fähigkeit hängt weiterhin davon ab, wie vielfältig die genutzten Perspektiven, wie produktiv die Interaktion ist (ich komme darauf zurück). Anpassung erfordert schließlich auch, Entscheidungen vorbereiten, treffen und umsetzen zu können.

Was aber deutet auf geschickten *Umgang mit Abhängigkeiten* hin?

Organisationen sind mehr oder weniger abhängig vom Wohlwollen der Nutzerinnen und Nutzer ihrer Leistung, von der Verlässlichkeit von Zulieferern, vom Willen staatlicher Regulatoren, manchmal von der Motivation von Kapitalgebern, zunehmend vom Urteil der Öffentlichkeit. Systemisches Denken ist angesagt. Kritische Abhängigkeiten müssen erkannt und möglichst *risikoarm* gestaltet werden, beispielsweise durch Diversifizierung von Bezugsquellen und Regionalisierung von Lieferketten und Vertriebswegen. Interessenkonflikte müssen so gut wie möglich gelöst, Begehrlichkeiten geschaffen, tragfähige Beziehungen aufgebaut werden. Das erfordert eine gute *Selbstinszenierung*. Organisationen gelingt das mehr oder weniger gut.

Grundlage langfristig erfolgreicher Selbstinszenierung sind Narrative. Walter R. Fisher beginnt seine Betrachtungen dazu mit Fragen, die Philosophen und Rhetoriklehrer seit der Antike beschäftigen: Was veranlasst Menschen, auf Grundlage kommunikativer Erfahrungen etwas zu glauben und danach zu handeln? Welche Rolle spielen dabei Vernunft und Rationalität? Ihrer Natur nach, meint Fisher, sind Menschen Geschichtenerzähler. Das Leben erleben und begreifen sie in fortlaufenden Erzählungen, mit Figuren und deren Rollen, mit Konflikten, Anfang, Mitte und Ende.[175] Die Verführungskraft von *what you see is all there is* (WYSIATI-Effekt, Kapitel 2) basiert auch auf interessanten Geschichten (dann müsste es *what you hear is all there is* heißen). Kahneman schreibt:

> »A compelling narrative fosters an illusion of inevitability.«[176]

Gute Narrative erzeugen den Eindruck von Zwangsläufigkeit. Organisationen können dadurch zu *Influencern* werden. Nicht nur soziale Realität wird narrativ vermittelt, sondern auch Bewusstsein für »Wahrheit«, Werte, Identität. Das ist eng mit Erwartungsstrukturen verknüpft. Beteiligt sind sowohl die Erzähler als auch die Zuhörer, für die aus Erzählungen Erlebnisse werden.[177] Fritz Breithaupt meint, narratives Miterleben erlaube eine Gemeinsamkeit, die weit über räumliches Zusammensein hinausgehe.[178]

---

175 Fisher, W.R. (1989), S. 24.
176 Kahneman, D. (2012), S. 200.
177 Fisher, W.R. (1989), S. 18.
178 Breithaupt, F. (2022), S. 24.

Vermittelt werden Narrative durch Symbole, Storys, Bilder, Musik, Events – und Berichte.[179] Die Aufmerksamkeit anderer Menschen, für Georg Franck die »*unwiderstehlichste aller Drogen*«,[180] wird vor allem narrativ erzeugt. Wachstumsgeschichten beeindrucken, wenn sie mit passenden Kennzahlen der betrieblichen Erfolgsrechnung »garniert« sind. Nachhaltig positive Wirkung entfalten Narrative aber nur dann, wenn sie zu dem passen, was Organisationen leben oder *leben wollen*. Deshalb sollte der Anspruch, der in einer Botschaft steckt, so gut es eben geht der Wirklichkeit entsprechen, die man erlebt, indem man der Botschaft folgt (siehe dazu die *dreifache Wirklichkeit* in Kapitel 3.5).

Kommen wir zurück zu den Säulen des NEO-Hauses, den vier konstituierenden Resilienzaspekten. Ihre Ausprägung kann beispielsweise anhand der oben genannten Indikatoren beurteilt werden. Mit den daraus gewonnenen Erkenntnissen können Gefährdungen aber noch nicht verlässlich abgewendet, Leistungen nicht verbessert, die Lern- und Anpassungsfähigkeit nicht gesteigert, Abhängigkeiten nicht gemeistert werden: Das NEO-Haus ist unfertig.

Aus Luhmanns Systemtheorie wissen wir, dass die Funktionsfähigkeit von Organisationen auf Entscheidungsprämissen basiert, die Erwartungen ausdrücken.[181] Von einem definierten Zweck können Ziele, Regeln, Rollen, Kommunikationswege, Standards und Leistungsindikatoren abgeleitet werden, damit alle Beschäftigten wissen, was *formal* richtig und falsch ist. Definierte Werte vermitteln Orientierung in Situationen, die formal nicht regelbar sind. Dass hier auch Narrative eine Rolle spielen, erwähnte ich bereits. Für formal gültige Erwartungsstrukturen werden jedoch konkretere Angaben benötigt.

Entscheidungsprämissen und ihre Ableitungen geben einer Organisationen *Richtung* und machen sie *lenkbar*, gerade auch in dezentralen Einheiten. *Lenkbarkeit* ist deshalb eine *Querschnittskategorie* des NEO-Hauses. Sie *entlastet*, indem sie *vereinfacht* (Kap. 3.4 und 5.2). Wie aber bekommen die Beschäftigten das Wissen und die Fähigkeiten, gemäß der Entscheidungsprämissen (und der damit verbundenen Erwartungen) zu handeln?

Hier bedarf es der nötigen *Qualität der Aus- und Fortbildung*. Beschäftigte lernen dadurch systemische Zusammenhänge kennen und können fachlich, methodisch und sozial so kompetent wie nur möglich werden.

Den nunmehr sechs durch Indikatoren konkretisierten NEO-Kategorien können alle sieben Resilienzprinzipien zugeordnet werden (Abb. 8). Die meisten findet man bei *Lern- und Anpassungsfähigkeit*, die wesentlich durch sinnstiftende Interaktion bestimmt wird.

---

179 Dazu gehören auch Nachhaltigkeitsberichte. Seit 2017 müssen nach Handelsgesetzbuch (HGB) große Kapitalgesellschaften (solche mit mehr als 500 Beschäftigten) Erklärungen über Umwelt-, Arbeitnehmer- und Sozialbelange, Achtung der Menschenrechte und Umgang mit Korruption abgeben. Die Europäische Union weitet diese Pflicht in ihrer Corporate Sustainability Reporting Directive (CSRD) mit Wirkung zum 1.1.2026 auf kleine und mittlere Unternehmen aus. EU-weit werden davon ca. 49.000 Unternehmen betroffen sein. https://www.csr-in-deutschland.de/DE/CSR-Allgemein/CSR-Politik/CSR-in-der-EU/Corporate-Sustainability-Reporting-Directive/corporatesustainability-reporting-directive-art.html (Zugriff: 26.4.23); https://www.ey.com/de_de/decarbonization/nachhaltigkeitsreporting-warum-die-neue-eu-richtlinie-wegweisend-ist (Zugriff: 26.4.23).
180 Franck, G. (2007), S. 10.
181 Luhmann, N. (2000), S. 68.

4.2 NEO-Haus: Kategorien und Indikatoren | 69

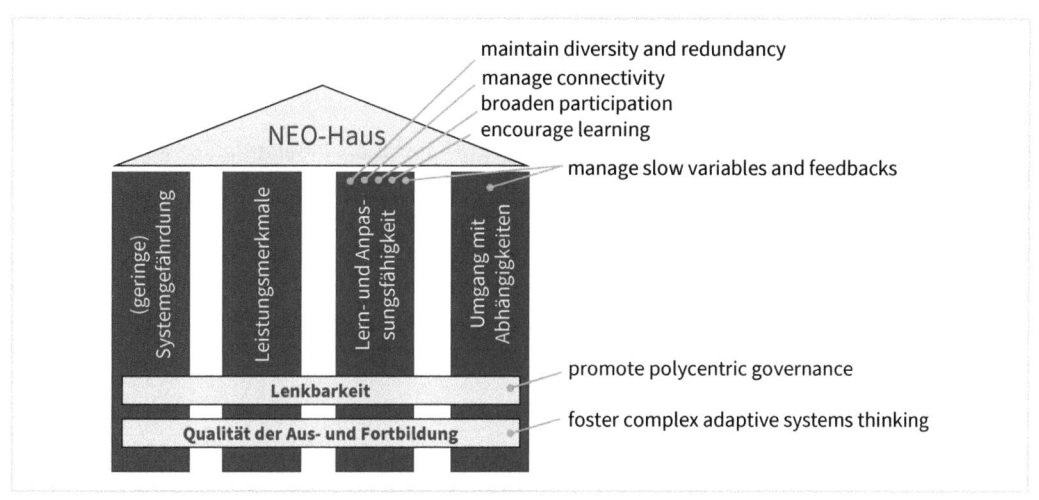

Abb. 8: NEO-Haus mit sechs Kategorien und sieben zugeordneten Resilienzprinzipien

Ist das NEO-Haus damit komplett? Nein, noch nicht.

Starke Ausprägungen in den sechs genannten Kategorien machen Organisationen *resilient*. Damit sind sie grundsätzlich bestandsfähig. Nachhaltigkeit bedeutet jedoch mehr: Leitende, die ihre Organisation nachhaltig entwickeln wollen, tragen ökonomische, ökologische und soziale Verantwortung. Wie also kann man die Kategorien so ergänzen, dass man auf den ersten Blick erkennt, ob sie diesem Anspruch gerecht werden? Die Antwort kommt aus einem Institut, dass zusammen mit anderen ein eigenes Nachhaltigkeitskonzept vorgeschlagen hat.

Das *Integrative Konzept der nachhaltigen Entwicklung* (IKonE) ist federführend vom Institut für Technikfolgenabschätzung und Systemanalyse (ITAS) entwickelt worden. Hier unterscheidet man nicht, wie sonst üblich, die ökonomische, ökologische und soziale Dimension der Nachhaltigkeit. Dazwischen existieren nämlich vielfältige, oft intransparente *Wechselwirkungen*, die eine klare Abgrenzung erschweren. Stattdessen hat man drei *generelle Ziele* definiert:

- Sicherung der menschlichen Existenz als essenzielle Voraussetzung für menschenwürdiges Leben und gesellschaftliche Entwicklung
- Erhaltung des gesellschaftlichen Produktiv-Potenzials für die *materiellen* Grundlagen (einschließlich der natürlichen) gesellschaftlicher Entwicklung
- Bewahrung der Entwicklungs- und Handlungsmöglichkeiten für die *immateriellen* Grundlagen gesellschaftlicher Entwicklung

Diese Ziele basieren auf den im Leitsatz der Brundtland-Kommission (vgl. Kap. 1.1) verankerten, konstitutiven Elementen nachhaltiger Entwicklung: intra- und intergenerative Gerechtigkeit, globale Orientierung und anthropozentrischer Ansatz. Aus den generellen Zielen wurden *substanzielle Regeln* abgeleitet. Vier davon enthalten die wichtigsten ökologischen Anforderungen:

1. Nutzungsrate erneuerbarer Ressourcen überschreitet nicht die Regenerationsrate
2. Erhalt der Reichweite nicht-erneuerbarer Ressourcen

3. Keine Überforderung der Natur als Senke (durch Freisetzung fremder Stoffe)
4. Vermeidung technischer Risiken zum Schaden von Mensch und Umwelt[182]

Diese Regeln bilden die Grundlage von zwei weiteren NEO-Kategorien. Die erste lautet *Nachhaltiger Umgang mit natürlichen Ressourcen*. Die zweite lautet *Vermeidung nicht vertretbarer technischer Risiken*.

Vor allem die erste Kategorie ist so abstrakt, dass auch sie durch Indikatoren konkretisiert werden muss. Um diese zu finden, lohnt der Blick auf Größen mit Bezug auf *planetare Grenzen:* Globale Erwärmung, Biosphäre, Entwaldung, Schadstoffe/Plastik, Stickstoffkreisläufe und Süßwasser – sechs von neun der Grenzen sind aktuell bereits überschritten und stellen ökologische Risiken dar.[183] Die folgenden *Indikatoren* stehen in direktem Zusammenhang damit:
- Energieverbrauch und CO_2-Emissionen[184;185]
- Vermeidung von Abfällen, die nicht in natürliche Stoffkreisläufe zurückgeführt werden
- Vermeidung der Emissionen von Substanzen, die Luft, Böden oder Gewässer belasten, wie Feinstaub, Schwermetalle, Stickstoff, Phosphor etc.
- Produktentwicklung nach Maßgabe von Langlebigkeit, Reparierbarkeit und Wiederverwendbarkeit
- Materialien können recycelt werden

Hersteller können den Grad ihrer ökologischen Nachhaltigkeit nach diesen Indikatoren beurteilen, andere Organisationen nach den ersten beiden (Energieverbrauch und CO_2-Emissionen, Abfallvermeidung). Nun fehlen noch Indikatoren für soziale Nachhaltigkeit und natürlich auch die passende NEO-Kategorie.

Das IKoNE-Konzept enthält weitere vier *substanzielle Regeln*:
1. Chancengleichheit im Bereich Bildung, Beruf und Information
2. Möglichkeit der Teilhabe an gesellschaftlichen Entscheidungsprozessen
3. Erhaltung des kulturellen Erbes und der kulturellen Vielfalt
4. Schutz der Gesundheit[186]

Diese Regeln werden teilweise durch die Indikatoren für Lern- und Anpassungsfähigkeit adressiert: Vielfalt der Perspektiven, Produktivität kollektiver Lernprozesse und die Fähigkeit, Entscheidungen zu treffen und umzusetzen. Das deckt die soziale Dimension aber nicht komplett ab.

---

182 Grunwald, A., Kopfmüller, J. (2022), S. 92-95.
183 https://www.pik-potsdam.de/de/aktuelles/nachrichten/schwindende-widerstandskraft-unseres-planeten-planetare-belastungsgrenzen-erstmals-vollstaendig-beschrieben-sechs-von-neun-bereits-ueberschritten-1 (Zugriff: 23.10.24). Ozonloch, Partikelverschmutzung der Atmosphäre und Ozeanversauerung sind die hier nicht genannten drei planetaren Grenzen.
184 Hier könnten Emissions-Ziele nach Vorgabe der Science-based Target Initiative (SBTi) gewählt werden: Für eine langfristige Klimastabilisierung, bei der die Erwärmung auf 1,5 °C mit einer 50-prozentigen Wahrscheinlichkeit nicht oder nur geringfügig und begrenzt überschritten würde, wird eine Reduktion um 43 % bzw. 60 % der globalen Treibhausgasemissionen bis 2030 bzw. 2035 gegenüber dem Niveau von 2019 als notwendig angesehen, https://sciencebasedtargets.org/ (Zugriff: 23.10.24).
185 https://www.umweltbundesamt.de/themen/klima-energie/internationale-klimapolitik#temperatur-und-emissionsziele (Zugriff: 23.10.24).
186 Kopfmüller, J. et al. (2001), S. 172; Schulz et al. (2008).

Die Verfassung der Weltgesundheitsorganisation WHO beschreibt Gesundheit als »… Zustand des vollständigen körperlichen, geistigen und sozialen Wohlergehens und nicht nur das Fehlen von Krankheit oder Gebrechen«.[187]

Aktive Gesundheitsvorsorge sowie das Gefühl der Beschäftigten, *empowert* zu sein (dies erfordert einen positiven, sozialen Kontext), tragen zur Umsetzung des Gesundheitsverständnisses der WHO bei. Es sind Indikatoren der letzten fehlenden NEO-Kategorie: *Gesundheit an Körper, Geist und Seele*. Gerade darauf hat Führung großen Einfluss.

Abbildung 2 (zurück in Kap. 1.4) zeigt das komplette NEO-Haus.[188] Die Ausprägung seiner Bauteile, der NEO-Kategorien, kann anhand der »Statements« im »NEO-Check« (s. Anhang) auf Zehnerskalen beurteilt werden. In den Statements stecken die Indikatoren jeder Kategorie.

4.3 Logik der Wertschöpfung

Die Architektur des NEO-Hauses folgt der Logik resilienter, sozialökologischer Systeme, erweitert durch organisationale Kernanforderungen und Grundregeln der Nachhaltigkeit. Sie zeigt nicht, was Ursache und was Wirkung ist. Das lässt sich anhand des Prozesses demonstrieren, der die Wertschöpfung in Organisationen nachzeichnet. Abbildung 9 verdeutlicht die Zusammenhänge.

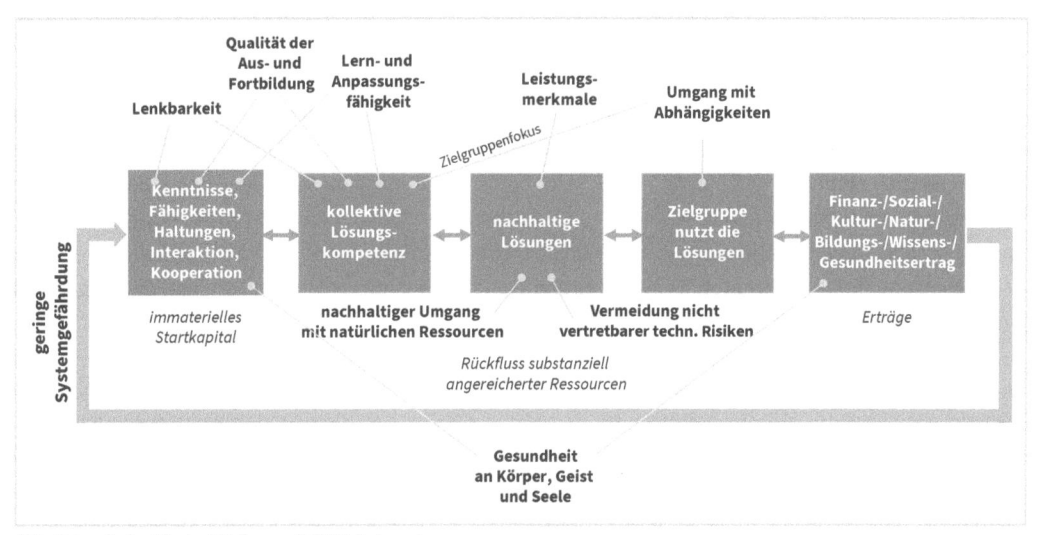

Abb. 9: Logik der Wertschöpfung mit NEO-Kategorien

---

[187] WHO: Verfassung, unterzeichnet in New York am 22. Juli 1946, von der Bundesversammlung genehmigt am 19. Dezember 1946, deutsche Übersetzung (Stand 6. Juli 2020).
[188] Kinne, P. et al. (2022): Organisationen als Transformationsbeschleuniger, S. 36.

Der Prozess beginnt mit *Startkapital* und endet vorläufig, je nach Zweck der Organisation und der Verwendung von Gewinnen, mit Finanz-, Sozial-, Kultur-, Natur-, Bildungs-, Wissen- oder Gesundheitsertrag. Außer Finanzmitteln für den Lebensunterhalt der Beschäftigten und den Erwerb oder die Nutzung von Sachgütern werden in der ersten Phase immaterielle Ressourcen benötigt: Kenntnisse, Fähigkeiten, Haltungen, Interaktion und Kooperation.[189] Damit können Organisationen kollektive Lösungskompetenz entwickeln, die sie dazu befähigt, nachhaltige Lösungen zu finden. Unternehmen müssen die »Wettbewerbskräfte« verstehen, Markchancen erkennen und mittels eigener Möglichkeiten Lösungen anbieten, aufgrund derer sie anderen Anbietern gegenüber *bevorzugt* werden (die *regulierende Systemvariable*). Außerdem müssen sie für ihre Lösungen werben, um ihre Zielgruppen zu erreichen. Wenn die Zielgruppe die Lösungen nutzt (und die Rechnungen bezahlt), entsteht der gewünschte Ertrag. Die analytisch-gestalterischen Voraussetzungen dafür entstehen jedoch in der ersten Phase der Wertschöpfung.

Unternehmen, die die Phasen erfolgreich durchlaufen, erzielen, neben Finanzertrag, immer auch Sozial-, Wissens- und Gesundheitsertrag, idealerweise innerhalb »planetarer Grenzen«. Dann erfolgt ein *Rückfluss substanziell angereicherter Ressourcen* in die Organisation. Dadurch können sie sich *reproduzieren* – und noch leistungsfähiger werden. Diese Art von Kreislaufwirtschaft ist noch wesentlich nachhaltiger als ihre auf Stoffwechsel reduzierte Variante, die auf Achtung planetarer Grenzen setzt. Ob die reduzierte Variante funktioniert oder nicht, hängt außerdem von der Produktivität der Interaktion ab, einem nicht-stofflichen Faktor also.

Die bei der Wertschöpfung erzeugten Erträge ermöglichen nicht nur Eignerinnen und Eignern von Finanzkapital ein besseres Leben.[190]

Diese Logik gilt auch für unsere Gesellschaft. Sie fußt aber auf einigen Voraussetzungen. Die Merkmale der ersten und zweite Phase müssen durch Zielvorgaben gelenkt werden. Ohne Aus- und Fortbildung werden sie sich nicht wie gewünscht entwickeln. Lern- und Anpassungsfähigkeit ist in diesen Phasen von besonderem Nutzen. Die NEO-Kategorien *Lenkbarkeit, Qualität der Aus- und Fortbildung* sowie *Lern- und Anpassungsfähigkeit* sind deshalb *Befähiger*. Dasselbe gilt für *Umgang mit Abhängigkeiten*, der auch den Zielgruppenfokus beinhaltet. Er macht es wahrscheinlicher, dass die Lösungen von denen genutzt werden, für die sie gedacht sind.

Wozu die Befähiger befähigen, erweist sich in der dritten Phase: nachhaltige Lösungen. Dahin gehören die NEO-Kategorien *Leistungsmerkmale, Nachhaltiger Umgang mit natürlichen Ressourcen* und *Vermeidung nicht vertretbarer technischer Risiken* – es sind *Ergebnis-Kategorien*. *Gesundheit an Körper, Geist und Seele* ist sowohl Befähiger als auch Ergebnis: Sie verbessert die kollektive Lösungskompetenz, ist aber gleichzeitig eine Ertragsgröße. Auch *Systemgefährdung* ist eine Ergebnis-Kategorie. Nach der hier skizzierten Logik dürfte sie komfortabel gering sein.

---

189 Das beinhaltet auch gemeinsame Lösungsprozesse, die man, in Abgrenzung zu arbeitsteiligen Prozessen, auch als kollaborativ bezeichnet.
190 Die Organisation für wirtschaftliche Zusammenarbeit und Entwicklung (OECD) hat elf Teilbereiche für ihren Better Life Index definiert: Wohnverhältnisse, Einkommen, Beschäftigung, Gemeinsinn, Bildung, Umwelt, Zivilengagement, Gesundheit, Lebenszufriedenheit, Sicherheit, Vereinbarkeit von Berufs- und Privatleben).
https://www.oecdbetterlifeindex.org/de/about/better-life-initiative/ (Zugriff: 7.8.24).

Die Logik beschreibt Wertschöpfung, nicht *Wertabschöpfung*. Diesen Begriff hat Mariana Mazzucato benutzt, als sie die Preisstrategie von Pharmaunternehmen untersuchte. Ein erheblicher Anteil der Gesundheitskosten der westlichen Welt hat mit Gesundheitsfürsorge an sich nichts zu tun, sondern dient der Mehrung von Gewinnen.[191]

Tim Jackson zitiert eine Metastudie, die auf eine *konsistent negative* Verbindung zwischen Ausdrucksformen des Wohlbefindens und dem Verfolgen materieller Lebensziele hindeutet.[192] Im Gegensatz zu materiellen und manchen natürlichen Ressourcen werden immaterielle Ressourcen durch Nutzung nicht verbraucht, sondern gestärkt.

Die skandinavischen Länder sind für ein Wohlstandsverständnis bekannt, das nicht nur Materielles umfasst. Im Glücksranking der Nationen belegen sie regelmäßig Spitzenplätze.[193]

Die schwedische Firma Altor investiert in innovative Unternehmen in Schweden, Norwegen, Finnland, Dänemark und der D-A-CH-Region (Deutschland, Österreich, Schweiz) und legt dazu Private-Equity-Fonds auf. Die Unternehmen haben das Zeug zur Weltklasse und können Transformationsimpulse in Richtung Nachhaltigkeit setzen. Altor begleitet die Unternehmen mit Rat und Tat beim Ausschöpfen vorhandener Potenziale für nachhaltige (Eigen-)Entwicklung und verkauft später ihre Anteile mit einem Gewinn, der dem nunmehr ausgeschöpften Potenzial entspricht. Zum Anspruch der Firma gehört die Realisierung von Umweltstandards (Netto-Null bei CO_2-Emissionen, zirkulärer Umgang mit Material etc.), Sozialstandards (Diversity & Inclusion, Gleichbehandlung, auskömmliche Löhne) und Führungsstandards (regelkonformes Verhalten im Wettbewerb, Anti-Korruption, Steuerehrlichkeit).[194]

> »Our ambition is clear, to make every Altor portfolio company a sustainability leader.«[195]

Bei neueren Fonds liegt der Investment-Horizont bei 15 Jahren:

> »With a focus on developing companies to their full potential and reflecting a strong belief in sustainability, our family of investment funds has a notably longer horizon than many others.«[196]

Die Ambition beruht auf der Überzeugung, dass Nachhaltigkeit und Finanzerfolg zwei Seiten einer Medaille sind. Werte bei Altor sind Ehrgeiz (*Aim high*), Mut, Freundlichkeit, Zusammenarbeit (*Team always*) und Verantwortungsbewusstsein. Ambition und Werte passen gut zur hier beschriebenen Logik der Wertschöpfung. Stephanie Hubold, Head of Sustainability bei Altor, betont angesichts gigantischer Herausforderungen wie Klimawandel den systemischen Transformationsbedarf, den Änderungsbedarf im *Mindset* und, nicht zuletzt, die *collaborative exercise*. Wer zum Bewältigen der Herausforderungen beitragen will, muss diese »Übung« perfektionieren.[197] Interaktion ist der Schlüssel.

---

191 Mazzucato, M, (2019), S. 14.
192 Jackson, T. (2017), S. 126.
193 https://ministeriumfuerglueck.de/blog/world-happiness-report-2024/ (Zugriff: 23.10.24).
194 https://altor.com/sfdr (Zugriff: 23.10.24).
195 https://altor.com/app/uploads/2024/02/2023-public-full-transparency-report-altor-funds.pdf (Zugriff: 23.10.24).
196 https://altor.com/about-us (Zugriff: 23.10.24).
197 https://altor.com/conversations/what-the-world-needs-now (Zugriff: 23.10.24).

»Reibungslose« Wertschöpfung befriedigt Bedürfnisse (nicht nur die von Investoren, die erkannt haben, dass Nachhaltigkeit als normativ-strategischer Anspruch sehr interessante Investmentchancen bietet) und erzeugt gesellschaftlich relevante Erträge. Der Inputfaktor *Haltung* soll verhindern, dass beste Absichten der Bequemlichkeit, den Alltagsroutinen, persönlichen Neigungen oder Ängsten zum Opfer fallen. Mit der passenden Haltung gewinnen *Transformations-Analphabeten* die nötige *Literacy*. Mit dieser Bildungsmetapher drückt Uwe Schneidewind die Fähigkeit aus, Transformation in ihrer Vielschichtigkeit zu verstehen und entsprechend zu handeln.[198] Immanuel Kant benutzt den Begriff *Gesinnung*, um auszudrücken, was Menschen als vernunftbegabte Wesen leitet, die (pflichtgemäß) handeln wollen.[199]

4.4 Immaterielle Ressourcen

Dass Wertschöpfung vor allem auf immateriellen Ressourcen beruht, ist keine Neuentdeckung. Die Sozialwissenschaftlerin Mary Parker Follett, Zeitgenössin von Frederic Taylor, hatte bereits ihren Wert erkannt.[200] Die systematische Auseinandersetzung damit begann aber erst, als der globale Wettbewerb in den letzten beiden Jahrzehnten des 20. Jahrhunderts durch Sättigungseffekte, Marktöffnung, Deregulierung und neue Möglichkeiten der Informationstechnologie intensiver wurde als jemals zuvor. Unternehmen waren gezwungen, ihre Ressourcen besser zu nutzen (mehr zu Ursachen und Symptomen im zweiten Teil).

1980 untersuchte Hiroyuki Itami die Strategien japanischer Firmen und verglich sie mit denen in westlichen Industrieländern. 1987 erschien sein Buch unter dem Titel *Mobilizing Invisible Assets*.[201]

Taktgeber der Entwicklung in Japan war die Firma Toyota. Eiji Toyoda, Leiter des Unternehmens, revolutionierte zusammen mit Produktionschef Taiichi Ohno die Herstellung von Autos, indem sie Teamarbeit, kontinuierliche Verbesserung unter Einbeziehung von Kunden und Lieferanten, Just-in-Time-Belieferung und verschwendungsfreien Umgang mit Material einführten. Das kannte man bei Ford und General Motors in den USA so nicht. Ergebnis der japanischen *Lean-Offensive* war eine signifikant bessere Qualität und Flexibilität bei deutlich reduzierten Kosten und Entwicklungszeiten. Der Anteil japanischer Hersteller an der Welt-Autoproduktion stieg von 1958 bis 1988 von weniger als zwei Prozent auf fast dreißig Prozent.[202] Es waren Toyota-Ingenieure, mit deren Hilfe die deutsche Firma Porsche in den 1990er-Jahren aus der Verlustzone herauskam und einer der profitabelsten Autobauer der Welt wurde.

Forscher wie Rumelt, Wernerfelt und Barney fanden heraus, dass nachhaltige Wettbewerbsvorteile auf der Fähigkeit von Menschen beruhen, sich Wissen anzueignen, es zu nutzen und miteinander zu teilen, Strategien zu ersinnen und umzusetzen, Beziehungen zu entwickeln, aus Ideen innovative Produkte zu machen und Marken zu formen. Ihr ressourcenbasierter Ansatz war die Antwort auf Michael Porter, der

---

198 Scheidewind, U. (2018), S. 38; 462.
199 Kant, I. (2022), S. 203. Das Werk erschien erstmals 1788.
200 Eylon, D. (1998).
201 Itami, H., Roehl, T.W. (1987).
202 Womack, J. P., Jones, D.T., Roos, D. (1991), S. 69.

Erfolgspotenziale damals vor allem in der richtigen Positionierung im Spiel der Wettbewerbskräfte im Markt sah.[203]

1987 veröffentlichten Thomas Johnson und Robert Kaplan *Relevance Lost: The Rise and Fall of Management Accounting*. Darin bezweifelten sie den Sinn einer Rechnungslegung, in der wichtige Ressourcen schlicht nicht vorkommen.[204] Fünf Jahre später präsentierten Robert Kaplan und David Norton die *Balanced Scorecard*.[205] Sie dürfte bis heute das weltweit populärste Instrument zur Umsetzung von Strategien sein, die mit immateriellen Ressourcen beginnt. Der Grund aber für die bilanzielle Missachtung immaterieller Ressourcen ist die Tatsache, dass nützliche Merkmale von Menschen *keinen Preis* haben – wie sollte man den auch bemessen?

Nach Kant sind Menschen ein *Wert an sich*. Dann sind sie auch ein *Zweck an sich, niemals nur Mittel zum Zweck*.[206] Leitende sehen das manchmal anders. Es kann aber durchaus im Interesse von Menschen liegen, *als Mittel* die eigenen Möglichkeiten in den Dienst organisationaler Wertschöpfung zu stellen, um einen Zweck erfüllen zu helfen, der ihnen sinnvoll erscheint. Baruch Lev beschreibt immaterielle Ressource als *Werthebel*:

> »Intangible assets are non-physical sources of value (claims to future benefit) generated by innovation, unique organizational designs, or human resource practices«.[207]

Idealerweise kommt der zukünftige Nutzen auch den »Quellen« zugute.

Die ungünstigen Urteile über Führung (Kap. 1.2) rühren wohl auch daher, dass sich die Erfolgsfaktoren in frühen Phasen der Wertschöpfung, Bestandteile des üblicherweise sogenannten *Human-, Sozial- und Wissenskapitals*, einer einfachen Bewertung entziehen. Jedenfalls, solange unklar ist, was sie bewirken (manche Leitende können sich das gar nicht vorstellen). Dann pflegt man sie nicht in dem Maße, wie sie es verdienen und wie es mit Hinblick auf mögliche Erträge angezeigt wäre. Jonathan Haskel und Stian Westlake fanden heraus, dass *Lagging Organizations* (Nachzügler) schneller denn je hinter die *Leading Organizations* (Spitzenreiter) zurückfallen. Erstere hätten Mühe, so die Forscher, mit immateriellen Ressourcen adäquat umzugehen.[208] Dann aber wäre klar, wer im (globalen) Wettbewerb das Rennen macht.

Adäquater Umgang basiert in dem Fall auf mindestens zwei Faktoren: erstens der Einsicht in das Potenzial dieser Ressourcen (sie geht »guter Pflege« voraus). Zweitens der Fähigkeit, sie trotz ihrer nichtmateriellen Natur eben doch messen zu können, beispielsweise anhand der Produktivität von Teams, gemessen am Erreichen der Teamziele. Im *Kompass für Organisationen* (Kap. 5.2) gehört Messung in den operativen Teil. Clarke Murphy formuliert eine seiner Erkenntnisse für nachhaltige Führung so:

---

203 Kinne., P. (2009), S. 28.
204 Johnson, H.T., Kaplan, R.S. (1987).
205 Kaplan, R. S., Norton, D. P. (1992).
206 Willaschek, M. (2024), S. 97.
207 Lev, B. (2011), S. 7.
208 Haskel, J., Westlake, S. (2018), S. 116.

»Was gemessen wird, wird auch gemanagt. Kennzahlen sind daher wichtig, damit Sie Fortschritte bei der Verwirklichung der SDGs (Sustainable Development Goals) nicht nur behaupten, sondern auch beweisen können. Das wirkt attraktiver auf zahlreiche Investoren.«[209]

Was nun ist das Besondere an den bisher entwickelten Werkzeugen? Ich versuche eine Erklärung.

NEO-Haus und Logik der Wertschöpfung basieren auf natürlichen Funktionsbedingungen von Organisationen und einer erweiterten Vorstellung von Ertrag. Sie sind *zeitlos*, weil ihre Grundlagen quasi *unhintergehbar* sind:
- Funktions- bzw. Resilienzprinzipien sozialökologischer Systeme in einem hochkomplexen Umfeld,
- Regeln der Bio-Kybernetik,
- Erkenntnisse der Verhaltenspsychologie,
- organisationale Grundanforderungen und
- klassische Erfolgsfaktoren im Wettbewerb.

Das Ganze in *einem kompakten Modell*. Die NEO-Kategorien können jeweils im NEO-Check (s. Anhang) beurteilt werden. Die *Logik* zeigt, wie sie wirken.

Den NEO-Check können unterschiedliche Personen zu unterschiedlichen Zeitpunkten durchführen. Daraus dürften sich fruchtbare Diskussionen über den Zustand der Organisation und den Katalog nötiger Maßnahmen ergeben. Organisationsentwicklung ist dann eine Gemeinschaftsaufgabe, die auf geteilten Vorstellungen davon basiert, was richtig und falsch, wichtig, weniger wichtig und unwichtig ist. Der Gewinn an Effektivität und Effizienz dürfte beachtlich sein. Der Ertragswert auch.

Nachhaltig Leitende sorgen für hohe Ausprägungen der NEO-Kategorien, weil sie erkannt haben, dass Wertschöpfung damit reibungsloser und ertragreicher wird. Aber was müssen sie mitbringen?

Persönlichkeit ist wichtig, dem einfachen »Zugriff« aber leider entzogen. Natürlich spielt Offenheit für die Mastermind-Strategien eine wichtige Rolle. Man sollte wissen, was die Mastermind-Strategien voneinander unterscheidet und wie man sie aufeinander beziehen kann, wie man die Logik der Wertschöpfung über die NEO-Kategorien *stimulieren* kann und was dabei zu beachten ist. Dies ist Thema des nächsten Kapitels.

---

[209] Murphy. C. (2022), S. 227.

5 Leadership Essentials

5.1 Das Haus nachhaltiger Führung

Was steht in Lehrbüchern über Führung?

Malik hebt die Wirksamkeit hervor, die entsteht, wenn sich Führungskräfte an Resultaten orientieren, einen Beitrag zum Ganzen leisten, sich auf Weniges konzentrieren, Stärken nutzen, Vertrauen geben und schaffen, bei Problemen auch die Chancen sehen und selbstmotiviert ihr Bestes geben (Kap. 1.2). Bleibt die Frage nach dem *Wie*.

Ralf Dillerup und Roman Stoi meinen:

> »Führung umfasst alle Aufgaben und Handlungen zur (zielorientierten) Gestaltung, Lenkung und Entwicklung eines sozialen Systems.«[210]

Svetlana Franken definiert:

> »Führung ist eine gegenseitige interpersonale Einflussnahme, Interaktion und permanente Gestaltung einer Unternehmensrealität für gemeinsame Zielerreichung.«[211]

Beeinflussen, interagieren, gestalten, lenken, entwickeln, wirksam sein – all das ist wichtig. Aber welche Anforderungen sollte man *unter allen Umständen* erfüllen wollen und können, wenn man eine Führungsaufgabe angeboten bekommt?

Ich sehe drei Grundanforderungen. Die erste betrifft die Haltung: *Verantwortung übernehmen* – für sich und andere. Nachhaltigkeit ist immer auch eine verantwortungsethische Frage. Wer Verantwortung übernimmt, macht sich in schwierigen Phasen nicht gleich vom Acker, sondern sorgt dafür, dass alles geschieht, um die Schwierigkeiten überwinden zu können. Die zweite Grundanforderung ist *Entscheidungen herbeiführen*. Organisationen funktionieren, *weil entschieden wird*. Leitende müssen also dafür sorgen, *dass entschieden wird*. Entscheiden müssen und sollten sie keineswegs immer allein, auch wenn sie die alleinige Verantwortung tragen. Die dritte Grundanforderung ist *Orientierung vermitteln*. Entscheidungen sind unwirksam, wenn niemand sie kennt außer denen, die sie getroffen haben.

Sind die Grundanforderungen erfüllbar, kann das Abenteuer Führung beginnen. *Nachhaltig* wird es, so die Kernbotschaft dieses Buches, wenn sich Leitende an den NEO-Kategorien orientieren und sich der Mastermind-Strategien bedienen. Wie wichtig ist dann die Frage, ob ein Führungsstil authentisch, pragmatisch, ethisch, ideologisch, charismatisch, spirituell, patriarchalisch, teilend, dienend oder sonst etwas ist?

---

[210] Dillerup, R., Stoi, R (2013), S. 5.
[211] Franken, S. (2010), S. 257.

Die Frage erübrigt sich, sofern sich Leitende erfolgreich dafür einsetzen, dass *in allen NEO-Kategorien* hohe Ausprägungen erreicht und die Ertragswirkung damit optimiert wird. Unwahrscheinlich, dass man es dann mit eingebildeten Kotzbrocken zu tun hat, die sich im Chefbüro verbarrikadieren und im Übrigen Verwirrung stiften. Eher werden Chefin oder Chef, der dritten Grundanforderung folgend, Orientierung vermitteln – durch Kommunikation. Die Art und Weise, wie sie Gespräche führen, wird ihre Gesprächspartner nicht entmutigen, ihre Meinung zu sagen. Der Informationswert wäre geringer, Fehleinschätzungen wären wahrscheinlicher.

Die Mastermind-Strategien bewähren sich im Umgang mit der Komplexität der Herausforderungen. Sie ergänzen sich gegenseitig, indem sie zwei Varianten des Umgangs damit beschreiben: Komplexität *verringern* und *vergrößern*, je nachdem, welche Teile davon *schädlich* oder *nützlich* sind (dies beschreibe ich in Kürze). Wer sich die Strategien zu eigen macht, wird im Tagesgeschäft ab und zu einen Schritt zurücktreten und reflektieren, wie er oder sie eigentlich denkt und handelt. Möglichkeiten, Dinge zu vereinfachen, lassen sich mit etwas Distanz leichter entdecken als in der Hitze des Alltags. (Das heißt

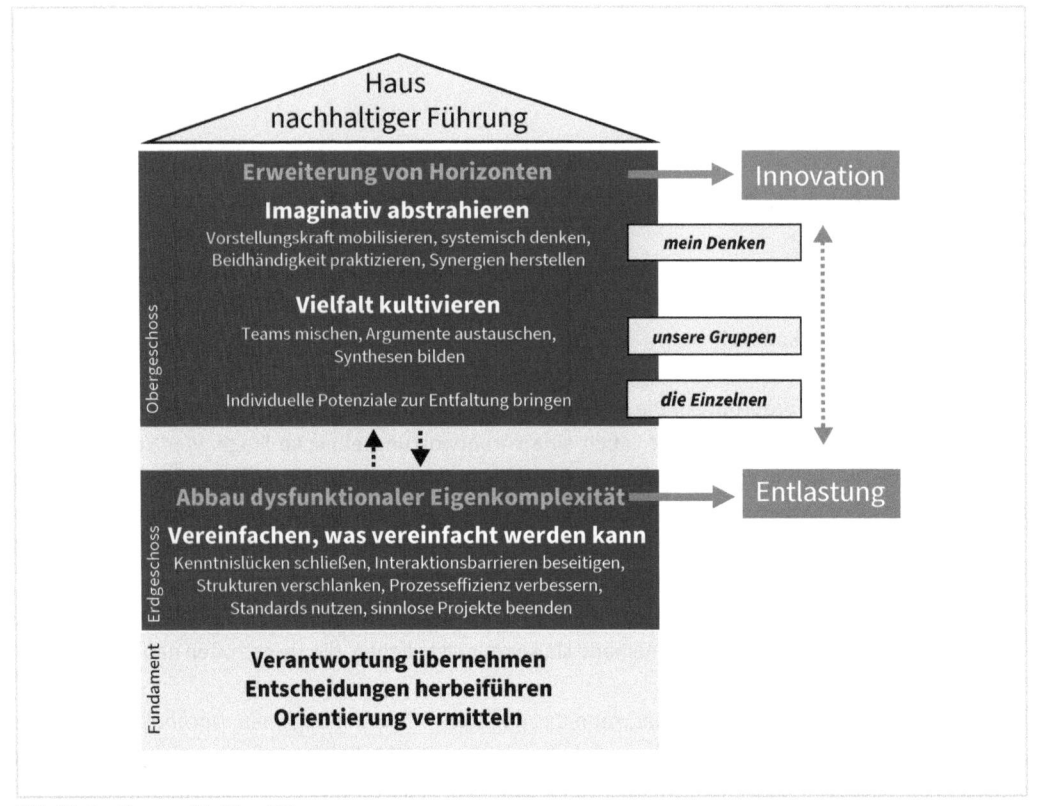

Abb. 10: Das Haus nachhaltiger Führung

nicht, dass man lieber aus dem Homeoffice führen sollte. Zum einen funktioniert das vor allem dann, wenn man sich kennt, schätzt und einander vertraut. Zum anderen kann es persönliche Begegnungen auf Dauer nicht ersetzen.)

Im Haus nachhaltiger Führung (Abb. 10) werden die Mastermind-Strategien konkretisiert und aufeinander bezogen. Erfolgreich praktiziert, beeinflussen sie die Ausprägung der NEO-Kategorien.

5.2 Vereinfachen, was vereinfacht werden kann

Das Haus besteht aus einem Fundament und zwei Etagen. Im Fundament befinden sich die Grundanforderungen.

Im Erdgeschoss praktiziert man die Mastermind-Strategie *Vereinfachen, was vereinfacht werden kann*. Systemisch betrachtet wird dabei *dysfunktionale Eigenkomplexität* abgebaut. Dieser Komplexitätsanteil ist erstens hausgemacht und zweitens schädlich, weil er Energien bindet, aber keine Probleme löst. Man erkennt ihn an Kenntnislücken, die vermeidbar sind, und unnötigem Aufwand.[212]

Kenntnislücken schließen: Hierarchie der Erwartungen

Wenn Leitende der mittleren Führungsebene die Absichten ihres Vorstands nicht kennen, können diese Absichten so, aber auch anders sein. Erst recht können dann Rollen und Anforderungen, die sich aus den Absichten ergeben, so, aber auch anders sein. Die Menge möglicher Zustände, und damit die (hausgemachte) Komplexität, ist größer als nötig. Die Konditionierung durch Erwartungen (Kap. 3.4) ist unzureichend, weil wichtige Erwartungen unbekannt oder gar nicht definiert sind. So entstehen Kenntnislücken, die vermeidbar wären.[213] Das stiftet Verwirrung, erschwert die *Lenkbarkeit* (Kap. 4.2) und kann sogar den Betrieb lahmlegen. Entscheidungen, die andere Entscheidungen beeinflussen (die Entscheidungsprämissen), sollten deshalb formuliert und bekannt gemacht werden. (Wichtige Impulse dazu kommen aus dem Obergeschoss). Die Zeit, die man dazu braucht, ist sehr gut investiert.

Beim »Sortieren« organisationsspezifischer Erwartungen hilft die *Struktur der drei Ebenen*. Sie vereinfacht die Orientierung und macht Organisationen leichter lenkbar. Was hat es damit auf sich?

Albert Einstein zufolge können Probleme nicht auf der Ebene gelöst werden, auf der sie entstehen. Die Absicht eines Herstellers von Solar-Paneelen, europäischer Qualitätsführer bei Produkten und Services zu werden, liegt auf einer höheren Orientierungsebene als die Vorgabe für den Außendienst der Verkaufsregion Deutschland-Süd, A-Kunden viermal im Jahr zu besuchen. Sofern das nicht praktikabel ist, findet man eine Alternative, die demselben Zweck dient: Qualitätsführerschaft bei Produkten und Services. Ohne diese übergeordnete Orientierungsgröße ist es viel schwerer, Alternativen zu finden.

---

212 Kinne, P. (2022), S. 24 f.
213 Andere Ursachen können mangelnde Fachkenntnisse und ineffektives kollektives Lernen sein (oft auch als Wissensmanagement bezeichnet). Siehe dazu den NEO-Befähiger Lern- und Anpassungsfähigkeit (Kap. 4.2).

Aus Kapitel 3.4 wissen wir, dass Erwartungen in Organisationen unterschiedliche Zeithorizonte und »Verfallsdaten« haben. Auf diesen Unterschieden basiert die *Struktur der drei Ebenen*. Beginnen wir mit der obersten Ebene.

Jede Organisation kann ausdrücken (oder sollte es können), *was sie ist* (Hersteller von Solar-Paneelen) bzw. *sein möchte* (Qualitätsführer). Weiter sollte sie zum Ausdruck bringen, nach welchen Grundsätzen sie handelt (Beispiel: *nachhaltiger Umgang mit natürlichen Ressourcen*, eine NEO-Kategorie) bzw. welche Erträge sie außer Finanzertrag anstrebt (Beispiel: *Gesundheit an Körper, Geist und Seele*, ebenfalls eine NEO-Kategorie). Weil sich solche Merkmale nicht wöchentlich ändern, sondern langfristig gelten, haben sie *normativen* Charakter.

Die *normative* Ebene liefert die Legitimation: *Was leitet uns?* Dahin gehören Zwecke, Visionen, Missionen, Philosophien, Leitbilder, Codes of conduct und Werte, an denen man sich messen lassen will. Das ist Stoff für gute Narrative. Normative Inhalte *begründen* die Inhalte auf den Ebenen darunter.[214]

Auf *strategischer* Ebene geht es um Angemessenheit: *Tun wir, im Sinne der normativen Vorgaben, das Richtige?* Hier geht es um Schlüsselkompetenzen, Erfolgspotenziale, strategische Ziele, Kernaktivitäten und genutzte Ressourcen. Das sind wichtige Gründe für die Wettbewerbsfähigkeit eines Unternehmens.

Die *operative* Ebene dient der Umsetzung: *Tun wir das Richtige richtig?* Anforderungen werden hier so konkret, dass jede/jeder sie in eigenes Handeln umsetzen kann. Die operative Ebene enthält Projekte, Rollen, Abläufe, Standards und Leistungsziele, die berühmten *Key Performance Indicators.* Mit solchen Mitteln des Qualitätsmanagements kann die Umsetzung normativer und strategischer Vorgaben sichergestellt werden. Strategien sind ohne Orientierung auf der operativen Ebene nicht umsetzbar.

Management mit unterschiedlichen Orientierungsebenen gilt als *integriert*: Diverse Elemente, wie hier die Ebenen, werden spezifiziert und sinnvoll miteinander verknüpft. Anhand der drei Ebenen, einer *Hierarchie der Erwartungen*, können Organisationen mit ihren je besonderen Merkmalen beschrieben, verstanden und verändert werden.[215] Die Stimmigkeit der Inhalte untereinander und ihr innerer und äußerer Realitätsbezug müssen natürlich regelmäßig überprüft werden.

Eine praktische Lösung ist der *Kompass* für *Organisationen* (Abb. 11). Er orientiert umfassend, ohne die Beschäftigten mit visionär-missionarisch-philosophischen Botschaften zu überfordern. Normative Inhalte werden nach *Zweck, Absichten und Anspruch* unterschieden. Der Anspruch beinhaltet Werte, die oft erst im Laufe der Zeit gefunden werden, weil sie sich als gültig erweisen. Entlang der Fragen können die Ebenen »befüllt« werden, in interaktiven, iterativen Denk- und Lernschleifen.

---

[214] Bleicher, K. (2017), S. 59.
[215] Ebd. S. 150-154.

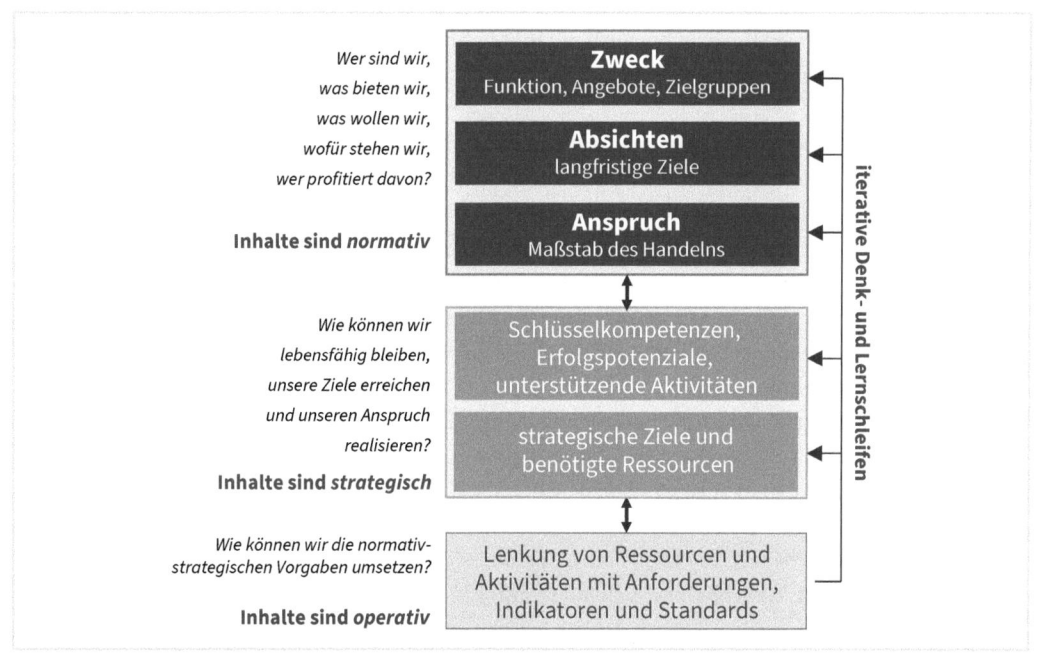

5.2 Vereinfachen, was vereinfacht werden kann | 81

Abb. 11: Kompass für Organisationen

Die Inhalte unterer Ebenen werden von denen darüber abgeleitet, beeinflussen diese aber auch ihrerseits. Alltagserfahrungen können sogar die normative Ebene beeinflussen, beispielsweise dann, wenn sich ein Nachhaltigkeitsziel als nicht realisierbar erweist.[216]

Wer normative und strategische Vorgaben, Rollen, Anforderungen und alles andere kennt, was für die eigene Tätigkeit wichtig ist (dazu gehören natürlich auch Fachkenntnisse), erkennt mehr Sinn in seiner Arbeit, sofern er/sie sich mit all dem identifizieren kann. Das beflügelt das Engagement und fördert die Gesundheit. Transparente, in sich stimmige Erwartungen machen Organisationen *lenkbar*, ohne dass Leitende ständig dafür in Anspruch genommen werden müssen: Der Kompass wird für die Organisation zur *überpersönlichen Autorität* (vgl. Kap. 3.4). Wenn auch Abnehmer(innen) der Lösungen und sonstige externe Anspruchsgruppen seine normativen und strategischen Inhalte kennen, können Abhängigkeiten gezielter gestaltet werden.

Aufwand reduzieren
Widerspruchsfreie Orientierung ist ein Vereinfacher, den man nicht gründlich genug nutzen kann. Ein anderer besteht darin, Interaktion so einfach wie möglich zu machen. Auch *Interaktionsbarrieren* erzeugen nämlich Kenntnislücken, weil sie verhindern, dass *Sinn* »produziert wird« (Kap. 3.6). Barrieren entstehen, wenn Menschen, mit denen man reden möchte, schlecht erreichbar sind oder auf Anfragen spät oder gar nicht reagieren. Oder *falsch* (Kap 5.4). Das steigert den *Interaktionsaufwand*. Deshalb sollte man solche Barrieren möglichst beseitigen (manchmal helfen schon gute IT-Lösungen). Informative Be-

---
216 Vgl. Kinne, P. (2017), S. 16. Bei der Organisationsentwicklung werden die Inhalte der Ebenen aus Vorhandenem (Zweck, bestimmte Ziele, vorhandene Ressourcen, bewährte Regeln etc.) konkretisiert, ergänzt und in Bezug zueinander gesetzt.

gegnungen sollte man systematisieren, auch mit Hinblick auf den Informationsbedarf aus Beers Modell lebensfähiger Systeme.

In Kap. 3.4 hatte ich angedeutet, dass man auf Basis kommunizierter Erwartungen Aufwand reduzieren kann, indem man Effizienzreserven in Strukturen, Abläufen, Produkten und Projekten durch Re-Design, Standardisierung, Digitalisierung, Automatisierung und Nutzung künstlicher Intelligenz ausschöpft. Oder einfach *durch Verzicht* – z. B. darauf, sinnlose Projekte weiterzuführen. Solche Maßnahmen verringern die Menge möglicher, aber unerwünschter Systemzustände, und damit die dysfunktionale Eigenkomplexität des *Systems Organisation*. Auch Sprache sollte man vereinfachen. Wer etwas begriffen hat, sollte es so einfach wie möglich erklären, ohne Substanzverlust also. Dann begreifen es auch andere.

All das *entlastet* die Organisation und natürlich auch ihre Führung: Gut informierte Beschäftigte sind engagierter und arbeiten selbständiger, weil sie wissen, warum sie tun, was sie tun, und was dabei richtig und falsch ist. Mit Unnötigem müssen sie sich nicht aufhalten. Höhere Effizienz verbessert die *operative Exzellenz* (Kombination von Effizienz und Effektivität), die als Leistungsmerkmal nach wie vor wichtig ist. Bessere Interaktion verbessert die *Lern- und Anpassungsfähigkeit*, ein wichtiger NEO-Befähiger. Und die nächste gute Nachricht: Manches lässt sich mit relativ geringem Aufwand erreichen, wenn man für Veränderungen offen ist. In beiden »Etagen« locken *low hanging fruits* – Früchte, die leicht zu pflücken sind.

Derart entlastet, kann im Obergeschoss die »nützliche« Komplexität vergrößert werden. »Da oben« hat man »bessere Fernsicht«: Die Horizonte sind weiter. Davon profitieren nicht nur die Leitenden selbst, sondern auch Gruppen und die einzelnen Beschäftigten. Im Obergeschoss entstehen, im Zusammenspiel der Bezugsfelder *mein Denken, unsere Gruppen* und *die Einzelnen*, normative Grundsätze, Strategien – und Innovationen. Von da kommen Impulse, die im Erdgeschoss Vereinfachung ermöglichen. Schauen wir uns das näher an.

5.3 Imaginativ abstrahieren

Imaginatives Abstrahieren habe ich als die Fähigkeit charakterisiert, abduktives Denken mit Tiefen- und Weitblick zu verknüpfen (Kap. 2.1). Abduktiv zu denken kann im Kontext nachhaltiger Führung z. B. bedeuten, unterschiedliche Szenarien für die Zukunft zu entwerfen. Ihre Gültigkeit kann nicht mit konventioneller Logik bewiesen werden.

Abduktives Denken mobilisiert die Vorstellungskraft, die *logic of what might be*, und fördert systemisches Denken. Auch das ist *integrativ,* weil es unterschiedliche Einflüsse berücksichtigt, einschließlich der eigenen Anfälligkeit für Denkfehler. (Vermeintlich) Gegensätzliches kann dann besser ausbalanciert werden: Kunden versus Beschäftigte, stabil versus dynamisch, effizient versus resilient, Mensch versus Technik, Mensch versus Natur etc. Beide »Pole« sind jeweils erfolgskritisch. Die Fähigkeit, Polarisierungen zu vermeiden, indem man ausgewogen mit jeweils beiden Polen umgeht, heißt *Beidhändigkeit* oder *Ambidextrie. Entweder-oder-Lösungen*, die nur eingeschränkt wirksam sind, können dann *Sowohl-als-auch-Lösungen* werden.[217]

---

217 Kinne, P. (2013), S. 30ff; v. Weizsäcker, U.; Wijkman, A. (2017), S. 186 f.

Mit dem Großen und Ganzen im Blick lassen sich auch Synergiepotenziale besser erkennen – und realisieren. Etwa Synergien zwischen einzelnen Beschäftigten, klassischen Funktionen wie Personal, Finanzen, Einkauf, Produktion, Marketing, Vertrieb, Informationstechnologie – und zwischen *Querschnitts-Disziplinen*. Dazu gehören Qualitäts-, Innovations-, Marken-, Diversity- und Change-Management. Von klassischen Betriebsfunktionen unterscheiden sie sich dadurch, dass bereits ihr Namen Wünschenswertes enthält, nämlich *Qualität, Innovation, Marke, Diversity, Wandel*. Obwohl sich die Disziplinen gegenseitig stark beeinflussen, bleiben Synergiepotenziale oft ungenutzt. Ein Grund ist, dass meist Fachleute mit unterschiedlichen beruflichen Hintergründen dafür verantwortlich sind: Technikerinnen und Techniker für Qualität und Innovation, Personalfachleute für Diversity, Marketingfachleute für Markendesign, Kommunikationstalente für Wandel.[218] Interaktion kann auch am Nicht-Verstehen scheitern – nämlich dann, wenn sie *nicht anschlussfähig* ist. Geteilte Grundsätze und Ziele (*Lenkbarkeit*), gemeinsame Datenbanken und Interaktions-Standards (*Lern- und Anpassungsfähigkeit*) können hier Abhilfe schaffen. Passende Module in der Aus- und Fortbildung natürlich auch.

Dass Synergien im eigenen System vieles einfacher machen (ihre Realisierung erfolgt im Erdgeschoss des Hauses nachhaltiger Führung), bedarf wohl keiner näheren Erläuterung. Das Potenzial ist damit aber nicht ausgeschöpft, denn Synergiepotenziale bestehen auch zwischen Systemen. Zwei oder mehrere Organisationen können Ressourcenpools bilden und Aktivitäten und Angebote miteinander abstimmen. Unternehmen können mit Instituten neue Produkte entwickeln und mit Schulen und Hochschulen Partnerschaften für Aus- und Fortbildung gründen. Weitere Synergiepotenziale liegen da, wo man sie nicht unbedingt vermutet.

Für mein Buch *Nachhaltigkeit entfesseln!* habe ich Interviews geführt mit
- Nachhaltigkeitsforschern,
- Institutsleitern,
- einem Unternehmer,
- einer Unternehmerin,
- einer Wissenschaftsjournalistin,
- einem Ordinarius für künstliche Intelligenz,
- der Leiterin einer UNESCO-Projektschule,
- der Sprecherin des Bundesvorstands des Vereins Mehr Demokratie e. V.,
- einem Kirchenpräsidenten,
- der Ministerin für Gleichstellung und Integration des Landes Sachsen und
- dem Oberbürgermeister der Stadt Bottrop.

Sie alle setzen mit ihren Organisationen (oder allein, wie die Journalistin) je eigene Impulse für Nachhaltigkeit, indem sie gesellschaftliche Verhältnisse beschreiben, für normative Fragen sensibilisieren, Denkblockaden lösen, Gemeinschaftserfahrungen initiieren und neue technische Verfahren entwickeln. Mit künstlicher Intelligenz unterstützen sie nachhaltige Entwicklung, machen Technologie verständlich, vermitteln Orientierung und Wissen und stärken dadurch die Urteilskraft. Sie prägen Haltungen und gestalten Politik nachhaltiger. Würde man dieses Synergiepotenzial nutzen, nähme die Transformation

---
218 Kinne, P. (2016), S. 3; 49 f.

unserer Gesellschaft schneller Fahrt auf.[219] Im Brundtland-Papier (WCED 1987), im Global Risks Report (WEF 2024) und in vielen weiteren Publikationen wird auf den Interaktions- und Kooperationsbedarf zwischen internationalen Institutionen, nationalen, regionalen und lokalen Akteuren hingewiesen. Leitende können Partnerschaften wie oben genannt eingehen, um Ideen, Wissen und nachhaltige Praktiken mit vereinten Kräften zu verbreiten.

Wer imaginativ abstrahieren kann, findet mehr »Stoff« für gute Narrative. Geeignete Quellen sind beispielsweise Gründerpersönlichkeiten, deren Grundüberzeugungen, deren Selbstverständnis als Freund/Freundin, Beschützer/Beschützerin, Berater/Beraterin, Erfinder/Erfinderin etc. Auch Geschichten von Zweifeln, Siegen und Niederlagen können ausgesprochen spannend sein. Immer nutzbar sind Grundsätze, Leitbilder, »verfasste Werte« (oder Zwecke, Absichten, Ansprüche), Größen also, die eine Organisation ausmachen und lenkbar machen. Gute Narrative sind authentisch und werden weitererzählt. »Große Botschaften« sollte man in zielgruppengerechte Einheiten zerlegen.[220] Als *Hebel glaubwürdiger Erwartungen* werden uns Narrative im zweiten Teil wieder begegnen.

Es ist glaube ich deutlich geworden, dass auch die Mastermind-Strategie *Imaginativ abstrahieren* in vielerlei Hinsicht nützlich ist: Entscheidungsimpulse, Positionsbestimmungen, Überwindung von Gegensätzen und Synergien beeinflussen die Lenkbarkeit, die Lern- und Anpassungsfähigkeit, den Umgang mit Abhängigkeiten und die Qualität der Aus- und Fortbildung.

5.4 Vielfalt kultivieren

Vielfalt kultivieren betrifft sowohl Gruppen als auch jeden Einzelnen. In Gruppen, von denen man nachhaltige Lösungen erwartet, sind Merkmale der Mitglieder (Persönlichkeit, Lebenserfahrung, beruflicher und soziokultureller Hintergrund, Rolle etc.) *Quellen unterschiedlicher Perspektiven*. Trägerinnen und Träger dieser Merkmale unterscheiden sich nach Geschlecht, Alter, Hautfarbe, ethnischen Wurzeln, sexueller Identität und physischer Ausstattung, sofern man für soziokulturelle Vielfalt offen ist. Wenn *Hans immer nur Hänschen sucht*, ist man das nicht.

Soziokulturell offen sollte man schon deshalb sein, weil angesichts der demografischen Entwicklung in Ländern wie Deutschland die *Diversity* von Belegschaften ohnehin zunimmt – zunehmen *muss*. Soziokulturelle Offenheit erweitert das *perspektivische Repertoire*, dass Organisationen brauchen, um kollektive Lösungskompetenz zu entwickeln. Perspektivenbringer sollten also willkommen sein. Im Übrigen sind Teams produktiver, wenn Entscheidungsprämissen wie Zweck, Absichten und Anspruch (s. Kompass, Abb. 11, Kap. 5.2) geklärt und Grundlage des gemeinsamen Handelns sind. Auch Rollen sollten geklärt sein und sich idealerweise ergänzen: Fachmann, Fachfrau, Kreative(r), Strukturgeber(in), Planer(in), Macher(in), Netzwerker(in), Teambildner(in). Wertschätzung von Andersartigkeit ist angesagt, und die fällt leichter, wenn alle dasselbe Ziel verfolgen und dieselben Spielregeln einhalten. Agile Methoden wie *Design Thinking* haben sich bewährt. Wichtig ist, dass Beiträge voneinander abgegrenzt und beurteilt

---

219 Kinne, P. (2020), S. 101.
220 Herbst, D.G. (2021), S. 107; 108, 114.

werden können, weil sonst unklar ist, warum bestimmte Leute überhaupt dabei sind. Wichtig sind auch Synergien mit anderen Teams, denn schließlich zählt der gemeinsame Erfolg.

Ein Merkmal spielt jedoch eine besondere Rolle: reflexive Offenheit.[221]

In reflexiv offenen Dialogen ist man kritischer Beobachter des eigenen Denkens und kann dieses weiterentwickeln. Man trägt seine Position vor, mitsamt den Hintergründen, und *setzt sie dem Urteil anderer aus*. Das ist etwas anderes als die defensiven Routinen, die wir aus Kapitel 2 und aus unserem Alltag kennen. Sie haben eine Schutzfunktion, behindern aber die gemeinsame Suche nach besseren Lösungen. Reflexiv offene Dialoge verringern den schädlichen Einfluss solcher Routinen auf Interaktionsprozesse. Außerdem verringern sie den Schaden, den Denkfehler anrichten können. Abbildung 12 zeigt eine ideale Dialogsituation. Teams, in denen solche Dialoge gepflegt werden, können wahre *Lösungsinkubatoren* sein.

> Ich vertrete eine Position und lege Dir ihre Hintergründe dar. Mich interessiert, wie du darüber denkst, um daraus zu lernen.

> Ich verstehe Deine Position und vergleiche sie mit meiner. Lass uns unsere Positionen zu einem vollständigeren Bild der Wirklichkeit vereinen.

Abb. 12: Reflexiv offener Dialog

Gespräche dieser Art haben eine *eingebaute Anschlussfähigkeit*. Sie sind produktiver als die üblichen mündlichen Abwehrschlachten, verbessern die Interaktionskultur und stärken damit die kollektive Lösungskompetenz. Die »interaktive Sorgfalt« ist empfehlenswert, sobald man unsicheres Terrain betritt. Aber was ist an der Zukunft schon sicher?

Reflexiv offene Dialoge sind in einem Umfeld möglich, das Beteiligte als *psychologisch sicher* empfinden. Das beruht auf der jeweils erworbenen Überzeugung, dass man Meinungen, Ideen, Bedenken und Kritik äußern kann, ohne deswegen ignoriert, belächelt, kritisiert, bestraft, entlassen oder verhaftet zu werden.[222] Ein verlässliches Zeichen dieser Überzeugung ist *Angstfreiheit*. In einem angstbesetzten Umfeld werden Fehler verschwiegen, die Anlass zum Lernen sein könnten. In *High-Liability-Environments* wie Luftfahrt oder Medizin kann das zu Katastrophen führen.

Cordula Pflaum ist Kapitänin und Ausbildungspilotin bei der Lufthansa und schult nicht nur Kolleginnen und Kollegen, sondern auch Ärztinnen und Ärzte. Während eines Fluges oder einer Operation muss jedes Teammitglied frei heraus sagen, wenn ihm etwas komisch vorkommt, schließlich geht es um Leben

---
221 Kinne, P. (2022), S. 33, 44 ff.
222 Vgl. Edmondson, A.C. (2019).

und Tod (bei Flügen auch um das Leben des Teams). Das setzt psychologische Sicherheit voraus. Interpersonale Kompetenz wird beim fliegenden Personal der Lufthansa intensiv geschult.[223] Man braucht sie überall da, wo die besten Lösungen gerade gut genug sind. Markus Herger, ehemaliger SAP-Entwicklungsleiter, lebt seit Jahren im kalifornischen Silicon Valley und kennt das *Mindset*, das diese Region so innovativ macht. Dazu gehört leidenschaftliche Ausdauer beim Suchen nach Lösungen, verbunden mit Interesse an Details: »Hast du diese Alternative probiert?«[224]

Der *Vertrauenseffekt* einer psychologisch sicheren Umgebung kann beachtlich sein. Luhmann sieht darin ein Mittel zum Umgang mit Komplexität:

> »Wo es Vertrauen gibt, gibt es mehr Möglichkeiten des Erlebens und Handelns, steigt die verkraftbare Komplexität des sozialen Systems, also die Anzahl der Möglichkeiten, die es mit seiner Struktur vereinbaren kann, weil im Vertrauen eine wirksame Form der Reduktion von Komplexität zur Verfügung steht.«[225]

Leitende können solche vertrauensvollen Dialoge anregen, moderieren und sich selbstverständlich daran beteiligen.

Läuft das auf »Kuschelmeetings« hinaus? Sicher nicht. Maßstab ist das bessere Argument, die bessere Lösung. Auch künstliche Intelligenz kann dabei genutzt werden. Generative Sprachsysteme wie ChatGPT sind ja nichts anderes als Perspektivenlieferanten, deren Beiträge, wie andere Beiträge auch, der Prüfung unterzogen werden. Je mehr kollektives Wissen in Teams entsteht, desto besser kann der Nutzen KI-basierter »Dialogpartner« optimiert werden – durch immer präzisere *Prompts*, den Anweisungen an die KI. (Kritisch sollte man dabei mit der Preisgabe spezifischen Wissens sein. Solche Systeme lernen schließlich *aus allem, für alle*.) Zur Nutzung von KI später mehr.

Weil der Wert perspektivischer Vielfalt darauf basiert, dass sich Einzelne entfalten können, hat die Kultivierung von Vielfalt auch eine individuelle Komponente. Das Stichwort *Empowerment* fiel schon beim NEO-Befähiger *Gesundheit an Körper, Geist und Seele* (und bei Mary Parker Follett, die sich dafür stark gemacht hat). Menschen, die sich empowert fühlen, empfinden häufig *Flow* – einen Zustand höchster Vertiefung und Konzentration, der Zeit und Raum vergessen lässt, weil Aufgaben in einer Art Schaffensrausch mit höchster Produktivität gelöst werden können. Für den Glücksforscher Mihaly Csíkszentmihályi ist es eine optimale Erfahrung. Kahneman nennt den Zustand *effortless attention*.[226] Fach- und Führungskräfte haben mir in Interviews mitgeteilt, dass sie Flow oft bei Interaktion empfinden, die zu guten Ergebnissen führt.[227]

---

223 Bös, N., Lockhart, I. (8.1.2024):»Je mehr eine Person unter Stress gerät, desto mehr Fehler macht sie«. https://www.faz.net/aktuell/karriere-hochschule/buero-co/psychologische-sicherheit-bei-piloten-je-mehr-stress-desto-mehr-fehler-19412442.html (Zugriff 27.11.2024).
224 Herger, M. (2016), S. 132.
225 Luhmann, N. (2000b), S. 8; 9
226 Csíkszentmihályi, M. (2000); Kahneman, D. (2012), S. 40.
227 Kinne, P. (2017), S. 45.

Empowerment kann man nicht *verordnen*. Versuche in diese Richtung bewirken das Gegenteil. Es ist wie mit psychologischer Sicherheit: man empfindet sie oder nicht. Leitende können aber wesentlich dazu beitragen, günstige Bedingungen zu schaffen. Psychologen nennen vier:
- Bedeutung (Die Dinge sind wichtig für mich – innerer Antrieb durch Werthaltigkeit),
- Selbstbestimmung (Ich kann selbst entscheiden, was ich tue und wie ich es tue),
- Selbstwirksamkeit (Ich kann meine Aufgaben erledigen),
- Einfluss (Ich trage dazu bei, unser Ergebnis zu verbessern).[228]

Ob der Arbeitsplatz Bedeutsames bietet, sollte man klären, bevor man sich auf eine Zusammenarbeit einigt. Die Orientierung auf normativer, strategischer und operativer Ebene, die zukünftige Vorgesetzte vermitteln, bringt die nötige Klärung. Selbstbestimmtes Arbeiten kann gemeinsam gestaltet werden. Selbstwirksamkeit ist *auch* eine Frage der Unterstützung durch Vorgesetzte. Und wie Beschäftigte ihren Einfluss empfinden, hängt auch davon ab, wie er kommentiert wird. Alle vier Bedingungen für Empowerment können somit von Vorgesetzten beeinflusst werden. Neben Orientierung und Interaktion ist *Resonanz* ein wirksamer Hebel für Empowerment. Hartmut Rosa schreibt:

> »Resonanz ist keine Echo-, sondern eine Antwortbeziehung; sie setzt voraus, dass beide Seiten *mit eigener Stimme* sprechen, und dies ist nur dort möglich, wo *starke Wertungen* berührt werden.«[229]

Vorgesetzte sollten *Resonanzpartner* sein und nicht zulassen, dass Arbeit von ihren Mitarbeiterinnen und Mitarbeitern als *Entfremdung* erlebt wird. Das *operative Grundprinzip* von Resonanz, Hören und Antworten kann mit betrieblichen Mitteln erfüllt werden.[230] Das wirksamste dürfte das persönliche Gespräch sein (vgl. Kap. 5.5).

5.5 Einflusslinien, Stilfragen, Gespräche, Selbstführung

Fassen wir zusammen, wie die Mastermind-Strategien, die für den persönlichen Gebrauch von Leitenden gedacht sind, die NEO-Befähiger beeinflussen, die *organisationalen Erfolgstreiber*:

Vereinfachung dessen, was vereinfacht werden kann verbessert die Lenkbarkeit der Organisation, weil sie Sinnbezüge schafft und dysfunktionale Eigenkomplexität reduziert. Sinnbezüge und möglichst wenig Interaktionsbarrieren verbessern die Lern- und Anpassungsfähigkeit, fördern die Gesundheit und machen Abhängigkeiten von externen Beeinflussern besser gestaltbar. *Imaginativ abstrahieren* beeinflusst sowohl die Lern- und Anpassungsfähigkeit als auch den Umgang mit Abhängigkeiten, weil Horizonte erweitert, neue Ideen gefunden, Gegensätze aufgelöst werden und mehr Synergien entstehen. Dann entsteht auch mehr Stoff für starke Narrative. Die Lenkbarkeit profitiert, weil Anregungen für normativ-strategische Inhalte kommen, für Entscheidungsprämissen also. *Vielfalt kultivieren* beeinflusst die Lern- und Anpassungsfähigkeit, indem unterschiedliche Perspektiven auf eine Aufgabe

---
[228] Spreitzer, G. M., Doneson, D. (2008), S. 314.
[229] Rosa, H. (2017), S. 298.
[230] Kinne, P. (2020), S. 177-180.

genutzt und Empowerment gefördert werden. Das wiederum beeinflusst die Gesundheit an Körper, Geist und Seele. Kultivierte Vielfalt kommt außerdem dem Umgang mit (vielfältigen) Abhängigkeiten zugute.

Lässt man die Mastermind-Strategien in die Aus- und Fortbildung einfließen, können alle Beschäftigten profitieren und sämtliche NEO-Kategorien. Abbildung 13 zeigt die Einflusslinien zwischen den Mastermind-Strategien und den NEO-Befähigern. Sie sind den unterschiedlichen Phasen der Wertschöpfungslogik (Kap. 4.3) zugeordnet. Wie oben bereits deutlich wurde, wirken Einflüsse mitunter gegenseitig, und sei es durch Lerneffekte. Trotz ihres spezifischen Charakters funktionieren die Mastermind-Strategien nicht als »Silos«. Das gilt auch für die NEO-Befähiger.

Sind »Stilfragen« der Führung jetzt irrelevant geworden? Nicht ganz. Bruce Avolio und Bernard Bass vergleichen transaktionale und transformationale Führung mit Hinblick auf das Engagement und die Wirksamkeit der Leitenden. Für beides haben sie Vorteile bei transformationaler Führung gefunden.[231] Was hat es damit auf sich?

Transaktion ist Austausch: Gibst du mir *A*, bekommst du dafür *B*. Darauf beruhen Arbeitsverträge, daran ist erstmal nichts falsch. Eine rein *extrinsisch* motivierte *Transformation* ist aber kaum vorstellbar, weil dann niemand aus eigenem Antrieb die »Extrameile« laufen würde, sollte es mal nötig sein. Führung kann ihre Gegenüber intrinsisch motivieren, wenn sie diese durch attraktive Zukunftsbilder *inspiriert*, intellektuell *stimuliert* (durch reflexiv offene Dialoge etc.), ihnen Resonanz bietet und Empowerment fördert. Dann gilt sie als *transformativ*.[232]

Ideal dafür sind *persönliche Gespräche*. Leitende sollten sie mindestens zweimal jährlich mit ihren Mitarbeiterinnen und Mitarbeitern führen, bei Bedarf häufiger. Grundanforderung ist, sich Zeit zu nehmen und *sehr gut zuzuhören*. Folgender Ablauf kann als Richtschnur dienen:

Richtschnur für das Mitarbeitendengespräch

1. Nach Begrüßung erfolgt ein informeller Austausch über Neuigkeiten (wenn es passt, auch privater Natur). Anschließend beurteilt man gemeinsam die (dienstliche) Lage.
2. Leitende geben situations- und bedarfsgerechte Hinweise zur normativ-strategischen Ausrichtung, zu Handlungsfeldern, Anforderungen und Abläufen in der Organisation.
3. Beide Gesprächspartner beurteilen, inwieweit bestimmte Rollen und Aufgaben des/der Mitarbeitenden erfüllt werden, durch (idealerweise dokumentierte) Selbst- und Fremdeinschätzung. Neue Sichtweisen auf die Aufgaben und Impulse zu deren Erfüllung, eingebracht von den Leitenden, können inspirieren.
4. Man bespricht konkreten Entwicklungsbedarf, Wünsche, Anregungen und Kritik seitens der/des Mitarbeitenden, Entwicklungsperspektiven und Unterstützungsmöglichkeiten.

---

231 Avolio, B., Bass, B. (2002).
232 Furtner, M.; Baldegger, U. (2016), S. 146.

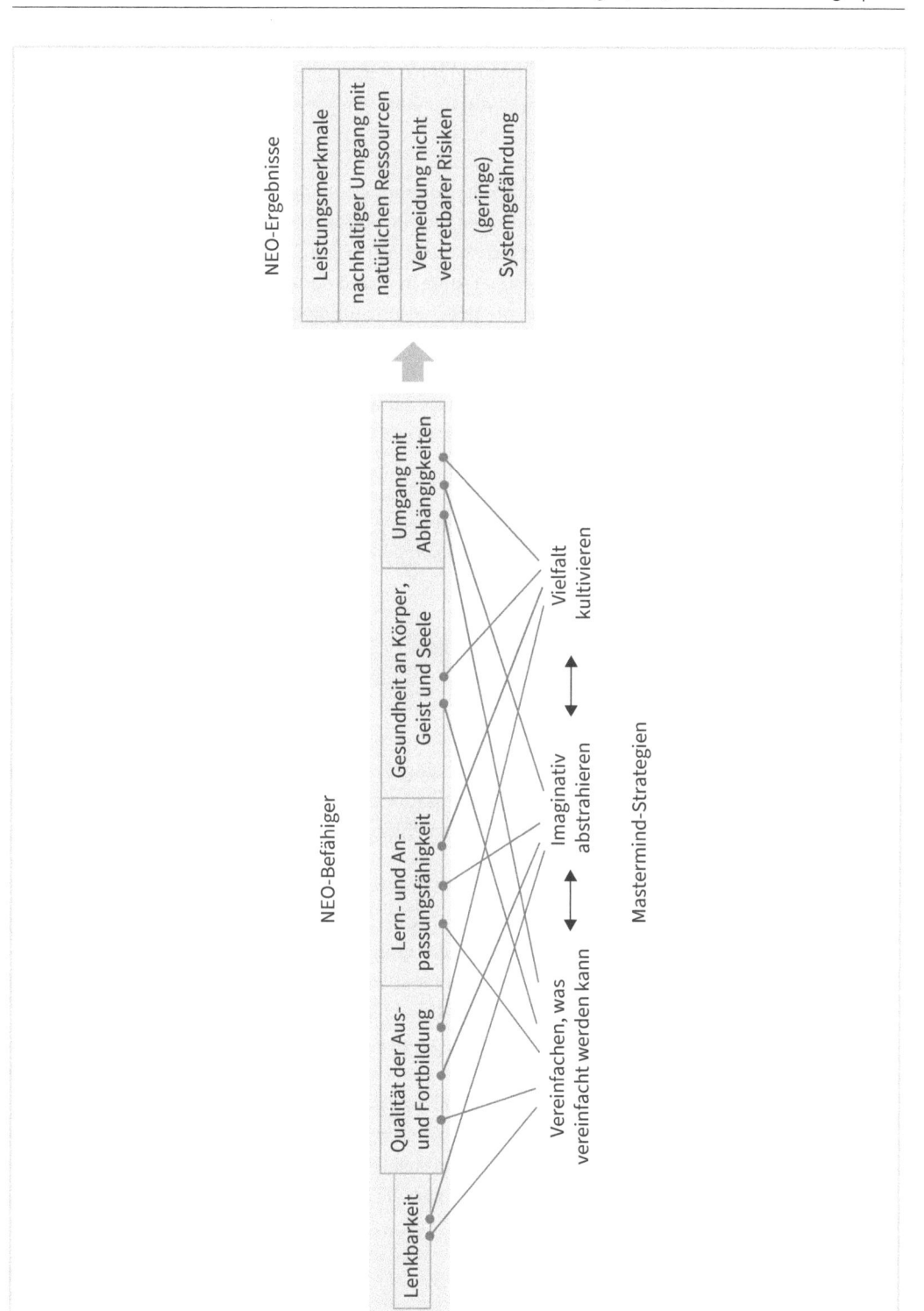

Abb. 13: Mastermind-Strategien und NEO-Kategorien

5. Gegebenenfalls vereinbart man Maßnahmen zur Verbesserung der Leistung. Vereinbart wird auch ein Folgetermin. Dann folgt die Verabschiedung und Dokumentation der Vereinbarungen für beide Seiten.[233]

Wer führt, ist mit Anforderungen der *Selbstführung* konfrontiert. Impulse dazu kommen aus der Denkschule des *Self-Leadership*. Sie unterstellt, dass Leitende ihre Gedanken, Gefühle und Verhaltensweisen durch »Strategien« wie Selbstbeobachtung, -zielsetzung, -verbalisierung, -erinnerung und -belohnung positiv beeinflussen können.[234] Zunächst einmal sollte man sich der eigenen (Lebens-)Ziele (oder besser: *Motive*, vgl. Kap. 2.2) bewusst werden, die unser Handeln prägen.[235] Die Mastermind-Strategien im Haus nachhaltiger Führung können hier idealtypisch ansetzen. Sie liefern zwar keine Lebensziele, aber praktische Denk-, Handlungs- und Verhaltensziele, über deren Sinn man nicht lange grübeln muss, weil es gute Gründe dafür gibt. Damit ist dieses »Haus« ein wichtiges Element des *Self-Leadership-Programms*. Selbstredend sollte es in Angebote für Führungskräfte in der Aus- und Fortbildung einfließen (ein *NEO-Befähiger*, s. Abb. 9 in Kap. 4.3).

Betrachten wir jetzt ein Produkt technischen Fortschritts, dessen Einfluss auf unsere Gesellschaft sich erst in schwachen Konturen abzeichnet: *künstliche Intelligenz*. Was bedeutet sie für die Führung?

5.6 Führung und künstliche Intelligenz

Dass künstliche Intelligenz (KI) das Geschehen in Organisationen verändert, bezweifelt ernsthaft niemand mehr. Wie »revolutionär« die Veränderungen sind, ist eine Frage der Perspektive. KI ändert nichts an der *Relevanz* der Mastermind-Strategien für nachhaltiges Führen und nichts an der *Relevanz* der NEO-Haus-Kategorien für die Zukunftsfähigkeit von Organisationen. Die Logik der Wertschöpfung bleibt von KI auch dann unberührt, wenn sie Abläufe in einzelnen Phasen unterstützt. Das Potenzial dafür ist allerdings nicht gerade klein.

Wie bereits angedeutet, ist KI sowohl im Erd- als auch im Obergeschoss des Hauses nachhaltiger Führung einsetzbar – als *Führungsassistent*. Beim Erweitern von Horizonten, auf der Suche nach neuen, nachhaltigen Lösungen kann ein Large Language Model Fakten, Perspektiven und Vorschläge einbringen, die dann zu prüfen sind. KI vereinfacht, indem sie schneller als Menschen es jemals könnten große Datenmengen nach bestimmten Kriterien analysiert und repetitive Abläufe steuert bzw. ausführt – als Designassistent beim Erstellen von Texten, Bildern, Software und sonstigen Produkten, Diagnoseassistent in der Medizin, Lernassistent im Bildungswesen, Prognoseassistent in der Marktforschung, Suchassistent beim Recherchieren, Prüfassistent in der Qualitätssicherung, Berichtsassistent bei Audits, Wartungsassistent bei der *predictive maintenance,* Roboter und vieles mehr. Spracherkennung und -übersetzung machen KI zum *Interaktionsassistenten*. Setzt man KI gezielt ein, kann dadurch die Ausprägung von NEO-Haus-Kategorien gesteigert werden.

---

[233] Vgl. Kinne, P. (2011), S. 148.
[234] Furtner, M. (2018), S. 8-25.
[235] Ebd. S. 13; 14.

Indem KI bestimmte Zustände *bewertet* und »Ratschläge erteilt«, liefert sie Entscheidungsprämissen, die das (Entscheidungs-)Verhalten *konditionieren* (Kap. 3.4). Junge Leitende können, inspiriert von einer mit Mastermind-Strategien und NEO-Haus-Indikatoren trainierten KI, mehr Nutzen stiften als manche »alte Hasen«, die blind ihrer Intuition vertrauen. (Wer auch die Gesprächsführung einer KI überlässt, sollte jedoch nicht erwarten, dass sich die Mitarbeitenden der Organisation emotional besonders stark verbunden fühlen.) Aber was müssen Leitende beachten, damit sie sich bei Anwendung einer KI stets *auf der sicheren Seite* befinden?

Spätestens hier wäre zu fragen: *Was ist eigentlich künstliche Intelligenz?* Nach dem *Artificial Intelligence Act* der Europäischen Union (AI-Act) hat ein KI-System einen *bestimmten Grad an Autonomie* und ist außerdem *anpassungsfähig*.[236] (Zentrales Merkmal *organisationaler Intelligenz* ist der NEO-Befähiger *Lern- und Anpassungsfähigkeit*).

Im Sinne der Grundanforderungen an Führung (Kap. 5.1) müssen sich Leitende fragen, inwieweit sie eine KI-Anwendung verantworten können. Hier zählen *Verlässlichkeit und Angemessenheit:* man muss sich darauf verlassen können, dass die KI Ergebnisse liefert, die Lösungen besser machen, wenn man die Ergebnisse nutzt. (Eine KI mit eingebauten Vorurteilen ist wenig hilfreich.) Außerdem sollten nicht mehr Daten als unbedingt nötig verwendet werden – vor allem nicht solche, die als *hochriskant* gelten: persönliche Merkmale wie Arbeitsleistung, wirtschaftliche Situation, Gesundheit, Vorlieben, Interessen, Haltungen, Verhalten, Aufenthaltsort, Bewegungsprofile (Ausnahme: Strafverfolgung). Anbieter von KI-Systemen, die solche Daten nutzen, unterliegen besonderen Pflichten der Dokumentation und beim Qualitätsmanagement. Der AI-Act verbietet den Einsatz manipulativer Techniken, die Ausnutzung persönlicher Schwachstellen, biometrische Kategorisierung mit sensiblen Daten (soziokultureller Hintergrund, politische Überzeugungen, sexuelle Orientierung etc.; Ausnahme: rechtmäßig erworbene Datensätze und Kategorisierung durch Strafverfolgungsbehörden). Verboten ist *social scoring,* Risikobewertung nach persönlichen Merkmalen mit Hinblick auf Straftaten (es sei denn mit objektiven, überprüfbaren Fakten in direktem Zusammenhang mit kriminellen Aktivitäten), Aufbau von Gesichtserkennungsdatenbanken durch ungezieltes Auslesen von Gesichtsbildern aus dem Internet oder einer Videoüberwachung sowie Ermittlung von Emotionen am Arbeitsplatz und in Bildungseinrichtungen (Ausnahme: medizinische oder Sicherheitsgründe).[237]

Damit ist im europäischen Raum die persönliche Sphäre in besonderer Weise geschützt, passend zur *sozialen Dimension* der Nachhaltigkeit. Weltweit gültig ist die Empfehlung der UNESCO zur Ethik der künstlichen Intelligenz, mit Anforderungen wie diesen:
- Verstärkung der internationalen Zusammenarbeit im Bereich der KI,
- ethische Folgenabschätzungen während des gesamten Lebenszyklus von KI-Systemen,

---

[236] Im AI-Act der Europäischen Union ist ein KI-System folgendermaßen definiert: »ein maschinengestütztes System, das so konzipiert ist, dass es mit unterschiedlichem Grad an Autonomie betrieben werden kann und nach seiner Einführung Anpassungsfähigkeit zeigt, und das für explizite oder implizite Ziele aus den Eingaben, die es erhält, ableitet, wie es Ausgaben wie Vorhersagen, Inhalte, Empfehlungen oder Entscheidungen generieren kann, die physische oder virtuelle Umgebungen beeinflussen können.«https://artificialintelligenceact.eu/de/article/3/(Zugriff: 5.12.2024).

[237] https://artificialintelligenceact.eu/high-level-summary/ (Zugriff: 5.12.2024).

- Einsatz von Steuerungsmechanismen (die deutsche Fima SAP beispielsweise hat ein *AI Ethics Steering Committee*),
- Förderung gesellschaftlicher (einschließlich kultureller) Vielfalt,
- besserer Zugang zu Informationen und Wissen,
- fairer Übergang für Beschäftige, deren Arbeitsplatz durch KI bedroht ist,
- Leitlinien für Mensch-Roboter-Interaktion und ihre Auswirkungen auf die zwischenmenschlichen Beziehungen. Der Fokus liegt auf der psychischen und physischen Gesundheit der Menschen.[238]

Das erinnert an die NEO-Kategorie *Gesundheit an Körper, Geist und Seele*.

Auf der AI Conference des Hasso-Plattner-Instituts im Dezember 2024 in Potsdam nannte Jörg Steinbach, Minister für Wirtschaft, Arbeit und Energie des Landes Brandenburg, einen gemeinsamen Nenner für eine verantwortungsvolle Nutzung von KI: *Empowerment of people handling the systems*.[239]

Leider sind weder alle Entwickler(innen) noch alle Nutzer(innen) von KI zwangsläufig verantwortungsvoll. Die Umsetzung des AI-Acts in Rechtspraxis steht noch bevor.[240] KI-Nutzer(innen) sollten aber noch weitere Dinge beachten, wenn sie nachhaltig führen wollen.

KI braucht keine psychologische Sicherheit. Mit einer KI zu interagieren, mag intellektuelles Vergnügen bereiten. Vielfalt lässt sich damit nicht kultivieren, weil dies die Teilnahme denkender und fühlender Menschen erfordert. Menschen sind einzigartig und können gewährleisten, dass auch Organisationen es sind. Nur einzigartige Organisationen können *bevorzugt* werden, falls sie sich im Wettbewerb befinden. Davon abgesehen, wird die kollektive Lösungskompetenz unserer Gesellschaft nicht besser, wenn immer mehr ihrer Mitglieder Entlastung darin suchen, komplexere Denk- und Gestaltungsakte »technischen Kollegen« zu überlassen. Studierende lassen sich von der Möglichkeit verführen, Abschlussarbeiten von einer KI schreiben zu lassen. Wer aber kritisches Reflektieren, konzeptionelles Gestalten und das Artikulieren von Sinnzusammenhängen prinzipiell einer Maschine anvertraut, kommt schnell aus der Übung und darf sich nicht wundern, wenn die eigene Arbeitskraft selbst dann bald überflüssig wird, wenn man sich zu den »Kreativen« zählt. (Führen ist zweifellos eine kreative Tätigkeit).

Cal Newport nennt solche Geistesarbeit *deep work*. Ausgeführt in ablenkungsfreier Konzentration, bringt sie uns nicht nur an die Grenzen unserer kognitiven Möglichkeiten, sondern erweitert sie auch. Vor allem dann, wenn wir ab und zu mit anderen *deep workers* interagieren. Dabei entsteht neben *Flow* auch neuer Ertrag.[241] Was das *Outsourcen* dieser wertvollen Ressource für die persönliche Resilienz bedeutet, lässt sich leicht ausmalen. Schon aus Gründen des Selbsterhalts sollten Leitende »rote Linien« beim Anwenden von KI nicht dauerhaft überschreiten. Imaginatives Abstrahieren, die wohl *persönlichste* der drei Mastermind-Strategien, dürfte mit deep work deutlich leichter fallen als ohne. Beidhändigkeit sollte man auch dafür nutzen, den alten *Mensch-Maschine-Konflikt* im Sinne integrativer Arbeitsmodelle

---

238 https://www.unesco.de/dokumente-und-hintergruende/publikationen/detail/die-unesco-empfehlung-zur-ethik-der-kuenstlichen-intelligenz/ (Zugriff: 28.1.2025)
239 Aus dem Keynote-Vortrag des Referenten.
240 https://artificialintelligenceact.eu/high-level-summary/ (Zugriff: 5.12.2024).
241 Newport, C. (2016): S. 3; 85.

aufzulösen. *Rückfluss substanziell angereicherter Ressourcen* in Organisationen und in die Gesellschaft basiert wesentlich auf Human- und Sozialkapital, das durch KI angereichert, aber wohl niemals ersetzt werden kann. Das würde vermutlich unser Selbstbild zerstören.

Wer führt, sollten sich deshalb nach Kräften dagegen wehren, im Vertrauen auf eine immer leistungsfähigere KI die Antennen für systemische Ereignisse verkümmern zu lassen und seine *intellektuelle Autonomie* schrittweise preiszugeben. Damit gibt man nämlich auch Urteilsvermögen preis, auf dem gute Entscheidungen basieren. Auch dann, wenn man sie gemeinsam trifft. Eine Faustregel könnte lauten:

Je besser das (autonome) menschliche Urteilsvermögen, desto nützlicher eine künstliche Intelligenz.

Es ist bei der KI wie mit der Effizienz: Man sollte wissen, wo und wann man sie gebrauchen kann.

5.7 Infrastruktur für ganzheitliche Orientierung

Nachhaltigkeit ist nicht trivial. Unsere Leistungsfähigkeit hat Grenzen, niemand ist fehlerlos. Leitende müssen Lasten neu verteilen: Statt die *eierlegende Wollmilchsau im Dauerstress* sein zu wollen, sollten sie sich auf das konzentrieren, worauf es heute ankommt: das System, das sie leiten, so widerstandsfähig wie möglich zu machen, bei konsequenter Achtung sozialer Werte und planetarer Grenzen. Darauf und auf der Interaktion von Menschen, die etwas beitragen können, beruht die Fähigkeit der Organisation, immaterielle Ressourcen in Erträge zu verwandeln, von denen auch die Gesellschaft profitiert. Organisationen sind dann zweifach legitimiert. Wie die Gesellschaft profitieren kann, soll der zweite Teil dieses Buchs verdeutlichen.

Was wir bewirken, hängt davon ab, nach welchen »Blaupausen« wir handeln. Diese Erkenntnis beruht auf dem *Conant-Ashby-Theorem der Kybernetik:*

»Every good regulator of a system must be a model of that system.«[242]

Mit den hier vorgestellten Werkzeugen verliert Komplexität ihren Schrecken. NEO-Haus (Abb. 2), Logik der Wertschöpfung (Abb. 9) und das Haus nachhaltiger Führung (Abb. 10) bilden zusammen eine Art *Infrastruktur erfolgsrelevanter Handlungsfelder* für ganzheitliche Orientierung. Wer sie nutzt, kann gelassener als andere in die Zukunft blicken.

Ist es schwierig, die Werkzeuge zu benutzen?

Nein. Beginnen sollte man mit dem »NEO-Check« (Anhang). Er ist denkbar einfach und hat sich bewährt. In den »Statements« stecken die Indikatoren der NEO-Kategorien. Ihre Beurteilung auf der Zehnerskala erlaubt eine erste Einschätzung, wie nachhaltig die eigene Organisation ist, und lässt darauf schließen, was vorrangig zu tun ist. Daran können sich unterschiedliche Personen beteiligen, was fruchtbare Diskus-

---
242 Schwaninger, M. (2006), S. 19.

sionen hervorrufen kann. Selbstverständlich bilden die Modelle, wie alle Modelle, nur einen Ausschnitt der ungeheuer komplexen Wirklichkeit ab – einen Ausschnitt jedoch, der vermutlich aufschlussreicher ist als die Anwendung beispielsweise rein ökonomischer Modelle.

Hätte man nicht *ein einziges* Modell bauen können?

Im Prinzip ja. Es wäre aber deutlich unübersichtlicher geworden, weil unterschiedliche Logiken, Verwendungszwecke und Handlungsebenen miteinander hätten kombiniert werden müssen. Außerdem wäre der Ursprung der »Bauteile« nicht mehr erkennbar gewesen.

Sind die Hintergründe der Werkzeuge kompliziert?

Nein. Sie sind *komplex*. Wären sie es nicht, würden sie, nach Ashbys Satz »*Only variety can destroy variety*« (Kap. 3.1), nicht funktionieren. Nachhaltiges Führen lebt von hinreichend vielen Handlungsoptionen mit belastbarer Grundlage. Wer die Werkzeuge nutzt, muss über ihre Grundlage nicht immer wieder nachdenken. Hat man ihren Nutzen erkannt (ich hoffe, ich konnte ihn in den letzten Kapiteln verdeutlichen), lautet die Devise: Umsetzen! Veränderung im Kopf kann schnell gehen. Bewusstsein kann erweitert, der persönliche Fokus re-justiert werden. Manchmal reicht schon ein Aha-Erlebnis.

Zweiter Teil

6 Zum Aufbau von Teil 2

Dieses Buch enthält zwei Hauptthesen. Die erste lautet (vgl. Kap. 1.4):

Nachhaltiges Führen bewegt sich im Spannungsfeld zwischen Entlastung und Innovation.

Wie sich das bewerkstelligen lässt, habe ich im ersten Teil dargelegt. Die zweite Hauptthese lautet:

Nachhaltig geführte Organisationen tragen dazu bei, Herausforderungen unserer freien, demokratischen Gesellschaft zu bewältigen und sie dadurch zu stärken.

Das gilt nicht nur für Konzerne, Technologieführer, staatliche Regulierer, Einrichtungen der Wohlfahrt etc., sondern für *Organisationen an sich*.

Klimawandel und andere ökologische Krisen gefährden nicht nur demokratische Gesellschaften, sondern *die Weltgemeinschaft*. Die Herausforderungen, um die es hier geht, müssen also enger gefasst werden. Die Gestaltungschancen sozialer Systeme und damit auch der Gesellschaft beruhen vor allem auf Interaktionsbedingungen: Welche Herausforderungen gibt es diesbezüglich in unserer Gesellschaft? Wie sind sie entstanden, wer ist daran beteiligt? Wie können daraus Konflikte werden, die möglicherweise eskalieren? Wie kann man das verhindern, und was können Organisationen dazu beitragen?

Antworten darauf liefert dieser zweite Teil des Buches.

Die Herausforderungen einer Gesellschaft beleuchtet üblicherweise die Sozialwissenschaft, mit Fragen wie diesen: Was hält eine Gesellschaft zusammen? Was bewegt sie? Kann man – und wenn ja, wie – die gesellschaftliche Entwicklung (politisch) kontrollieren oder sogar lenken?[243]

Forschende beobachten. Anders als politische Parteien, Unternehmensverbände, Gewerkschaften, Automobil-, Fahrrad-, Buch- und Kochclubs, Öko-Bewegungen oder Kirchen stehen Fachleute aus der Sozialwissenschaft nicht im Verdacht, den Gang der Dinge nach ihren Interessen beeinflussen zu wollen. In diesem Teil skizziere ich Herausforderungen, die acht prominente Soziologen und eine nicht minder prominente Nachhaltigkeitswissenschaftlerin beschrieben haben.

Dieser Auswahl liegen zwei Motive zugrunde: *Erstens* möchte ich ein empirisch fundiertes Bild aktueller Zustände der Gesellschaft vermitteln, Teil derer Organisationen sind. Die Zustände haben viele Facetten. Für Organisationen ist Gesellschaft einerseits *Umwelt*. Andererseits entfaltet Gesellschaft ihre Wirkung auch innerhalb organisationaler Grenzen. Gesellschaftliche Facetten zu kennen verbessert deshalb die Chance, nachhaltig zu führen. Gesellschaftliche Entwicklungen sind für den Führungsalltag ebenso relevant wie für die normativ-strategische Ausrichtung der Organisation. *Zweitens* soll deutlich werden,

---

243 Vgl. Rosa, H., Strecker, D., Kottman, A. (2018), S. 16.

was zweifach legitimierte Organisationen bewirken können und *wie sie es,* mit Hilfe der im ersten Teil beschriebenen Werkzeuge, bewirken können.

Einleitend behandle ich die Frage, welchen Entwicklungen die Soziologie ihre Existenz verdankt, wie sich unsere »moderne Gesellschaft« entwickelt hat und welche Symptome das hervorruft (Kap. 7). Unter dem Aspekt *politischer Paradigmen* (Kap. 8) folgen Entwicklungslinien und Tendenzen, die *Andreas Reckwitz* aufgespürt hat. Ganz anders der Fokus von *Hartmut Rosa*: In seiner Theorie der Weltbeziehungen ist *Resonanz* eine Erfahrung, die Menschen berührt und Entfremdungen vorbeugt (Kap. 9).

Ulrich Beck betrachtet die Weltgesellschaft unter dem Aspekt ihrer Gefährdung (Kap. 10). *Maja Göpel* stellt systemische Zusammenhänge der Krisen unserer Zeit dar, schildert Systemfallen und Horizonte und leitet Handlungsmaximen davon ab (Kap. 11). *Jens Beckert* erkundet den fiktionalen Charakter von Zukunftserwartungen (Kap. 12). Außerdem begründet er seine Skepsis beim Klimawandel (Kap. 13).

Armin Nassehi teilt die Skepsis (Kap. 14), aber aus anderen Gründen als Beckert: Er zeigt, wie schwer es einer funktional differenzierten Gesellschaft fällt, Lösungen *aus einem Guss* zu entwickeln. Abschließend legen *Steffen Mau, Thomas Lux* und *Linus Westheuser* dar, welche Konfliktarenen in unserer Gesellschaft derzeit existieren und wie Konflikte eskalieren können (Kap. 15).

Die Zusammenhänge, die den Skizzen zugrunde liegen, haben eine gewisse Dichte (man kann sie auch *komplex* nennen). Reckwitz beispielsweise beschreibt sozioökonomische, soziokulturelle und demokratiepraktische Zustände samt deren Hintergründe in diversen gesellschaftlichen Krisen. Bei der Wiedergabe ging es mir darum, Aussagen herauszuarbeiten, die dem Verständnis der Befunde dienen und die Position von Autorin und Autoren verdeutlichen, insbesondere mit Hinblick auf die dargelegten Lösungen. Daran kann eine Führung anknüpfen, die nach den im ersten Teil entwickelten Maßstäben nachhaltig ist.

Wie können nachhaltig geführte Organisationen den vorgeschlagenen Lösungen zum Erfolg verhelfen? Hinweise darauf, welche NEO-Kategorien und/oder Mastermind-Strategien sich dafür jeweils eignen, schließen die einzelnen Beiträge ab. Einen Überblick zu Lösungsvorschlägen und Werkzeugen finden Sie in Kap. 15.4 (Abb. 14).

7 Drei Phasen der Moderne

Modernität beginnt damit, dass man nicht mehr jedes Ereignis auf der Welt für das Resultat eines göttlichen Weltenplans hält und Lebensbereiche und Argumentationslogiken aus dem Korsett einer stratifizierten, sozialen Ordnung (mit *oben* und *unten*) befreit.[244] Soziologisches Denken beginnt mit teilweise schockartigen Modernisierungserfahrungen staatlich organisierter Gesellschaften.

Erfindungen wie die Dampfmaschine setzten im 18. Jahrhundert in Europa die »industrielle Revolution« in Gang. Die Soziologie ist, als eigenständige Disziplin, also eher jung: Max Weber, Emile Durkheim und Georg Simmel, drei ihrer »Gründerväter«, wirkten um die Wende vom 19. zum 20. Jahrhundert. Karl Marx hatte seine weltberühmten Werke einige Dekaden früher verfasst.[245]

In der *frühen Moderne* zerbröselt die gesellschaftliche Ordnung, wie man sie bis dahin gekannt hatte.

Die Eliten aus Adel und Kirche müssen Macht an die aufstrebende Gruppe von Industriellen abgeben. Familiäre, lokale Bezüge gehen verloren, weil Eisenbahnschienen, Straßen und Telegrafenleitungen neue Räume eröffnen und Arbeitsmigrantinnen und -migranten vom Land in die Städte ziehen, um in riesigen Fabriken zu arbeiten und neue Siedlungen zu bewohnen. Wissen, das die Alten an die Jungen weitergegeben hatten, ist nicht mehr gefragt. Normalbürger (zunächst die Männer, später auch Frauen) fordern bald Wahlrechte, der Demokratisierungsdruck steigt. Offen ist, wie sich das (europäische) Staatengefüge entwickelt und wie Staaten mit den neuen gesellschaftlichen Bedingungen umgehen.[246]

Gänzlich andere Erfahrungen machen die Menschen um 1960, auf dem Höhepunkt der *entwickelten Moderne*. Nach massiven Krisenerfahrungen der Industriegesellschaften der 1930er und 1940er Jahre (Weltwirtschaftskrise, Arbeitslosigkeit, Verarmung weiter Bevölkerungsteile, zweiter Weltkrieg) stabilisiert sich die Staatengemeinschaft in zwei Machblöcken, Ost und West. Demokratien sind etabliert, nationale Parlamente und Regierungen demokratisch legitimiert. Der (National-)Staat »bändigt« den Kapitalismus und verteilt den Wohlstand, den diese Wirtschaftsform gebracht hat, unter Bürgerinnen und Bürgern.

Im *sozial-korporatistischen Paradigma* existiert das Individuum, wie Reckwitz schreibt,

> »in einem reziproken Verhältnis zur Gesellschaft, es erhält von dort Unterstützung und Schutz, hat aber auch selbst für die Gesellschaft etwas zu leisten.«[247]

Die industrialisierte Gesellschaft der entwickelten Moderne ist eine egalitäre Gesellschaft. Institutionen des Rechts- und Sozialstaates sowie Laufbahnen in Unternehmen, Verwaltungen und sonstigen privaten und öffentlichen Einrichtungen machen bürgerliches Leben berechenbar.

---
244 Nassehi, A. (2021), S. 31.
245 Ebd., S. 14; 15.
246 Ebd., S. 14-27.
247 Reckwitz, A. (2019): S. 255.

Die Zementierung gesellschaftlicher Strukturen, elterliche Verdrängung von Betroffenheiten in Krieg und Naziregime, Verletzungen von Bürgerrechten (z. B. in den USA) und der Krieg in Vietnam führen ab Ende der 1960er Jahre zu Studentenprotesten in den USA und Europa. Die Hoffnung auf Kontinuität der sozioökonomischen Erfolgsgeschichte wird durch die Ölkrise von 1973 erschüttert. Zwei Jahre zuvor hatte man das System fester Wechselkurse abgeschafft. Währungen werden jetzt abgewertet, Importkosten steigen.

Am Ende des Jahrzehnts erleben die Menschen in Westeuropa *Stagflation* (Kombination aus Lohn-Preis-Inflation und wirtschaftlichem Abschwung). Die Reallohnzuwächse übertreffen die Produktivitätssteigerungen, die Arbeitslosenzahlen steigen. Und das in einer Zeit, in der Staaten das Geld mit voller Überzeugung für allgemeine Wohlfahrt, Sozialdienste, öffentliche Einrichtungen und Infrastruktur ausgeben.[248]

Die *digitale Revolution* bahnt sich an. Sie wird das postindustrielle Zeitalter einläuten.

In der *Spätmoderne* hat die Globalisierung von Gesellschaft und Wirtschaft, die sich gegen Ende des 20. Jahrhunderts mit Auflösung der beiden Machtblöcke entfaltete, das Institutionen-Arrangement wieder verflüssigt. Das bringt neue Unsicherheiten. Nach Auflösung fester Bündnisse werden Kriege wieder wahrscheinlicher. Der globale, IT-gestützte Austausch von Informationen, Waren, Kapital und Know-how ist durch nationale Regierungen nicht mehr regulierbar. Auf sozialstaatliche Institutionen wie Alterssicherung und Arbeitslosenhilfe ist kein Verlass mehr. Betriebliche und familiäre Bindungen werden brüchig.

Performative Selbstverwirklichung ist das treibende Motiv der »neuen Mittelklasse«. Das Internet macht Prozesse ort- und zeitlos, künstliche Intelligenz stellt den Wert der »Wissensarbeit« infrage. Das Tempo soziotechnologischer Veränderungen korreliert nicht mit den biologisch-psychologischen Eigenzeiten des Menschen; disruptive Modernisierungserfahrungen sind nun dauerhaft präsent.[249] Die Phase, in der wir gegenwärtig leben, kennt wieder *Gewinner und Verlierer*. Infolgedessen wird Nationalismus stärker. Kulturelle Abgrenzung und Ablehnung der liberalen Demokratie nehmen zu.

Mobilisierung von Arbeitskräften, Arbeitsteilung, Wettbewerbsmechanismen und Liberalisierung von Märkten, ein leistungsfähiges Finanzsystem sowie die Mechanisierung von Produktion und Transport trieben das legendäre Wachstum der vergangenen 200 Jahre.[250] Es brachte eindrucksvollen Wohlstand, wenn man Wohlstand an Lebenserwartung, materiellem Besitz und Bildung bemisst.

Seit 1771 hat sich die Lebenserwartung der Menschen fast verdreifacht: In Deutschland betrug sie 2022 für Mädchen 83,2, für Jungen 78,3 Jahre.[251] Während 1890 noch 90 Prozent aller Menschen in extremer

---

[248] Judt, T. (2005), S. 510-515.
[249] Rosa., H. et al. (2018), S. 27-29.
[250] Beckert, J. (2024), S. 31.
[251] https://www.destatis.de/DE/Themen/Gesellschaft-Umwelt/Bevoelkerung/Sterbefaelle-Lebenserwartung/_inhalt.html#:~:text=Entwicklung%20der%20Lebenserwartung%20in%20Deutschland&text=Nach%20den%20Ergebnissen%20der%20aktuellen,%2C%2C2%20Jahren%20(Frauen) (Zugriff: 22.4.24).

Armut lebten, sind es heute ca. 9% – bei einer siebenmal größeren Weltbevölkerung.[252] Noch vor dem 17. Jahrhundert konnten 13 Prozent der Menschen lesen, heute sind es 83 Prozent. Der Straßenverkehr ist für Fußgänger in den USA heute sechsmal sicherer als 1927.

Das Glücksgefühl der Amerikanerinnen und Amerikaner bewegt sich allerdings seit 1947 in einem engen Korridor – Tendenz fallend.[253]

Im krassen Widerspruch zur Fortschrittsgeschichte der Moderne stehen Schilderungen von Verfallserscheinungen aus der Philosophie, Literatur und der neuen Disziplin Soziologie. Von Schopenhauer und Kierkegaard über Nietzsche, Marx, Weber, Marcuse und Adorno bis Habermas, von Shakespeare über Goethe, Schiller und Heine bis Kafka und Camus spannt sich der Bogen derer, die in der Verdinglichung, Rationalisierung und Kommerzialisierung der Lebenswelt Gefahren für die Seele, die Freiheit des Menschen und die menschliche Gemeinschaft erkennen. Und für seine Umwelt.[254] Um immer mehr Waren und Dienstleistungen verfügbar zu machen, haben westliche Gesellschaften Umwelteffekte wie den Klimawandel billigend in Kauf genommen.

Finanzmanager Steve Waygood hält den Klimawandel für das größte Marktversagen aller Zeiten.[255] (Hier fragt man sich, mit welcher Vorstellung von »Markt« das hätte verhindert werden können.)

Die »Problemzonen« der Moderne haben vier Grundlagen. Erstens die Überzeugung, Natur müsse man *domestizieren*, ihre Services *nutzbar* machen.[256] Zweitens das (blinde) Vertrauen in wissenschaftlich-technologischen Fortschritt. Drittens die *Moral des Individualismus*, die sich in der Spätmoderne durchgesetzt hat. Und viertens die Macht des sozialen Aufstiegsversprechens. Jens Beckert dazu:

> »Individualität und sozialer Status werden in der kapitalistischen Moderne ganz wesentlich durch Warenkonsum bestimmt.«[257]

Dieser Konsum kennt keine Grenzen, beruht er doch auf sozialem Vergleich: Soziale Anerkennung erfährt, wer viel besitzt und beim Wettbewerb des Konsumierens mithalten kann. In einem Leben, das für die meisten Menschen durch Zwänge bestimmt ist, bedeutet Konsum Freiheit. Wer hier regelnd eingreifen will, muss mit Gegenwehr rechnen.

Soweit der, zugegeben, »schnelle Ritt« durch die äußerst ambivalenten Erfahrungen der Menschen im Verlauf diverser Modernisierungsphasen. Nach dem Fall der Berliner Mauer und Zusammenbruch des Sozialismus russischer Prägung dachten manche Beobachter, der Wettstreit der Gesellschaftssysteme sei nunmehr entschieden – zugunsten von Liberalismus, Demokratie und Marktwirtschaft.[258] Dem war bekanntlich nicht so. Die Geschichte der Moderne ist noch nicht zu Ende – Ende offen.

---

252 https://de.statista.com/statistik/daten/studie/1357083/umfrage/armutsquote-global-und-nach-weltregionen/ (Zugriff: 22.4.24).
253 Pinker, S. (2018), S. 54–72; 88; 180; 249; 269
254 Rosa, H. (2017), S. 525–588.
255 Beckert, J (2024), S. 32; 42 f.
256 Rosa, H. et al. (2018), S. 22.
257 Beckert, J (2024), S. 43; 45.
258 Vgl. Fukuyama, F. (1992).

8 Paradigmenwechsel

8.1 Problemkomplexe

Andreas Reckwitz beschreibt die Entwicklung der modernen Gesellschaft als Abfolge *politischer Paradigmen,* nach denen man gesellschaftliche Probleme bearbeitet. Sein Fokus liegt auf der westlichen Politikgeschichte.

Probleme wie Wirtschaftskrisen, Ungleichheit, Desintegration, Entfremdung, Gewalt etc. müssen gelöst werden. Politische Paradigmen entstehen durch Krisenerfahrungen und entwickeln je eigene Lösungen: mehr Wohlfahrt, mehr Markt, mehr Diversity etc. Dafür mobilisiert man Unterstützung, um praktische Politik daraus zu machen. Konfliktfrei geschieht das nicht. Probleme und Lösungen rufen heftige Kämpfe um Diskurshoheit und Ressourcen hervor.

Erweist sich ein Paradigma als erfolgreich, gilt es als *alternativlos*, bis sich die Problemlage ändert. Dann löst ein anderes Paradigma es ab. Die Paradoxie dabei: *Gerade weil* ein Paradigma zum Zeitpunkt *t* so erfolgreich ist, schafft es zum Zeitpunkt *t + 1* Probleme, die weder beabsichtigt noch vorhersehbar waren und die zu lösen die Politik nicht imstande ist.

> »Eine zunächst angemessene Politik wird durch die Resultate ihres eigenen Tuns überholt.«[259]

Das erinnert an die systemischen Dynamiken im ersten Teil (Kap. 3.3).

Das *sozial-korporatistische Paradigma* ist die Antwort auf die Krisen der Industriegesellschaften der 1930er und 1940er Jahre: Der Sozialstaat versichert jetzt gegen Krankheit, Alter und sonstige Risiken, reguliert den Arbeits- und Wohnungsmarkt, bietet Bildungschancen und Infrastruktur. Sicherung gleicher Lebensverhältnisse ist Leitmotiv, Gesellschaft soll ein Stück weit *Gemeinschaft* sein. Ergebnis ist die *nivellierte* Mittelstandsgesellschaft. Demokratie hat eine breite Basis, mit starken Volksparteien.

> »Die Erfahrung des Faschismus mit seinen gewaltbereiten Massen einerseits, die Konfrontation mit dem antipluralistischen Staatssozialismus in Osteuropa andererseits wirken prägend für dieses Demokratiemodell der Nachkriegszeit.«[260]

Im sozial-korporatistischen Paradigma wird deutlich, dass politische Paradigmen mindestens drei Problemkomplexe beinhalten:
- *Sozioökonomische* Probleme umfassen Wirtschafts- und Finanzkrisen, Ungleichheiten, hohe Staatsverschuldung, geringe Innovationskraft etc.
- *Soziokulturelle* Probleme beinhalten Desintegration, Entfremdungserfahrungen und Motivationskrisen.

---
259 Reckwitz, A. (2019), S. 246 f.
260 Ebd. S. 256

- *Demokratiepraktische* Probleme betreffen Legitimation und Funktionsfähigkeit des politischen Systems.[261] (*Sozioökologische* Probleme traten erst in den 1970er Jahren ins öffentliche Bewusstsein).

Zu den Ursachen des wirtschaftlichen Abschwungs Anfang der 1970er Jahre gehört, wie Reckwitz feststellt, eine *Sättigungskrise*. Der Bedarf an Gütern zur Grundausstattung von Haus oder Wohnung, an Autos, Waschmaschinen etc. ist gedeckt, die Wachstumslogik aber nicht außer Kraft gesetzt. Gütereigenschaften müssen jetzt über Grundfunktionen hinausgehen: Sie müssen die immateriellen, eher *singulären* Sphären der Kultur, des Erlebens, der Gesundheit, Bildung, Identität, des *ästhetisch und ethisch Wertvollen* bedienen. In den Sphären individueller Selbstverwirklichung ist nämlich Sättigung kaum denkbar. Außerdem ist die von Taylor inspirierte fordistische Produktionsweise für materielle Güter ausgereizt. Sättigungs- und Produktivitätskrise ergänzen sich. Die *digitale Revolution* macht Produktion automatisierbar und ermöglicht den Aufbau globaler Produktionsnetzwerke.[262]

Das politische Paradigma der Industriegesellschaft gerät in eine Überregulierungskrise: Staatliche Steuerungsinstrumente behindern – der Weg zum *kognitiv-kulturellen Kapitalismus* ist bereitet.

> »An die Stelle der traditionellen Pflicht- und Akzeptanzwerte treten individuelle Selbstverwirklichungswerte, aus deren Sicht die Institutionen der klassischen Industriegesellschaft als Einschränkung des individuellen Möglichkeitsspielraums gelten.«[263]

Volksparteien und Gewerkschaften verlieren Identifikationskraft, Güter werden *kulturalisiert* – sie werden mit ästhetischem, ethischem und narrativem Wert aufgeladen. Computer und Internet sind *Kulturmaschinen*, die, binär codiert, Texte, Bilder, Töne, Storys, Spiele und fantastische Welten erzeugen und in Echtzeit verbreiten.[264]

Träger der soziokulturellen Veränderungen in der »Wissensökonomie« ist eine gut ausgebildete, gutverdienende *neue Mittelklasse*. Ihr Aufstieg erzeugt neuen Bedarf an »einfachen« Dienstleistungen (Transport, Gebäudewartung, Hauswirtschaft, Sicherheit, Pflege, Gastronomie etc.). Er wird durch Menschen in oft prekären Arbeitsverhältnissen gedeckt, der *Service-Class*. Ein polarisierter Dienstleistungssektor geht einher mit der *Erosion der alten Mittelklasse*, der Arbeiterschaft der alten Industriegesellschaft.[265] Unter Frauen, Bürgerrechtlern, Umweltschützern etc. entstehen Bewegungen und Bürgerinitiativen, die ihre Themen *von unten* artikulieren und mehr Partizipation fordern.

> »Das Regulierungsparadigma der Nachkriegszeit hat sich Mitte der 1970er Jahre erschöpft, das zu Anfang legitime und notwendige Anliegen der sozialen Ordnungsbildung ist in ein Zuviel an Regulierung umgekippt, das sowohl ökonomisch den Strukturwandel hemmt als auch kulturell die Entfaltung der Individuen beschneidet.«[266]

---

261 Ebd. S. 248
262 Reckwitz, A. (2019), S. 145-155.
263 Ebd. S. 258 f.
264 Ebd. S. 258 f.
265 Ebd. S. 151.
266 Ebd. S. 259 f.

Höchste Zeit für den *apertistischen* (öffnenden) *Liberalismus*. In diesem Paradigma bilden zwei ehemals verfeindete Strömungen eine neue Allianz: Neoliberalismus und Linksliberalismus. Beide wirken *dynamisierend*.

Nach neoliberaler Vorstellung steigert die *unsichtbare Hand des Marktes* Effizienz, Innovation und Wohlstand (vgl. Kap. 13). Marktlichen Gesetzen sollen auch Bereiche wie Infrastruktur, Wohnen, Bildung, Kultur etc. unterzogen werden. Margaret Thatcher in England und Ronald Reagan in den USA setzen die Idee Anfang der 1980er Jahre um: Sie deregulieren die Finanzwirtschaft. Arbeitsmarkt und Sozialstaat werden auch in sozialdemokratischen Regierungen (Clinton, Blair, Schröder) umstrukturiert.[267]

Nach linksliberaler Vorstellung müssen die subjektiven Rechte des Individuums gegenüber der Gesellschaft erweitert, die Diversität der Gesellschaft muss vergrößert werden.[268]

8.2 Liberalismus, der einbettet

Aktuell befindet sich der Liberalismus in einer Dynamisierungskrise. Auch sie hat sozioökonomische, soziokulturelle und demokratiepraktische Symptome. Deregulierung lässt Finanzmärkte kollabieren, Staatsschulden steigen, soziale Schereneffekte größer werden. Verkehr, Bildung, Gesundheitswesen, Wohnungsbau etc. werden vernachlässigt.[269]

In der soziokulturellen Dimension lösen sich reziproke Bindungen auf, mit unterschiedlichen Konsequenzen. Liberale Identitätspolitik kann zur Selbstabschottung kultureller Gemeinschaften entlang von Kriterien wie Ethnizität und Religion führen. In einer »Gesellschaft der Singularitäten« können Individuen aber auch *Berechtigungssubjekte* mit scheinbar natürlichen Anspruchsrechten werden: Egoismus Einzelner gegen die Institutionen. Ursache beider Effekte ist mangelhafte soziokulturelle Regulierung.[270]

Die *Kulturalisierung des Sozialen* hat zwei Gesichter: Die *Hyperkultur* basiert auf Pluralität kultureller Güter auf globalen Märkten: ob japanische Kampfkunst, indisches Yoga, skandinavisches Design, französische Kinofilme, amerikanische Computerspiele, thailändische Küche, Städtetrip, Themenreise, Kunstinstallationen, Instagram-Accounts – all das bietet Möglichkeiten individueller Selbstentfaltung, die auf Aneignung warten: durch Menschen mit guter Bildung, die es sich leisten können.[271]

Dagegen geht es im *Kuturessenzialismus* um Stabilisierung symbolischer Grenzen zwischen Innenwelt und Außenwelt. Zu dieser gemeinschaftsorientierten Gegenfront gehören religiöse Fundamentalisten, Nationalisten und Rechtspopulisten, die sich als Modernisierungsverlierer wahrnehmen.[272] Zwischen

---

267 Reckwitz, A. (2019), S. 264 f.
268 Ebd. S. 265-267.
269 Ebd. S. 270 f.
270 Ebd. S. 273 ff.
271 Ebd. S. 36-39.
272 Ebd. S. 42-45. Anm.: Reckwitz verwendet das generische Maskulinum.

diesen Strömungen können Konflikte dadurch entstehen, dass die einen Konfrontationen zwischen der »offenen Gesellschaft und ihren Feinden« wahrnehmen, die anderen »Dekadenz der (westlichen) Eliten«.

Hier kommt es zu erstaunlichen Schulterschlüssen: evangelikale und orthodox-muslimische Glaubensgemeinschaften im Kampf gegen die Öffnung der Ehe für gleichgeschlechtliche Paare koalieren mit europäischen Populisten im Kampf gegen den amerikanischen Kulturimperialismus von Google und CNN.[273]

Populismus ist das auffälligste Symptom der Dynamisierungskrise. Er propagiert eine andere Demokratie: *antiliberal* soll sie sein. Populisten beanspruchen Alleinvertretung dessen, was *Volk sein will*. Sie denken Volk *homogen*, als Gemeinschaft im Kampf mit Eliten, Kosmopoliten und Migranten. Ihre Politik setzt sowohl auf Regulierung als auch auf nationale Schließung. Die nationale Wirtschaft soll notfalls mit protektionistischen Mitteln gestärkt werden, die Sozialpolitik der nationalen Bevölkerung dienen. Populisten sind sowohl ökonomisch als auch kulturell globalisierungskritisch.

Große Teile der spätmodernen Gesellschaft erklären sie zu Dauerfeinden: die neue, liberale Mittelklasse, die Regierungen der Metropolregionen, die migrantischen Teile der Bevölkerung, die etablierten Medien und Bildungseinrichtungen. Populistische Politik ist im Grunde *nostalgisch*, weil sie längst Vergangenes anstrebt: den autonomen Nationalstaat, die regulierte Industriegesellschaft, kulturelle Homogenität. Weil Populismus mit Verlustängsten operiert, bezeichnet ihn Reckwitz später als *politisches Verlustunternehmertum*.[274]

Reckwitz bemerkt zurecht, dass man kein Populist sein müsse, um die Schwächen des öffnenden Liberalismus zu erkennen und Alternativen zu suchen.[275] Sein *Einbettender Liberalismus* ist im Kern wieder ein Regulierungsparadigma, vor dem Hintergrund, dass die Dynamisierung erschöpft ist und ihre Nachteile offenkundig werden. Er schlägt eine Ordnung vor, die das *soziokulturell Allgemeine revitalisiert*. Die liberale Haltung gelte dabei weiterhin: Am institutionellen Rahmen der liberalen Demokratie und ihres Pluralismus solle man festhalten.

Die Dynamik der Identitäten, der Märkte und der Globalisierung, die auch Positives bewirken, soll jedoch neu gerahmt werden. Westliche Nationalökonomien müssen weiterhin, meint Reckwitz, neue Branchen und Märkte erschließen, um finanzielle Spielräume zu erhalten. Zweck des neuen Paradigmas ist, Ungleichheiten und vernachlässigte Grundversorgung ebenso anzugehen wie die Desintegration und Erosion des *füreinander Einstehens*.

Die spätmoderne Gesellschaft kann kein homogenes Kollektiv sein. Sie ist in Lebensstilen pluralisiert, in Klassen stratifiziert und multiethnisch. Inmitten soziokultureller Heterogenität soll *gesellschaftlich Allgemeines* entstehen.[276]

---

273 Ebd. S. 51 f.
274 Reckwitz, A. (2024), S. 12.
275 Ebd. S. 278-285.
276 Ebd. S. 285-290.

Reckwitz nennt fünf Stellschrauben. Erstens ein neuer Gesellschaftsvertrag, der die Notwendigkeit *aller Tätigkeiten* anerkennt, soziale Unterschiede abmildert und die stramme Meritokratie des jetzigen Paradigmas beendet. Zweitens Regulierung von Stadt-Land-Differenzen durch sozialen Wohnungsbau in Metropolregionen und Verringerung ländlicher Abwanderungsprobleme durch gezielte Förderung. Drittens Rückführung privatisierter Infrastruktur im Sinne berechenbarer Grundleistungen. Viertens Aushandeln von Grundregeln, die eine soziokulturelle Integration in täglichen Praktiken erleichtern, für Einwanderer und Einheimische unterschiedlicher Milieus und Klassen gleichermaßen. Das reicht weit über die Migrationsfrage hinaus.

Fünftens soll das Prinzip gegenseitiger Verpflichtungen stärker in Bewusstsein gehoben werden:
- Bei Nutzern staatlicher Bildung die Pflicht, Begabungen zum Wohle aller zu entwickeln.
- Bei staatlich unterstützten Familien die Pflicht, ihre Kinder zu verantwortungsbewussten Mitgliedern der Gesellschaft erziehen.
- Und bei vermögenden Profiteuren rechtlich-ziviler Ordnung die Pflicht, Teile ihres Vermögens der Gesellschaft zurückzuerstatten.

8.3   Was Organisationen beitragen können

Eine nicht-staatliche Organisation kann keine Stadt-Land-Differenzen regulieren und keine privatisierte Infrastruktur zurückfahren. Sie kann aber dafür sorgen, dass allen Tätigkeiten die nötige Wertschätzung zuteilwird, auch den sogenannten »einfachen«. Warum nicht auch Beschäftigte der »Service-Class« um Rat fragen, wenn man ihnen vertraut? Sie bringen selten ihr gesamtes Potenzial in ihre Tätigkeit ein.

Organisationen benötigen einen integrativen, reflexiv offenen Umgang miteinander, um lern- und anpassungsfähig zu sein – ein zentraler NEO-Befähiger. Die passenden Regeln können im NEO-Befähiger *Lenkbarkeit* verankert werden. Dahin gehört auch das Prinzip gegenseitiger Verpflichtung, das in Organisationen ebenso wichtig ist wie in der Gesellschaft. Und wer Pluralismus leben will, muss auch bereit sein, Vielfalt zu kultivieren.

Jede Organisation kann somit an drei der fünf in Kap. 8.1 beschriebenen »Stellschrauben« drehen. Dementsprechend kann sie gesellschaftlich Wirkung entfalten.

9 Resonanzverlust

9.1 Reproduktion durch Steigerung

Hartmut Rosa beleuchtet in seiner »Soziologie der Weltbeziehung«[277] die Sozialformation der Spätmoderne, die sich nur dynamisch zu stabilisieren vermag. Was meint er damit?

Die Basisinstitutionen moderner Gesellschaften, kapitalistische Wirtschaft, demokratisch-repräsentative Organisation der Politik, sozialstaatliche Organisation der Wohlfahrt, Bildung und Kunstbetrieb, können nur durch *Steigerung* reproduziert und erhalten werden, durch stetes Wachsen der Wirtschaft, Innovationsverdichtung und beschleunigte Veränderungen. Effizienz und Output müssen in allen Bereichen optimiert werden. Bleiben die Steigerungsimperative unerfüllt, drohen, nach marktwirtschaftlicher Logik, Jobverluste und Firmenpleiten. Dem folgen sinkende Steuereinnahmen, steigende Sozialausgaben, Schuldenkrisen und schließlich politische Krisen. Nebenfolgen dieser Logik sind eskalatorische Tendenzen in Bereichen wie Güterproduktion, Ressourcenverbrauch, Verkehrsaufkommen etc.

Vormoderne Gesellschaften kannten keinen Steigerungszwang. Veränderung bedeutete *Anpassung* an neue klimatische Bedingungen, Naturkatastrophen, Kriege oder Zufallsereignisse, meist ohne Einfluss auf die Stellung der Subjekte in »der Welt«. In der Spätmoderne können sich Menschen ihrer Position in der Gesellschaft nicht mehr sicher sein, sondern müssen sie immer wieder neu erkämpfen, verteidigen und wechseln. Das vergrößert ihre *Weltreichweite*, den Ausschnitt der Welt, der für sie erreichbar, berechenbar, verfügbar und beherrschbar wird.[278] Allerdings um den Preis der *Entfremdung*.

Beliebig Verfügbares ist stumm, nicht resonant. Es berührt nicht wirklich.[279] Gesund an Körper, Geist und Seele macht das, auf Dauer, nicht. Im Gegenteil. Warum?

9.2 Misslungene Weltbeziehungen

Unsere Subjektivität entsteht durch unsere Bezogenheit auf die Welt, in der wir leben. Das umfasst leibliche, kognitive und emotionale Aspekte, die unauflöslich miteinander verbunden sind. Die Welt, in die wir gestellt sind, *geht uns etwas an*. Wir fühlen uns *von Dingen angesprochen* (und sind *in Resonanz* damit) oder nicht. »Weltausschnitte« erleben wir entweder als *attraktiv* oder als *repulsiv*. Darauf beruhen *Begehren* und *Angst,* die Grundempfindungen unserer Psyche. Resonanzbegehren basiert auf *starken Wertungen*, die Dingen Bedeutung geben.[280]

Bedeutsames ist Grundbedingung für Empowerment.

---

277 Rosa, H. (2017)
278 Rosa, H. (2017), S. 518-521.
279 Ebd. S. 298.
280 Ebd. S. 291.

Fritz Riemann, auf den sich Rosa unter anderem beruft, beschreibt vier *Grundformen der Angst*. Sie lassen sich als misslungene Weltbeziehungen deuten und können in extremer Form zu Neurosen führen. Es sind Endpunkte der Achsen *Bindung* und *Ordnung*. Menschen entwickeln Ängste vor einem *Zuviel* und einem *Zuwenig* davon: auf der Bindungsachse einerseits Angst vor *Selbsthingabe*, erlebt als Abhängigkeit, andererseits Angst vor *Selbstwerdung*, erlebt als Bindungslosigkeit. Auf der Ordnungsachse einerseits *Angst vor Veränderung*, erlebt als Unsicherheit, andererseits Angst vor *Endgültigkeit*, erlebt als Unfreiheit.[281]

Sowohl Hingabe als auch Isolation, sowohl Erstarrung als auch Chaos können Ängste hervorrufen (oder, je nach Standpunkt, Begehren). Wer aber frei von Ängsten ist, befindet sich im Kreuzungspunkt beider Achsen.

Resonanz ist eine Antwortbeziehung, die entsteht, wenn Subjekt und Weltausschnitt *mit je eigener Stimme* sprechen, weil sie einander *halb verfügbar* sind.[282] (Sklaven waren für ihre »Besitzer« gänzlich verfügbar. Deshalb hatten sie keine »eigene Stimme«). In entfremdeten Weltverhältnissen stehen sich Subjekt und Weltausschnitt *zu offen*, *zu geschlossen*, *zu starr* oder *zu instabil* gegenüber, um resonante Beziehungen zu ermöglichen.[283] Moderne Menschen leben im Grundkonflikt zwischen Resonanzsehnsucht und Verfügbarkeitswunsch.[284]

Bedeutsames, Grundlage resonanter Beziehungen, kann von einem Gott, der Natur, von Mutter oder Vater, Geliebten, Vorgesetzen, Kolleginnen und Kollegen, einem Kunstwerk, einem Musikstück, aber auch von einem Werkstück oder, generell, vom Inhalt der Arbeit ausgehen. Auch Werkstücke und Arbeitsabläufe können resonieren, wenn der Umgang damit das Gefühl der Selbstwirksamkeit erzeugt (eine weitere Bedingung für Empowerment).

Rosa begründet die Klage eines Menschen in Arbeit:

> »In jeder Tätigkeit gibt es Umschlagspunkte, jenseits derer wir zwar noch funktionieren und Vorgaben (z. B. Kennziffern) erfüllen können, aber den inneren Kontakt und Bezug zur Tätigkeit verloren haben. Es sind meines Erachtens just diese Umschlagspunkte, die ein Verstummen der Resonanzachse signalisieren und dann die Einnahme einer zynischen Arbeitshaltung zur Folge haben, welche wiederum sehr häufig einem Burn-out vorangeht: ›Ich habe Tag für Tag und Monat für Monat gearbeitet und geackert, aber es kam einfach nichts zurück.‹ Sätze wie diese gehören in Burn-out-Kliniken zu den am meisten geäußerten Klagen. Wenn aufgrund von Wettbewerbs- und Optimierungszwängen der über den Austausch von Informationen und die funktionale Kooperation hinausgehende Kontakt zur Arbeit, zu den Kollegen und/oder den Klienten, verloren geht, wenn das Gefühl für die Qualität der Arbeit unter dem Druck der Kennziffern verschwindet und keine Zeit für das Genießen von und die Erholung nach Erfolgen bleibt, während

---

281 Riemann, F. (1995), S. 15.
282 Rosa, H. (2023), S. 52.
283 Als neurophysiologische Voraussetzung für (intersubjektive) Resonanzprozesse sieht Rosa die Spiegelneuronen, vgl. Rosa, H. (2017), S. 250, 251.
284 Rosa, H. (2023), S. 77.

Anerkennungssignale durch Vorgesetzte nur noch als strategisch, zur Aktivierung noch größerer Anstrengungen wahrgenommen werden, droht für die Betroffenen in der Tat eine zentrale Resonanzachse des modernen Lebens zu versiegen. Sie verlieren dann die Fähigkeit, sich die Werkzeuge und Materialien ihrer Arbeit, die Produkte und Ziele des Unternehmens, die Abläufe, die Räume und die Interaktionsformen des Arbeitens anzuverwandeln und entsprechende Resonanzbeziehungen aufzubauen bzw. intakt zu halten«.[285]

9.3 Was Organisationen beitragen können

Nachhaltiges Führen vermeidet Resonanzverlust, weil es zur Entfaltung individueller Potenziale beiträgt. Genau das ist nämlich Bestandteil der Mastermind-Strategie *Vielfalt kultivieren*. Empowerment wird gefördert, indem selbstbestimmtes Arbeiten ermöglicht, Selbstwirksamkeit unterstützt und der Beitrag Einzelner zum Ganzen transparent gemacht wird. Barrieren der Interaktion werden mittels der Mastermind-Strategie *Vereinfachen, was vereinfacht werden kann* beseitigt.

Förderlich sind auch reflexive Offenheit und psychologische Sicherheit (Kap. 5.4), Erfolgskriterien der NEO-Kategorie *Lern- und Anpassungsfähigkeit*. All das stärkt die *Gesundheit an Körper, Geist und Seele* und eben auch resonante Beziehungen.

---

[285] Rosa, H. (2017), S. 399.

10 Gesellschaft der Risiken

10.1 Globale Verwundbarkeit, globale Verantwortung

Ulrich Beck betrachtet moderne Gesellschaften unter dem Aspekt ihrer Gefährdungen, die paradoxerweise Ergebnis ihrer Erfolge sind. Außerdem wirken sie global.[286] Gefährdungen dieser Art sind der Klimawandel, die Instabilität des globalen Finanzsystems und der Terrorismus (Beck starb 2015, sein Buch *Weltrisikogesellschaft* wurde erstmals 1986 veröffentlicht). Anders als beim Terrorismus sind ökologische und ökonomische Krisen nicht beabsichtigt. Solange sie nicht eintreten, sind es *Risiken*, die man weder räumlich noch zeitlich noch sozial eingrenzen kann. Solche Weltrisiken prägen unsere Erwartungen und leiten unser Handeln. Damit sind sie eine politische Kraft, die die Welt verändert. Niemand *kann sie kennen*, man kann sie nicht durch Geld kompensieren, es gibt dagegen keinen fundiert kalkulierten Versicherungsschutz. Das Einzige, was hilft, ist *Vorsorge*.[287]

Risiko meint *nicht Katastrophe*, sondern *Antizipation einer Katastrophe*. Für wie katastrophal wir sie halten, ist eine Frage ihrer *Inszenierung* (beispielsweise über Narrative). Aber wer erfindet die Symbole, die einerseits den strukturellen Charakter der Gefahren aufdecken und andererseits die Gesellschaft handlungsfähig machen? Bei den Definitionsverhältnissen der Gegenwart haben die Technik- und Naturwissenschaften eine Monopolstellung. Ohne Beteiligung der Öffentlichkeit entscheiden sie, was angesichts drohender Unsicherheiten und Gefahren tolerierbar ist und was nicht.[288]

Weil aber das Vertrauen in technischen Fortschritt schwindet, die Ohnmacht (national-)staatlicher Akteure hingegen wächst, gewinnen Bewegungen und transnationale Akteure an Bedeutung, die weder technisch-wissenschaftlichen Regimen noch etablierten, politisch-parlamentarischen Systemen angehören. NGOs wie Robin Wood, Greenpeace, Amnesty international etc. betreiben Globalisierung von Risikobewusstsein *von unten*. Damit betreiben sie eine *Subpolitik*, die Regeln und Grenzen des politisch Opportunen verändert und den weltpolitischen Raum für neue Ziele, Themen und Bündnisse öffnet.[289]

Ausmaß und Dringlichkeit der Bedrohungen variieren mit ihrer (inszenierten) kulturellen Wahrnehmung und Wertung. Gewissheiten religiöser, säkularer und politischer Kulturen prallen aufeinander:

> »Die einen betrachten den Al-Qaida-Terrorismus mit religiösen Augen und sehen die Verkündungen der Apokalypse bestätigt; für die anderen betreten Weltrisiken erst dann die Weltbühne, wenn Gott sie verlassen hat. Das Bewusstsein globaler Risiken wird dann zum säkularen Bewusstsein, das die drohenden Katastrophen Tätern und Institutionen zurechnet.«[290]

---

286 Beck, U. (2017)
287 Ebd. S. 186; 29; 140 ff.
288 Ebd. S. 130; 184; 73.
289 Ebd. S. 178 f.
290 Ebd. S. 51.

Während Amerikaner glauben, Europäer litten an Umwelt- und »Frankenstein-food«-Hysterie, gelten Amerikaner in den Augen vieler Europäer als terrorismus-hysterisch. Angesichts solcher Differenzen der Risikowahrnehmung stellt sich die Frage: Wie viel Toleranz gegenüber der Ignoranz von anderen können »wir« uns leisten?[291]

Für Beck zwingt die Weltrisikogesellschaft zum Blick auf die Pluralität der Welt. Globale Risiken eröffnen einen moralisch-politischen Raum, aus dem eine Kultur der Verantwortung hervorgehen *kann*, die Grenzen und Gegensätze überwindet.

> »Die traumatische Erfahrung der Verwundbarkeit aller und der daraus entstehenden Verantwortung für Andere, auch um des eigenen Überlebens willen, sind die zwei Seiten des geglaubten Weltrisikos.«[292]

10.2 Transnationale Kooperation

Die einzig mögliche Antwort auf globalen Terror, globale Finanzkrisen, den Klimawandel und das organisierte Verbrechen sieht Beck in transnationaler Kooperation:

> »Dafür müssen die de facto entmachteten Nationalstaaten über ihren Schatten, den Schatten ihrer Autonomie-Fiktion, springen, um den Mehrwert der neuen, gebündelten Souveränität im Umgang mit nationalen wie globalen Problemen zu erzielen.«[293]

Und weiter:

> »Globale Risiken sind der Ausdruck einer neuen Form wechselseitiger globaler Abhängigkeiten, der weder durch nationale Politik noch den geläufigen Formen internationaler Kooperation adäquat Rechnung getragen werden kann.«[294]

Die aktuelle geopolitische Lage hat neue Risiken für die Weltgemeinschaft hervorgebracht. In Kriege wie den zwischen Russland und der Ukraine können wegen der Abhängigkeiten durch alte und neue Bündnisse weitere Mächte hineingezogen werden, mit unabsehbaren Folgen. Außerdem wächst der Anteil autokratisch regierter Länder, deren Regierende sich selten in globaler Verantwortung sehen[295].

Angesichts der aktuellen Problemlage fragt man sich, wie viel schlimmer alles noch kommen muss, damit eine globale, transnationale Kooperation allen Betroffenen *alternativlos* erscheint, wollen sie nicht *gemeinsam* großen Schaden nehmen (vgl. Kap. 16).

---

291 Ebd. S. 140 f.
292 Ebd. S. 111.
293 Ebd. S. 85.
294 Ebd. S. 106.
295 https://www.bertelsmann-stiftung.de/de/themen/aktuelle-meldungen/2024/maerz/wie-die-erosion-der-demokratie-gestoppt-werden-kann (Zugriff: 29.11.2024). Als Mittel gegen Autokratien sieht die Bertelsmann-Stiftung zivilgesellschaftliche Mobilisierung.

10.3 Was Organisationen beitragen können

Wer transnational denkt und handelt, erweitert Horizonte. Das ist die Domäne der Mastermind-Strategie *Imaginativ abstrahieren*. Außerdem geht es gerade im transnationalen Kontext darum, *Vielfalt zu kultivieren.*

Transnationale Probleme werden meist in Projektgruppen behandelt, die von den Vereinten Nationen, der Europäischen Gemeinschaft und sonstigen transnationalen Organisationen beauftragt werden. Der Projektgruppe *Brundtland-Kommission* verdanken wir den Leitsatz nachhaltiger Entwicklung. Auch solche Gruppen sind Organisationen, wenngleich mit begrenzter Lebensdauer. Die NEO-Kategorien gelten aber auch für sie. Auch hier sind *Lenkbarkeit* und *Lern- und Anpassungsfähigkeit* von zentraler Bedeutung. Dazu gehört barrierefreie Interaktion, die gerade auch interkulturelle Kooperation erleichtert. Weil beim Wahrnehmen von Risiken die narrative Inszenierung eine wichtige Rolle spielt, leistete auch die Kategorie *Umgang mit Abhängigkeiten* gute Dienste: Die Fähigkeit zur Inszenierung wird dort explizit gefordert.

11 Big Reconnect

11.1 Systemfallen

Maja Göpel arbeitet als Politökonomin und Nachhaltigkeitswissenschaftlerin. Wie auch andere Vertreterinnen und Vertreter dieses Faches blickt sie systemisch auf die Herausforderungen unserer krisenhaftverletzlichen Gesellschaft. Sie stellt dazu drei Fragen:

> »*Wie* können wir in der komplexen Welt, in der wir heute leben, Dinge wenden? [...] *Wo* müssen wir ansetzen, um die Strukturen unserer Gegenwart so zu verändern, dass sie der Erreichung unserer Ziele besser dienen? (...) *Wer* kann diese Veränderungen anschieben?«[296]

Die Systemperspektive zeigt Grenzen von Prognose und Kontrolle, verwandelt Machbarkeitswahn in Demut, Nullsummenspiele in Koevolution, Abspaltung in Verbundenheit. Drei Merkmale sind dabei hervorzuheben: die vernetzte Gestalt des Systems, seine zeitliche Dynamik und seine Bestimmung durch ein Ziel oder einen Zweck. Ohne das bleibt unklar, welches Problem überhaupt gelöst werden soll.[297]

Wie im ersten Teil des Buches dargelegt, bedeutet systemisch denken, Rückkopplungen, Zyklen und Schwellen zu beachten (Kap 4.1). Göpel nennt sie *Kipp-Punkte*. Einmal erreicht, erlebt man eine sprunghafte, irreversible Veränderung des Systemverhaltens (weil das System seine Komfortzone verlässt). Bevor es so weit ist, verliert das System seine Fähigkeit, sich in gewohnter Schnelligkeit zu regenerieren und Schocks zu absorbieren.

Mit Katrin Muff und Thomas Dyllinck-Brenzinger zitiert Göpel zwei Forschende, die bei Unternehmen einen *big disconnect* erkannt haben: Strategien der Mikroebene (Unternehmen) und der Makroebene (Gesamtsystem, Gesellschaft) greifen nicht ausreichend ineinander. Mit *Key Performance Indicators* gehe man anders um als mit Richtgrößen nachhaltiger Entwicklung, weshalb letztere leicht aus dem Blick geraten.

Das erinnert an die tückische Dominanz der Erfolgsgröße *Effizienz* (Kap. 2.3).

Besser ist *big reconnect*: Unternehmen fragen sich, wie sie zum Lösen von Nachhaltigkeitsproblemen beitragen können und *neue Legitimation* gewinnen. Dieser Gedanke trieb bspw. einen Unternehmer auf der Suche nach neuen Ideen zum Vermarkten von Insektenfallen. Inspiriert von Schweizer Aktionskünstlern, die ihn aufforderten, Insekten nicht zu töten, sondern zum Erhalt der Biodiversität zu retten, änderte er sein Geschäftskonzept von Grund auf. Heute schafft er insektenfreundliche Lebensräume, klärt darüber auf, kämpft gegen Verlust von Biodiversität und verdient damit Geld. Durch Neubestimmung

---

[296] Göpel, M. (2022), S. 16
[297] Ebd, S. 33f, 54.

des Geschäftszwecks und, abgeleitet davon, der Leistungsindikatoren (vgl. Abb. 11) können talentierte, risikofreudige, an nachhaltig erfolgreichen Geschäftsmodellen Interessierte wirksam innovieren.[298]

Zu den Werkzeugen, die Göpel beschreibt, gehören *drei Horizonte* (vgl. Kap. 11.2). Passend genutzt, bewahren sie davor, in *Systemfallen* zu geraten. Eine davon ist *falsche Zielsetzung,* eine andere *Abhängigkeit von Mitteln zur Bekämpfung von Symptomen.*

Im Kapitel 3 *Interaktion ist der Schlüssel* ist vom Fokus auf Symptome die Rede, der zum Lösen komplexer Probleme gänzlich ungeeignet ist. Wer von Mitteln zur Symptombekämpfung abhängig ist, wird nach Ursachen gar nicht erst suchen.

Eine weitere Systemfalle ist *Konkurrenz und Eskalation*. Lebensfähige Systeme bestehen aus Teilsystemen, deren Funktionen sich ergänzen. Die in Kapitel 4.1 beschriebenen Resilienzprinzipien besagen genau das. Das verträgt sich allerdings nicht mit Konkurrenz. Eskalierender, *interner* Wettbewerb gehört zu den Gründen hausgemachter Krisen.[299]

Die nächste Systemfalle ist *Änderungsresistenz*. Angesichts einer hochdynamischen Umwelt bedarf es keiner weiteren Erklärung, warum das eine Falle ist. Innovation geht so nicht.

Die letzte Falle ist die *Tragödie der Allgemeingüter*. Unsere Existenz hängt von natürlichen Gütern ab, den *Services* des Öko-Systems. Wettbewerb im Zugriff darauf kann diese zerstören.[300]

Aber inwiefern können Göpels Systemfallen durch Horizonte umgangen werden, und um welche Horizonte handelt es sich dabei?

11.2 Horizonte

Für den Zukunfts- und Innovationsforscher Bill Sharpe, auf den Göpel Bezug nimmt, steht Horizont 1 für das System, *wie es heute funktioniert* – die Domäne der *Ingenieure*. Horizont 2 steht für Phasen, in denen klar wird, dass sich die Funktion ändern muss – die Domäne der *Entrepreneure*, die das Alte verbessern wollen. Horizont 3, das Feld des Experimentellen und der Vordenker, gehört den *Visionären*, die etwas gänzlich Neues schaffen wollen.

Fortschritt entsteht im Spannungsverhältnis zwischen diesen Horizonten – man braucht sowohl Ingenieure als auch Entrepreneure als auch Visionäre. Aus Gegenwart soll *wünschbare Zukunft* werden, ohne den Anschluss an das *Wahrscheinliche* zu verlieren. Hier trifft *Instandhaltungslernen* auf *Innovationslernen*:

---

[298] Ebd. S. 86 ff., 99.
[299] Probst, G., Raisch, S. (2005).
[300] Göpel. M. (2022), S. 142; 178; 208; 239; 274.

»Bildlich gesprochen, führt Innovationslernen nicht mehr zur x-ten Verbesserung der Kerze, sondern zur Erfindung der Glühbirne.«[301]

Göpel nennt Beispiele für einen virtuosen Umgang mit dem Spannungsverhältnis zwischen den Horizonten:
- Audrey Tang ist Digitalministerin von Taiwan. Sie organisiert mehr als ein Viertel der Bürgerinitiativen auf digitalen demokratischen Plattformen, die junge Menschen initiiert haben. Aus Teilen des »Wählervolkes« gehen Menschen hervor, die mitdenken und mitgestalten.
- Anne Hidalgo, Bürgermeisterin von Paris, setzt das von Carlos Moreno erdachte Konzept einer *living smart city* um. Alles, was die Einwohner erledigen müssen, sollen sie im Umkreis von einer Viertelstunde erledigen können – ohne Auto. Fast die Hälfte der öffentlichen Parkplätze (ca. 70.000) soll in Grünflächen umgewandelt, große Avenuen zu Radwegen werden. Laut Stadtverwaltung hat sich die Anzahl der Radlerinnen und Radler von 2019 bis 2020 verdoppelt. Begrenzter, öffentlicher Raum soll für das Gemeinwohl geöffnet werden.
- Als Patrus Ananias Bürgermeister der brasilianischen Metropole Belo Horizonte war, entstand ein Regelwerk zur Ernährungssicherheit dieser von hoher sozialer Ungleichheit gekennzeichneten Stadt. Mehr als 45 Millionen Essen verteilte man pro Jahr an Kindergärten, Schulen und Universitäten. In Schul- und Stadtgärten baute man gemeinschaftlich Gemüse an, klärte über gesunde Ernährung auf und lehrte Kochen. Ungenutzte Flächen gab man für den Anbau frei.

Nachhaltige Entwicklung basiert auf Interaktionsprozessen, um gemeinschaftlich zu lernen, sich abzustimmen und zu kooperieren.[302]

11.3 Was Organisationen beitragen können

Zurück zu meiner These: *Nachhaltiges Führen bewegt sich im Spannungsfeld zwischen Entlastung und Innovation.*

Dies nimmt Bezug auf das Spannungsverhältnis zwischen Gegenwart, wahrscheinlicher und wünschbarer Zukunft, das Göpel hervorhebt. Alle Mastermind-Strategien zahlen darauf ein: Durch imaginatives Abstrahieren kann Zukunft anders gedacht, durch Vereinfachung kann Gegenwart erträglicher werden. Kultivierung von Vielfalt ermöglicht ein reibungsloses Miteinander im Rahmen aller drei »Horizonte«.

Der Systemfalle *falsche Zielsetzung* entgeht man durch *Lenkbarkeit* (da werden *Zwecke* formuliert). Lern- und Anpassungsfähigkeit verhindert Änderungsresistenz, geschickter Umgang mit Abhängigkeiten lenkt den Fokus auf Problemursachen. Gesundheit an Körper, Geist und Seele schließlich ist mit destruktiver Konkurrenz genau so wenig vereinbar wie mit ungerechtem Zugang zu Allgemeingütern. Hochwertige Aus- und Fortbildung sorgt für die nötigen Kenntnisse und Fähigkeiten.

---
301 Ebd. 126ff; 131 f.
302 Ebd. 201-204; 211-214.

12 Glaubwürdigkeit

12.1 Fiktionale Erwartungen

Jens Beckert, Direktor am Max-Planck-Institut für Gesellschaftsforschung, hat das Phänomen fiktionaler Erwartungen, der *Imaginationen,* untersucht.[303]

Anders als rationale Erwartungen, bei denen die Qualität verfügbarer Informationen sichere Prognosen zulässt, basieren fiktionale Erwartungen auf Unsicherheit. Akteure werden dadurch veranlasst, zusammenzuarbeiten. Das hat eine *kollektive, performative Wirkung*, die die Zukunft beeinflusst (vgl. Kap. 3.4). Die Kontingenz (Offenheit) fiktionaler Erwartungen motiviert aber auch zu (mitunter radikalen) Innovationen: Nur der Glaube an eine bessere Zukunft führt zur Abkehr von etablierten Verfahren, Technologien oder Praktiken. Und schließlich fordert die Kontingenz von Erwartungen geradezu eine *Politik der Erwartungen* heraus, deren »Design« Entscheidungen prägt.

Oft geht es dabei um Ressourcen, die Gegenstand heftiger Interessenkonflikte sein können. Deshalb versuchen Konkurrenten, Konsumenten, Forschende, Beschäftigte, Investoren etc., Erwartungen in ihrem Sinne zu beeinflussen.[304] Aber nicht nur Innovation, sondern auch Geld und Kredit, Investitionen und Konsum sind Grundbausteine der kapitalistischen Dynamik. All das basiert auf Vorstellungen von einer besseren Zukunft.

> »Das Konzept der fiktionalen Erwartungen berücksichtigt den Einfluss von Hoffnung, Furcht, Fantasie, Neuheit, Kreativität, Urteilsvermögen, Vertrautheit und Tradition auf unsere Entscheidungen«.[305]

Davon leben selbstverständlich auch Organisationen. Die *Zugkraft* fiktionaler Erwartungen hängt aber von ihrer Glaubwürdigkeit ab.[306] Darauf hat die Reputation des sozialen Systems, das Erwartungen weckt, großen Einfluss.

12.2 Was Organisationen beitragen können

Organisationen sollten eine geringe *Systemgefährdung* aufweisen (was automatisch der Fall ist, wenn die anderen NEO-Kriterien möglichst stark ausgeprägt sind). Dann sind sie glaubwürdiger und können für Leistungsnutzer, Beschäftigte, Investoren, Kommunen und andere »Stakeholder« attraktive Zukunftsbilder entwickeln.

---

303 Beckert, J. (2018)
304 Beckert, J. (2018), S. 25 ff.
305 Ebd. S. 441.
306 Ebd. S. 428.

In der NEO-Kategorie *Umgang mit Abhängigkeiten* geschieht genau das: die Inszenierung der Identität einer Organisation, die von Vergangenheit, Gegenwart und Erwartungen an die Zukunft geprägt ist. Geschichten, Bilder, Musik, Events und Berichte vermitteln zusammen ein attraktives Narrativ. Das ist die Grundlage langfristig robuster Beziehungen.

13 Vom Verkauf der Zukunft

13.1 Lösungsblockaden

Beckert hat weiterhin untersucht, wie die Aussichten im Kampf gegen den Klimawandel stehen[307]. Können wir dem Klimawandel wirksam begegnen? Beckert ist skeptisch.

Nach seiner Diagnose blockieren die Macht- und Anreizstrukturen sowie die Steuerungsmechanismen der kapitalistischen Moderne die Lösung des Problems. Entscheidungshorizonte von Unternehmen, Politik, Bürgerinnen und Bürgern basieren auf kurzfristigen Opportunitäten: Unternehmen wollen Gewinne erzielen. Der Staat braucht Steuereinnahmen von Unternehmen, die Gewinne erzielen, aber auch Wählerstimmen seiner Bürgerinnen und Bürgern, deren Einkommen durch Gewinne möglich wird. Sie konsumieren, was Unternehmen ihnen bieten, und bringen damit Individualität, Freiheit und Status zum Ausdruck. Die Funktionsweise der kapitalistischen Moderne steht damit im Widerspruch zum Erhalt natürlicher Lebensgrundlagen. Dieser erfordert einen schellen Ausstieg aus der Nutzung fossiler Energieträger wie Kohle, Öl und Gas, aber auch Konsumverzicht.[308]

Die dazu nötigen, absolut zeitkritischen Veränderungen in Wirtschaft, Politik und Gesellschaft sind jedoch nirgendwo zu sehen.[309]

Die Steigerungsdynamik der kapitalistischen Moderne basiert aber nicht nur auf Verflechtungen zwischen Wirtschaft, Staat und Konsument(inn)en, sondern auch auf einem pervertierten Verhältnis von Menschen und Natur, auf dem unerschütterlichen Glauben an Wohlstand durch Fortschritt und auf der Durchsetzung der *Moral der Individualisierung*.

Die Metapher von der *unsichtbaren Hand des Marktes*, die Adam Smith zur Begründung seiner Wirtschaftstheorie benutzte, hat die Vorstellung genährt, Eigennützigkeit diene dem Allgemeinwohl. Von Milton Friedmann, einem Vertreter der neoliberalen Chicagoer Schule, stammt der Satz:

> »Die soziale Verantwortung von Unternehmen besteht darin, Gewinne zu erzielen.«[310]

Das ist insofern richtig, als dass Gewinne Steuereinnahmen für soziale Zwecke und Mehrung des Wohlstands ermöglichen. Basieren sie jedoch, frei nach Schumpeter, auf *schöpferischer Zerstörung* und geht der schöpferische Akt gegen die Natur, bedroht dieser Treiber der Moderne unsere Lebensgrundlagen.

Der Klimawandel erhöht den *sozialen Stress* und damit die Gefahr gesellschaftlicher Konflikte. Die Möglichkeiten, die Folgen der Erderwärmung zu absorbieren, sind dabei ungleich verteilt. Zudem haben obere Einkommensgruppen deutlich größere ökologische Fußabdrücke als untere. Man kann Klimawandel

---

[307] Beckert, J (2024)
[308] Beckert, J (2024), S. 130.
[309] Ebd. S. 12-41.
[310] Ebd. S. 45.

darüberhinaus nur begrenzt mit Geld bekämpfen. Vor allem müssen politisch-moralische Ressourcen mobilisiert werden. Ohne die kann nachhaltige Transformation nicht in Gang gesetzt und jene Resilienz aufgebaut werden, die in einer um *mehr als 2 Grad* erwärmten Welt benötigt wird.[311]

Beckert stützt seine Aussagen auf Fakten aus Wirtschaft, Politik und dem Konsumverhalten. Besonders beeindruckend sind seine Ausführungen zu *Big Oil,* die ich deshalb ausführlicher wiedergebe.

In einer Welt mit steigendem Energiebedarf wird trotz des massiven Ausbaus erneuerbarer Energien nicht weniger, sondern mehr Öl und Gas verfeuert. Die Öl- und Gasindustrie hat weltweit ein Umsatzvolumen von ca. fünf Billionen Euro pro Jahr, vier Prozent der weltweiten Wertschöpfung nach Finanzertrag. In etlichen Ländern sind Öl und Gas die wichtigste staatliche Einnahmequelle. Die Gewinne der Öl- und Gasförderer lagen im Durchschnitt der letzten 50 Jahre bei jährlich einer Billion US-Dollar. 2022 verdiente der saudi-arabische Ölkonzern Saudi Aramco 161 Milliarden US-Dollar. Die Gewinne von Equinor, BP, ExxonMobil, Shell, Petrobras, Pampa Energia, Chevron und TotalEnergies lagen im selben Jahr zwischen 25 und über 70 Milliarden US-Dollar. Davon profitieren, neben Topmanagern und Beschäftigten, Pensionsfonds, private Investoren und Staaten. Die Gewinne und der Wert der Öl- und Gasförderer hängen von weiterer Extraktion fossiler Rohstoffe ab. Weil außerdem die Investitionen in Anlagen noch nicht abgeschrieben sind und fossile Energie höhere Gewinnmargen als die Erneuerbaren bietet, ist der Umstieg auf Erneuerbare im nötigen Umfang unwahrscheinlich.

Seit 2000 ist der weltweite Konsum fossiler Energie um 45 Prozent gestiegen, 87 Prozent der Primärenergie werden gegenwärtig aus fossilen Brennstoffen gewonnen. Die Unternehmen wissen, dass der durch ihr Produkt verursachte Klimawandel die natürliche Umwelt bedroht – Folgen sind aber *Fernwirkungen.*

Politischen Umsteuerungsversuchen begegnet man mit Lobbyismus. Ein Teil davon ist politischer Regulierung gewidmet, um Ausstiegstermine zu verschieben, Ölförderung in Naturschutzgebieten zu ermöglichen oder Subventionen aufrecht zu erhalten. Mit dem anderen Teil wird die öffentliche Meinung beeinflusst, um »Druck aus dem Kessel« zu nehmen. Für politische Einflussnahme geben die fünf größten westlichen Ölkonzerne jährlich ca. 200 Millionen US-Dollar aus.[312] Eine beliebte Taktik besteht auch darin, die Verantwortung für die Lage den Konsumenten zuzuschieben, deren schier unersättlicher Hunger nach Energie ein massives Umlenken gar nicht zulasse. Den Auftrag an eine Werbeagentur Anfang der 2000er Jahre, den menschlichen CO_2-Fußabdruck individuell berechenbar zu machen, gab der britische Öl- und Gasförderer BP.[313]

In einer Studie über Öl- und Gas-Förderprojekte, die in ihrer Laufzeit mehr als eine Milliarde Tonnen CO_2 ausstoßen (»CO_2-Bomben«) fand man 425, die potenziell 646 Milliarden Tonnen CO_2 ausstoßen. 60 Prozent der Projekte laufen bereits, 40 Prozent sind projektiert. Realisiert man alle, übersteigen die Emissionen das verbleibende CO_2-Budget zum Erreichen des 1,5-Grad Zieles um das Doppelte.[314]

---

311 Ebd. S. 18.
312 Ebd. S. 47-54.
313 Ebd. S. 60.
314 Ebd. S. 55.

Weitere Klimaschutzhürden sieht Beckert im Wohlstands-Nachholbedarf von Ländern im globalen Süden, denen die Mittel für erneuerbare Energien fehlen, im Etikettenschwindel mit Klimazertifikaten und Klimafonds, im bedarfsgerechten Abscheiden/Speichern von CO_2 und in Rebound-Effekten bei Effizienzgewinnen. Beim »grünen« Konsum klaffen Anspruch und Wirklichkeit weit auseinander:

> »Insgesamt zeigt sich, dass ›grünes‹ Verhalten dann zu erwarten ist, wenn die damit verbundenen Kosten und die daraus entstehenden Unbequemlichkeiten gering sind.«[315]

Beckert stellt ernüchert fest:

> »In der auf wirtschaftliches Wachstum und Konsumismus geeichten kapitalistischen Moderne ist eine politisch verordnete Schrumpfung der Wirtschaft schlicht nicht durchsetzbar«.[316]

13.2 Moralisch anstecken

Trotz pessimistischer Situationsbeschreibung sieht Beckert eine Welt, die die schlimmsten Folgen einer weiteren Erderwärmung auffangen kann. In dieser Welt müssten klimaverträgliche Geschäftsmodelle gefördert, Treibhausgasemissionen besteuert und Emissionen regulativ beschränkt werden. Investoren müssen ihre Renditeerwartungen begrenzen oder verlagern (noch besser wäre, sie erweiterten ihre Vorstellung von Ertrag, s. Kap. 4.3). Auch politische Spielräume müssen erweitert und genutzt werden, um Investitionen in Klimaschutz und Klimaanpassung zu lenken. Gleichzeitig muss Unterstützung der Wählerschaft auch dann mobilisiert werden, wenn Belastungen zu erwarten sind.

Aussichtsreich ist Orientierung an lebenspraktischen Maßnahmen der Klimaanpassung wie Hochwasserschutz, Klimaanlagen in Schulen, Bepflanzung öffentlicher Räume etc. Daran könne alle teilhaben. Durch Ausbau des öffentlichen Verkehrsnetzes müsste der Auto- und Flugverkehr reduziert werden. Mobilisierung erscheint möglich, wenn unterschiedliche Interessen durch einen Mix unterschiedlicher Maßnahmen berücksichtigt werden.

Ein gutes soziales Klima stärkt die Handlungsbereitschaft. Wichtig ist der Ausgleich finanzieller Belastungen *in allen Gesellschaften*. Das bedeutet den Abschied vom Dogma der »schwarzen Null« und höhere Steuern für den wohlhabendsten Teil der Gesellschaft.[317]

Gemeinwohlorientiertes Handeln muss stärker werden. Es müsste, als *soziale Norm,* im Alltag praktiziert und damit *erlebt* werden. Gesellschaftliche Diffusionsprozesse sollen *moralisch anstecken*. Lernorte sind die Beziehungsgeflechte des Alltags.[318] Dazu gehören neben Familie, Freundes- und Bekanntenkreis die Organisationen unserer Gesellschaft.

---

315 Ebd. S. 131 f.
316 Ebd. S. 130.
317 Ebd. S. 187-192.
318 Ebd. S. 195-197.

13.3 Was Organisationen beitragen können

Soziale Werte wie Fairness, Wertschätzung und gegenseitige Verpflichtung können als Anspruch im NEO-Befähiger *Lenkbarkeit* verankert werden. Das beeinflusst die Qualität der Aus- und Fortbildung, Gesundheit an Körper, Geist und Seele, Lern- und Anpassungsfähigkeit sowie den Umgang mit Abhängigkeiten.

Diesen Anspruch zu leben, ist kein sozialromantischer Akt von »Gutmenschen«, sondern steigert bekanntlich die kollektive Lösungskompetenz. Außerdem wird, durch Außenwirkung, der Gebrauchswert dieser Werte öffentlich – und damit zur Nachahmung empfohlen! Im Ergebnis ist, unter anderem, der Umgang mit natürlichen Ressourcen nachhaltig. Technische Risiken werden vermieden.

In *Corporate-Social-Citizenship-Projekten* können Infrastrukturen nachhaltiger gemacht werden. Das betont die zweifache Legitimation von Organisationen und macht sie attraktiver. Den Beschäftigten macht es bewusst, beim richtigen Arbeitgeber zu sein.

Fast erübrigt es sich zu betonen, dass beim Umsetzen des Anspruchs alle Mastermind-Strategien »zum Zuge« kommen.

14 Überforderte Gesellschaft

14.1 Querlagen

Auch Armin Nassehi[319] bezweifelt die Lösbarkeit der Klimakrise, jedoch aus anderen Gründen als Beckert: Nicht die Verknüpfung der Handlungslogiken gesellschaftlicher Akteure, sondern die funktionelle Differenzierung einer modernen Gesellschaft verhindert gesamtheitliche Lösungen.

Staat und Politik, Rechtsprechung, Wirtschaft, Wissenschaft, Bildung und Erziehung, Kunst und Kultur, Gesundheitswesen etc. funktionieren, über ihre Organisationen, nach verschiedenen Ja/Nein-Codes (Macht – Ohnmacht, Recht – Unrecht, Gewinn – Verlust, wahr – unwahr, wissen – nicht wissen, ästhetisch – nicht ästhetisch, gesund – krank etc.). Organisationen leben von Anschlüssen, die auf Sinn basieren. Er wird interaktiv durch Kommunikation erzeugt und ist ergebnisoffen.

Systemgerechte Anschlussmöglichkeiten beruhen auf Kompetenzen, mittels derer bestimmte Probleme gelöst werden können. Der Fokus liegt dabei auf der *Sachebene*. Damit liegen die funktionell differenzierten Systeme unserer Gesellschaft *quer* zu persönlichen Lebenslagen.

Versteht man Gesellschaft als operativen Raum, in dem Kommunikation, Strukturen und Routinen nebeneinander existieren, erkennt man, dass unser Handeln durch unterschiedliche Kontexte bestimmt ist. Erfolgserwartungen und *Beschreibungen von Welt* sind jeweils unterschiedlich. Die *Gleichzeitigkeit* unterschiedlicher Kontexte erzeugt, im Krisenfall, ein Synchronisationsproblem: Letztlich kennen moderne Gesellschaften kein »Zentrum«, welches Kontexte so aufeinander abstimmen könnte, dass die Leistungsfähigkeit ihrer Systeme im Sinne einer tragfähigen Krisen-Gesamtstrategie erhalten bleibt.[320]

Nassehi beschreibt das Phänomen anhand der Covid-Pandemie: Durch Lockdowns hat der Staat das Verhalten seiner Bürgerinnen und Bürger integriert. Schon bei den Lockerungen kamen aber wieder unterschiedliche Logiken zum Vorschein: Der Medizinbetrieb beklagte anfangs fehlende Behandlungsmöglichkeiten, Unternehmen die Unterbrechung von Lieferketten. Schulen bemühten sich um Kontinuität und Ausgleich von Ungleichheit. Familien waren durch permanente Anwesenheit ihrer Mitglieder überfordert, im Rechtssystem wägte man Einschränkungen der Grundrechte ab. Die Wissenschaft musste erleben, dass sie Erwartungen an Konsistenz und Eindeutigkeit ihrer Sätze nicht erfüllen konnte, Kunst und Kultur haderten mit Abstandregeln. Die Politik sah sich mit Kontrollverlust konfrontiert.

Wenngleich sich die Systeme unserer Gesellschaft in den Augen Nassehis als *funktional* leistungsfähig erwiesen haben, konnten sie nicht integriert werden: In Diskursen pochten Sprecher auf die je eigene Definition des Problems. Differenzierung in der Sachdimension ordnet Anschlüsse und Anschlussmöglichkeiten, macht aber das Gesamtsystem unerreichbar.[321]

---

319 Nassehi, A. (2021).
320 Nassehi, A. (2021), S. 83; 85.
321 Ebd. S. 80f; 121.

Nassehi sieht als größte Quelle des *Unbehagens* einer modernen Gesellschaft die Spannung zwischen ihrer sachlich begründeten, funktionalen Differenzierung und der Notwendigkeit, für persönliche, am Lebensverlauf orientierte Kontinuität zu sorgen.[322] Dazu brauchen Menschen Anhaltspunkte und Wahlmöglichkeiten, die sie *entlasten*. Das leisten die Institutionenarrangements der Gesellschaft: Bildungswesen, Erwerbsarbeit/Marktwirtschaft, Ehe und Familie, Sozial- und Wohlfahrtsstaat, (parlamentarische) Demokratie, politische Parteien und Nationalstaat, Bürger- und Menschenrechte etc. Sie ermöglichen zwar eine Kontinuität individueller Lebenslagen, liegen aber, wie Nassehi findet, quer zur Gesellschaftsstruktur mit ihren funktional differenzierten Systemen, die diese Kontinuität nicht garantieren können. Gleichzeitig verlagern die Institutionenarrangements die Selbstbeobachtung der Gesellschaft auf eben diese Arrangements.

Die funktionell differenzierte Struktur der Gesellschaft gerät dabei jedoch aus dem Blick.[323]

Während nun die funktionale Differenzierung ultrastabil ist, weisen institutionelle Arrangements eine hohe Fragilität auf. Die Covid-Krise hat gezeigt, wie leicht Routinen und institutionelle Ordnungen störbar sind – in Familien, am Arbeitsplatz, bei politischen Entscheidungen, Einschätzungen der Rechtslage etc. Covid hat erhebliche Ungleichheitsfolgen: Die Resilienz sozialer Strukturen wird da geringer, wo ohnehin schon fragile Versorgungsverhältnisse herrschen.

> »Die Mehrfachcodierung der gesellschaftlichen Herausforderungen führt zu Unübersichtlichkeit, unlösbaren Zielkonflikten und zur Unmöglichkeit einer gesellschaftsweiten Koordinierung von Handlungen. Sie garantiert aber eben auch, dass sich einzelne Funktionen [...] an das Komplexitätsniveau der Gesellschaft anpassen können.«[324]

Auf den mannigfaltigen Abhängigkeiten einer funktionell differenzierten Gesellschaft beruht deren Unfähigkeit, ein Handeln aus einem Guss zu inszenieren. Sie lässt sich weder allein ökonomisch, rechtlich oder wissenschaftlich noch allein religiös bestimmen, lenken, verändern und gestalten. Gemeinschaft lässt sich nicht so ohne weiteres herstellen, auch wenn Politik das propagiert. Damit zielt sie auf Kollektive ab, die politisch erzeugt und stabilisiert werden. Solche *communities* sind aber zunächst nur »Benutzeroberfläche einer Gesellschaft, deren Maschinenraum unsichtbar bleibt.«[325]

Genau da kann es Nassehi zufolge Lösungen geben, die *praktisch funktionieren*.

14.2 Latenz – und Arrangements, die praktisch funktionieren

Die Emanzipation des Individuums geht einher mit der Forderung nach Gleichberechtigung (besser: Gleichbehandlung) von Menschen, die sich in Herkunft, Geschlecht, Hautfarbe, geschlechtlicher Identität,

---

322 Ebd. S. 174.
323 Ebd. S. 156-161.
324 Ebd. S. 162; 169-173.
325 Ebd. S. 302 f.

körperlich-geistigen Fähigkeiten und soziokulturellen Besonderheiten unterscheiden. Manche von ihnen haben Diskriminierungserfahrungen.

Gesprächspartnerinnen, Gesprächspartner fühlen sich (oder werden) oft veranlasst, Unterschiede nicht nur wahrzunehmen, sondern auch Stellung dazu zu beziehen. Das aber bedeutet *Latenzverlust der sozialen Dimension,* in der man körperliche Merkmale zur Kategorisierung nutzt.[326] In einer Gesellschaft, die *nach der Sache* differenziert ist, dürften solche Merkmale eigentlich keine besondere Rolle spielen, sofern nicht genau sie Gegenstand der Sachdimension sind (z. B. in einer Organisation für interkulturelle Verständigung).

Soziale Systeme leben bekanntlich von der Anschlussfähigkeit kommunikativer Beiträge. Wichtig ist dann, *was* gesagt wird, nicht, *wer* es sagt (wenngleich solche Zuschreibungen kaum zu vermeiden, mitunter sogar nötig sind). Diskussionen über äußerlich Wahrnehmbares sind konflikträchtig, weil sie oft Eigen- und Fremdzuschreibungen und kulturelle Vergleiche enthalten, in denen schwerlich Konsens erzielt werden kann.

Kommunikation ist erfolgreich, wenn sie *kontinuiert,* also *fortgesetzt wird*, ohne dass man immer alle Kontextbedingungen hervorhebt. (Anmerkung des Autors: Davon unberührt bleibt die Pflicht nachhaltig Leitender, benachteiligte Beschäftigte bedarfsgerecht zu unterstützen, und zwar *in deren Augen* bedarfsgerecht). Unausgesprochen Gültiges bewahrt davor, sprachlich auf Glatteis zu geraten und Kommunikationsbrüche zu riskieren.[327]

Luhmann, auf den sich Nassehi beruft, nennt den Verzicht auf Hervorhebung äußerlicher Unterschiede *strukturfunktionale Latenz.* Sie schützt, wie oben angedeutet, die Anschlussfähigkeit der Beiträge, kann also dafür sorgen, dass Systeme weiterhin »funktionieren«.[328] Nassehi plädiert für *Latenzschutz* des Sozialen und damit dafür, auf Hervorhebung soziokultureller Andersartigkeit zu verzichten. Außerdem appelliert er an die akademische Community, Verhaltensänderung mit ästhetisch-konsumähnlichen Darbietungsformen zu versuchen, die *Unterhaltungswert* haben, statt weiter der Illusion zu erliegen, vermitteltes Wissen sei bereits handlungsleitend. Verhaltensmuster können erstaunlich hartnäckig sein.[329]

Dieser Apell entspricht der neurobiologischen Tatsache, dass die Vermittlung von Wissen vermutlich eher sinnlos ist, solange die *Anwendung des vermittelten Wissens* keine Belohnung in Aussicht stellt. Die nämlich erhofft sich unser blitzschnelles System 1 (der von Kahneman so bezeichnete unbewusste Teil unseres Gehirns, vgl. Kap. 2.2). Hier scheint pädagogisches Umdenken angebracht zu sein.

Chancen für einvernehmliche Lösungen sieht Nassehi in Arrangements zwischen den unterschiedlichen Funktionslogiken unserer Gesellschaft. Es müsste gelingen, Organisationen an einen Tisch zu bringen,

---

326 Ebd. S. 274.
327 Ebd. S. 264f; 265; 268; 328.
328 Luhmann, N. (2021), S. 459.
329 Nassehi, A. (2019), S. 48.

die sonst nicht an einem Tisch sitzen. Trotz aller Unterschiede sind Anschlussmöglichkeiten denkbar, aus denen praktisch brauchbare Lösungen hervorgehen.[330]

Das beendet Dissens und spricht für sich.[331]

14.3 Was Organisationen beitragen können

Im NEO-Befähiger *Lern- und Anpassungsfähigkeit* sind kommunikative Anschlüsse ein zentraler Erfolgsfaktor. Sie gelingen, wenn empowerte Beschäftigte in all ihrer Vielfalt *barrierefrei* (weil unter anderem psychologisch sicher) und *sachbezogen* Perspektiven zu konkreten Themen teilen. Auf Grundlage von Entscheidungsprämissen im NEO-Befähiger *Lenkbarkeit* können neue, bessere Lösungen entstehen.

Nassehi wirbt für die Nutzung bislang ungenutzter Synergiepotenziale. Wie beschrieben, werden diese durch die Mastermind-Strategie *Imaginativ Abstrahieren* identifiziert (Kap. 5.3).

Synergien zwischen Organisationen entstehen in Multi-Akteurs-Partnerschaften (MAP): Akteure aus Politik, Zivilgesellschaft, Privatwirtschaft und Wissenschaft arbeiten darin gemeinsam am Bewältigen komplexer Herausforderungen.[332] Studien zeigen, wie voraussetzungsvoll nachhaltiger Erfolg von MAP ist: Ziele definieren, Ressourcen bereitstellen, Lösungen finden, geteilte Verantwortung für den Prozess.[333]

Auch MAP benötigen Entscheidungsprämissen, die auf geteilten Erwartungen basieren. Man kann eine MAP als *eine Organisation* verstehen, deren Erfolgsaussichten anhand der NEO-Kategorien beurteilt werden können. Ihre Lenkbarkeit wird durch gemeinschaftlich akzeptierte Größen gewährleistet. Der *Kompass* (Abb. 11, Kap. 5.2) liefert dafür Anhaltspunkte. Im NEO-Befähiger *Umgang mit Abhängigkeiten* werden Begehrlichkeiten geweckt, durch attraktive, authentische Narrative, mit Storys, Bildern, Musik etc. Befriedigt werden die Begehrlichkeiten durch entsprechende *Leistungsmerkmale*.

---

[330] Nassehi, A. (2021), S. 315; 331.
[331] Nassehi, A. (2019), S, 208.
[332] https://www.germanwatch.org/de/multi-akteurs-partnerschaften (Zugriff: 23.10.24).
[333] Multi-Akteurs-Partnerschaften (MAP) für Deutschland (2017), S. 12.

15 Quellen gesellschaftlicher Konflikte

Andreas Reckwitz hat, wie andere Sozialwissenschaftler auch, eine nach Klassen, Gesinnungen und Haltungen tendenziell polarisierte Gesellschaft beschrieben. Seine Kollegen Steffen Mau, Thomas Lux und Linus Westheuser haben diese Beschreibung überprüft und neue Erkenntnisse gewonnen[334]. Ziel war die Analyse von Ungleichheitskonflikten der deutschen Gegenwartsgesellschaft, bei denen es stets um Ressourcen, Rechte und Anerkennung geht.

Nach soziologischem Verständnis ist von Polarisierung im Sinne gesellschaftlicher Spaltung dann die Rede, wenn das Auseinanderdriften der Einstellungen mit soziokultureller Segmentierung einhergeht, wie beispielsweise in den USA. Ohne die Krisenhaftigkeit gegenwärtiger Entwicklungen in Abrede stellen zu wollen, ging es den Forschern darum, gesellschaftliche Konflikte *jenseits der Zwei-Lager-These* zu vermessen und soziostrukturelle Lagerungen zu erkennen. Dazu brachten sie Erkenntnisse einer repräsentativen Umfrage mit bundesweit 2.530 Personen im Alter ab 16 Jahren mit qualitativen Erhebungen in Fokusgruppen und Dauerbefragungen zusammen.[335]

Kern der Untersuchung sind Konflikte um ungleiche Lebenschancen zwischen *fordernden* und *saturierten* Gruppen. Konfliktthemen sind materielle Güter, aber auch *symbolische Kämpfe*, in denen um moralische Angemessenheit, soziale Geltung, Deutungsmacht und die Auf- oder Abwertung von Lebensformen gerungen wird.[336] Grundannahme war, dass man es mit einem *pluralisierten Feld der Ungleichheitsverhältnisse* zu tun hat, dem ein *pluralisiertes Feld sozialer Konflikte* entspricht. Um dieses Feld übersichtlicher und damit zugänglicher zu machen, untersuchten die Forscher vier *Arenen der Ungleichheitskonflikte*.

Oben-Unten-Ungleichheiten betreffen Ressourcen- und Positionsverteilungen. Sie basieren auf einem Gefälle in materieller Ausstattung, Lebensstandard, Einkommen und Vermögen.

In der Arena der *Innen-Außen-Ungleichheiten* werden Konflikte um Zugang und Mitgliedschaft, Migration und Integration verhandelt.

Basis von *Wir-Sie-Ungleichheiten* ist die Kategorisierung von Gruppen nach Herkunft, Geschlecht, Hautfarbe etc. Sie geht mit Selbst- und Fremdzuschreibungen einher (darauf bezieht sich die Latenzempfehlung von Nassehi). Kategorisierungen können Marker für Ungleichbehandlung sein.

Bei *Heute-Morgen-Ungleichheiten* geht es um den Zustand natürlicher Güter. Klimawandel und Maßnahmen zu dessen Bewältigung berühren Lebensumstände. Oft erzwingen sie die Aufgabe liebgewonnener Besitzstände.[337]

---

[334] Mau, S. et al. (2023)
[335] Mau, S. et al. (2023): S. 14-35.
[336] Ebd. S. 41 f.
[337] Ebd. S. 47-62.

Mit dem Konzept der *Triggerpunkte* nutzten die Forscher ein Werkzeug,

> »mit dem sich aufschlüsseln lässt, warum und an welchen Punkten Konsens in Dissens umschlägt, wie Konflikte emotionalisiert werden und warum es so schwer ist, über bestimmte Themen Einigung zu erzeugen.«[338]

An Triggerpunkten können Konflikte eskalieren.

Die Forscher fanden vier Trigger-Typen, die in den Arenen der Ungleichheitskonflikte die Gemüter erhitzten: *Ungleichbehandlungen, Normalitätsverstöße, Entgrenzungsbefürchtungen* und *Verhaltenszumutungen*. Es interessierte sie besonders, ob Ungleichheitskonflikte auch Klassenkonflikte sind und welche »Klassen« sich in den Arenen jeweils gegenüberstehen. Klar war, dass das *Design von Erwartungen* und die *Definitionsverhältnisse* wesentlich bestimmt, welche Ungleichheiten als akzeptabel gelten und welche als skandalös erscheinen[339].

15.1 Konfliktarenen

Nach den Erkenntnissen der Forscher trifft das Bild einer *gespaltenen Gesellschaft* nicht zu (und erscheint in extremer Form in keinem der hier aufgeführten Beiträge). Differenzen sind diffus, themenspezifisch und beruhen nur teilweise auf sozialen Unterschieden.[340]

> »Auch bei besonders hitzigen Auseinandersetzungen handelt es sich bei näherer Betrachtung oft um Verhandlungen über die Bedingungen eines breit geteilten *impliziten Gesellschaftsvertrags* – und nicht um Fundamentalopposition, anhand derer sich Menschen in unversöhnliche Lager sortieren.«[341]

Wie aber sind dann die Konfliktlagen?

Oben – Unten
Die Kritik an Ungleichheit ist ausgeprägt, klassenübergreifend und nimmt im Zeitverlauf sogar zu. Eine stärkere öffentliche Mobilisierung gegen materielle Ungleichheit erfolgt jedoch derzeit nicht.

Kritik trifft auf Akzeptanz. Der Glaube an die Gültigkeit des Leitungsprinzips (Meritokratie), der in den unteren Klassen besonders stark ausgeprägt ist, und eine zufriedenstellende persönliche Situation entschärfen die Ungleichheitskritik. Krisenhafte politische Entwicklungen oder eine Verschlechterung der eigenen wirtschaftlichen Verhältnisse können jedoch Konflikte verschärfen. Unverdienter Reichtum und Sozialbetrug sind wirksame Trigger.[342]

---

338 Ebd. S. 24
339 Ebd. S. 24; 27; 43; 248, siehe dazu auch Beckert und Beck.
340 Ebd. S. 25; 381.
341 Ebd. S. 382.
342 Ebd. S. 77-86; 114-117.

Innen – Außen

Die Definitionsmacht in der Innen-Außen-Arena liegt vor allem bei denen, die *schon da sind* und sich als »Eingesessene« betrachten. Man ist sich *weitgehend einig*, dass die Aufnahme von Flüchtlingen ethisch geboten ist und Einwanderung nützlich sein kann, aber mehr oder weniger rigider Steuerung bedarf. Skeptiker befürchten Entgrenzung und können fremdenfeindlich gestimmt sein. Die Gegenseite hofft auf Umsicht beim Steuern der Einwanderung oder lehnt es aus humanitären Gründen sogar ab.

Uneinig ist man sich auch in der Frage, welche Verpflichtungen gegenüber Geflüchteten bestehen und nach welchen Kriterien man sie auswählen sollte. Die Einstellungen sind deutlich klassenstrukturiert: untere Klassen sind skeptischer als obere. Eine Spaltung lässt sich daraus aber nicht ableiten.[343]

Wir – Sie

Konflikte in dieser Arena rühren oft daher, dass gruppenspezifische Erfahrungen der Missachtung oder Diskriminierung mit Forderungen nach Anerkennung beantwortet werden. Das fordert die Träger der »dominanten Kultur« heraus. Im Zuge einer umfassenden Liberalisierung der Gesellschaft wird Diversität grundsätzlich akzeptiert, Diskriminierung abgelehnt. Uneinigkeit besteht darüber, wie weit letztere verbreitet ist, wie man sie überwinden kann und welche Erwartungen für Anerkennung als »Normale« an betroffene Minderheiten gestellt werden sollten.

Akzeptanz von Vielfalt ist *keine* Klassenfrage. Die Haltungen lassen sich danach gruppieren, ob die Akzeptanz auf *Duldung* oder auf *Wertschätzung* basiert. Wer Forderungen nach Anerkennung zurückweist, hat mitunter das Gefühl, die eigene Identität sei bedroht.[344]

Heute – Morgen

Umwelt- und klimapolitische Konflikte verändern sich dynamisch. Die Sorge um die Umwelt ist in der Breite der Bevölkerung angekommen und mehrheitlich *Common Sense*. Konflikte drehen sich nicht darum, *ob* Klimawandel bedrohlich ist, sondern darum, *wie und bei wem* die Transformation ansetzen sollte und vor allem: *wie schnell*.

Klimawandelfolgen werden von *Transformationsfolgen* unterschieden. Ungleichheitskonflikte treten auf, wenn Transformationslasten ungleich verteilt sind und Nachhaltigkeit zum (abgrenzenden) Lebensstil wird.[345]

> »Klar ist, dass die nachhaltige Mobilisierung eines (eigentlich vorhandenen) Konsens für den Klimaschutz nur dann gelingen kann, wenn die Klimawende neben der Sorge um das Ende der Welt auch jener um das Ende des Monats Rechnung trägt.«[346]

---

343 Ebd. S. 58, 153-157.
344 Ebd. S. 60; 199-203; 399.
345 Ebd. S. 239-242.
346 Ebd. S. 243.

Klassenunterschiede treten da hervor, wo man den Wohlstand in Gefahr sieht. Das trifft vor allem in unteren Statusgruppen zu. Die Forscher nehmen an, dass Klimawandel zunehmend zur Klassenfrage wird. Vier Aspekte sind dabei wichtig:
- Erstens die sozialen Unterschiede bei den *Verursachern.*
- Auch die *Betroffenheit* ist, zweitens, ungleich verteilt.
- Drittens beeinflusst der ökologische Umbau Lebenschancen.
- Viertens können symbolische Kämpfe zwischen Statusgruppen entstehen.[347]

15.2 Die Trigger

Das Gefühl, ungleich behandelt zu werden, verletzt Egalitätserwartungen. Trigger sind unverschuldete Armut, unverdienter Reichtum, Sozialbetrug, Missachtung des Leistungsprinzips. Werden Normalitätserwartungen verletzt, herrscht Angst vor dem Verlust einer geordneten, »normalen« Alltagswelt, auf die man sich verlassen kann. Trigger sind Regelverstöße und *die Verschiebung des Normalen.*

Damit verwandt sind Entgrenzungsbefürchtungen*,* die Kontrollerwartungen verletzen. Trigger sind beschleunigter Wandel, mit Verlust von Kontrolle und Berechenbarkeit sowie dem Gefühl der »Überfremdung« durch kulturelle Distanz. Verhaltenszumutungen schließlich verletzen Autonomieerwartungen. Eingriffe in Handlungsroutinen, Sprechverbote oder Bevormundung (Tempolimit, Veggie-Day, Heizungsgesetz etc.) sind hier die Trigger. Als Querschnittsphänomene können sie in allen Konfliktarenen auftauchen.

Die Forscher vermuten, dass ein Thema umso wahrscheinlicher zum Trigger wird, je wichtiger eine rote Linie für das Selbstverständnis eine Gruppe ist, je deutlicher sie übertreten wird und je mehr Erregungszustände zusammenkommen.[348]

Das gesellschaftliche Konfliktpotenzial in Deutschland beruht, wie die Autoren feststellen, nicht auf Spaltung. Emotionales Aufladen durch Trigger, Radikalisierung von Minderheiten und Bündelung vieler Konfliktthemen durch die rechtskonservative AfD und progressive Grüne führt aber zur *Politisierung an den Rändern.*[349] Eine Eskalation der Konflikte sollte deshalb verhindert werden.

15.3 Moralisch plausibel

Nach Darlegung ihrer Analysen fragen sich die Autoren:

> »Verfügt die Gesellschaft über die Kapazität, Auseinandersetzungen nicht nur auszutragen, sondern auch zu befrieden?«[350]

---

347 Ebd. S. 216-220.
348 Ebd. S. 275-277; 402 f.
349 Ebd. S. 384.
350 Ebd. S. 407.

Demokratien sind nicht davor gefeit, dass Konflikte eine Schärfe annehmen, die das politische System destabilisieren können. *Moralisch plausible, institutionelle* Arrangements können helfen. Moralisch plausibel sind sie dann, wenn ihnen keine Unfairness im Umgang mit den Teilnehmerinnen und Teilnehmern vorzuwerfen ist und Angemessenheitsvorstellungen erfüllt werden. Die Fragen der Gerechtigkeit, Berücksichtigung unterschiedlicher Leistungsmöglichkeiten, Ausschluss von Benachteiligung und Repräsentanz breiter Gruppen sind elementar.[351]

In der *Oben-Unten-Arena* müsse man auf die Entwicklung des Humankapitals setzen, durch Bildung, Qualifizierung und *Enabling*. In *der Innen-Außen-Arena* erscheint eine Kombination aus geregelter Einwanderung und begründetem und beherrschbarem Flüchtlingsschutz konsensfähig. Entscheidend für die Zustimmungsfähigkeit von Migration sind aber auch soziale Beziehungen vor Ort. Sofern die Integration gelingt, wird Diversity als positiv empfunden.

Soziale Interaktion ist auch das Schlüsselwort in der *Wir-Sie-Arena*. Regeln und professionelle »Intermediäre« in lokalen Kontexten können Anerkennungslücken schließen. In der *Heute-Morgen-Arena,* der Arena der Klimakonflikte, geht es um breite Mobilisierung der Veränderungsbereitschaft. Auch hier ist die Frage der Gerechtigkeit elementar. Durch breit aufgestellte Teilhabermodelle und Beteiligung an der Wertschöpfung könnten Chancen und Gewinne Mehrheiten erreichen.

Jenseits der Politik sind hier auch die Medien, die Kommunen und die Zivilgesellschaft gefragt. Ohne diese »Scharniere des gruppenübergreifenden Austausches« sei *Integration durch Konflikt* kaum denkbar.[352]

15.4   Was Organisationen beitragen können

Wie in den anderen Lösungsansätzen bleibt auch hier die Rolle von Organisationen erstaunlich unterbelichtet. Gerade sie können für die Befähigung von Menschen sorgen, auch *Empowerment* genannt.

In einer guten Führungs- und Interaktionskultur fühlen sich alle fair behandelt. Teilhabe an der Wertschöpfung kann *organisiert* werden. Bei Unternehmen spannt sich der Möglichkeitsraum von plausibel ermittelten Boni über Gewinnausschüttungen bis zur Übertragung von Gesellschafteranteilen. Grundlage ist kollektive Lösungskompetenz, die Ertragschancen nachhaltig vergrößert. Sie ist sicher nicht allein der Verdienst traditioneller Anteilseigner.

Zentrale NEO-Befähiger für diesen Lösungsansatz sind *Lenkbarkeit, Aus- und Fortbildung* und *Gesundheit an Körper, Geist und Seele*. Letztere dient dem Wohlbefinden aller Beteiligten, mobilisiert Veränderungsbereitschaft und dürfte auch die Kompromissbereitschaft steigern. Maßgebliche Mastermind-Strategie ist hier zweifellos *Vielfalt kultivieren*.

---

351   Ebd. S. 408 f.
352   Ebd. S. 409-420.

Wie bei Beckert gilt auch hier *Moralität* als Erfolgshebel. Organisationen sind die Orte, an denen sie sich so entfalten kann, dass die Gesellschaft davon profitiert.

In der folgenden Übersicht (Abb. 14) sind den Lösungen für eine bessere Gesellschaft der in Kap. 8–15 vorgestellten Autorinnen und Autoren die NEO-Kategorien und Mastermind-Strategien zugeordnet. Den Akzenten entsprechend, die jeweils in den Lösungen gesetzt werden, treten sie in unterschiedlicher Kombination und Häufung auf. Wichtig erscheint mir nochmals der Hinweis, dass sich sowohl die NEO-Kategorien als auch die Mastermind-Strategien gegenseitig bedingen, verstärken und ergänzen.

Autor/Autorin	Lösungen	NEO-Kategorien	Mastermind-Strategien
Andreas Reckwitz	• neuer Gesellschaftsvertrag • Regulierung Stadt-Land-Differenzen • Rückführung privatisierter Infrastruktur • soziokulturelle Integration • Prinzip gegenseitiger Verpflichtungen	Lenkbarkeit Lern- und Anpassungsfähigkeit	Vielfalt kultivieren
Hartmut Rosa	• resonante Beziehungen aufbauen	Lern- und Anpassungsfähigkeit Gesundheit an Körper, Geist und Seele	Vielfalt kultivieren Vereinfachen, was vereinfacht werden kann
Ulrich Beck	• transnational kooperieren	Lenkbarkeit Lern- und Anpassungsfähigkeit Umgang mit Abhängigkeiten	Imaginativ abstrahieren Vielfalt kultivieren
Maja Göpel	• Horizonte kombinieren, um nicht in Systemfallen zu geraten	Lenkbarkeit Lern- und Anpassungsfähigkeit Umgang mit Abhängigkeiten Gesundheit an Körper, Geist und Seele Qualität der Aus- und Fortbildung	Imaginativ abstrahieren Vielfalt kultivieren Vereinfachen, was vereinfacht werden kann
Jens Beckert	• glaubwürdige Erwartungen wecken	geringe Systemgefährdung Umgang mit Abhängigkeiten	
	• gutes soziales Klima schaffen • gemeinwohlorientiert handeln • moralisch anstecken	Lenkbarkeit Lern- und Anpassungsfähigkeit Umgang mit Abhängigkeiten Gesundheit an Körper, Geist und Seele Qualität der Aus- und Fortbildung	Imaginativ abstrahieren Vielfalt kultivieren Vereinfachen, was vereinfacht werden kann

Autor/Autorin	Lösungen	NEO-Kategorien	Mastermind-Strategien
Armin Nassehi	• Anschlussmöglichkeiten schaffen • soziokulturelle Unterschiede latent halten • Veränderungen unterhaltsam anregen	Lenkbarkeit Lern- und Anpassungsfähigkeit Umgang mit Abhängigkeiten Leistungsmerkmale	Imaginativ abstrahieren Vielfalt kultivieren Vereinfachen, was vereinfacht werden kann
Steffen Mau Thomas Lux Linus Westheuser	• moralisch plausibel sein • Teilhabe an Wertschöpfung organisieren • Humankapital entwickeln • Veränderungsbereitschaft mobilisieren	Lenkbarkeit Gesundheit an Körper, Geist und Seele Qualität der Aus- und Fortbildung	Vielfalt kultivieren

Abb. 14: Lösungen für eine bessere Gesellschaft

Die folgende Darstellung fasst zusammen, was die NEO-Haus-Befähiger, die NEO-Haus-Ergebnisse und die Mastermind-Strategien bewirken, wenn man sie richtig nutzt. Anregungen dazu befinden sich in Kapitel 4 und 5 des ersten Teils.

WIRKUNG VON NEO-KATEGORIEN UND MASTERMIND-STRATEGIEN

NEO-Haus-Befähiger

Lenkbarkeit
Inhalte drücken aus, was eine Organisation ist, was sie sein will, was sie erreichen möchte und wie sie es erreichen möchte. In dieser Kategorie befinden sich ihre normativen und strategischen Grundlagen. Als Erwartungsstrukturen beziehungsweise Entscheidungsprämissen liefern sie belastbare Hinweise darauf, was in einer Organisation als richtig und falsch gilt.

Qualität der Aus- und Fortbildung
In dieser Kategorie wird deutlich, inwieweit die Organisation ihren Fach- und Führungskräften die Kenntnisse und Fähigkeiten vermittelt, die sie zur Umsetzung ihres Zwecks, ihrer Absichten und ihres Anspruchs in einem turbulenten Umfeld benötigen. Davon profitieren alle anderen NEO-Kategorien.

Lern- und Anpassungsfähigkeit
Hier wird erkennbar, ob eine Organisation in der Lage ist, auf Basis einer leistungsfähigen Sensorik und durch Nutzung perspektivischer Vielfalt, relevante Fakten zu erkennen, die richtigen Schlüsse daraus zu ziehen, Entscheidungen herbeizuführen und diese Entscheidungen konsequent umzusetzen.

Umgang mit Abhängigkeiten
In dieser Kategorie kommt die Fähigkeit zum Ausdruck, kritische Abhängigkeiten von (äußeren) Beeinflussern zu erkennen, Interessenkonflikte zu lösen und robuste Beziehungen aufzubauen. Grundlage dessen ist die Fähigkeit, attraktive, authentische Narrative zu entwickeln und durch Storys, Symbole, Bilder, Musik, Berichte etc. über geeignete Kanäle zu verbreiten.

Gesundheit an Körper, Geist und Seele
Inhalte zeigen, was eine Organisation für die Gesundheit ihrer Beschäftigten tut, und zwar im umfassenden Sinn. Was hier zählt, sind Maßnahmen zur Erhaltung der körperlichen Gesundheit

(Unfallschutz, präventive Maßnahmen), aber auch seelische Gesundheit und geistige Anregung. Gute Bedingungen für Empowerment spielen dabei eine zentrale Rolle.

NEO-Haus-Ergebnisse
Leistungsmerkmale
Diese Kategorie enthält die Möglichkeiten, mit sofort abrufbaren Eigenschaften Störungen zu verkraften und Schocks zu überwinden. Hier liegen die klassischen Wettbewerbsvorteile von Unternehmen. Art und Umfang können durch Lern- und Anpassungsfähigkeit verändert werden.
Nachhaltiger Umgang mit natürlichen Ressourcen
Hier wird deutlich, was eine Organisation gegen die Überschreitung planetarer Grenzen tut. Es geht um CO_2-Emissionen, Wiederverwendbarkeit von Materialien, Design für Langlebigkeit sowie Umgang mit Substanzen wie Feinstaub, Schwermetallen, Stickstoff und Phosphor.
Vermeidung nicht vertretbarer technischer Risiken
Die Kategorie macht Aussagen darüber, inwieweit Produkte nach sogfältiger Abschätzung möglicher Risiken der Herstellung, Nutzung und Entsorgung entwickelt werden.
(Geringe) Systemgefährdung
Inhalte zeigen, mit welcher Wahrscheinlichkeit eine Organisation in absehbarer Zeit an eine kritische Schwelle gelangt, nach deren Übertretung sie möglicherweise aufhört zu existieren. Starke Ausprägungen der übrigen NEO-Kategorien können davor schützen.

Mastermind-Strategien
Imaginativ abstrahieren
Diese Strategie beruht auf der Fähigkeit, Horizonte des eigenen Denkens sowohl zeitlich als auch räumlich zu erweitern. Das erschließt neue Möglichkeitsräume. Systemische Dynamiken können besser verstanden, erfolgskritische Gegensätze aufgelöst, Synergiepotentiale genutzt werden.
Vielfalt kultivieren
Bei dieser Strategie geht es darum, perspektivische Vielfalt für bessere Lösungen zu nutzen. Soziokulturelle Offenheit hilft, diese Vielfalt herzustellen. Nutzbar wird sie aber erst durch eine Interaktionskultur, die von psychologischer Sicherheit, reflexiver Offenheit und Vertrauen geprägt ist. Und durch ein möglichst starkes Gefühl von *Empowerment* bei den Beteiligten.
Vereinfachen, was vereinfacht werden kann
Kern dieser Strategie ist, die Vielfalt möglicher Zustände (und damit die Komplexität des Geschehens) auf die wünschenswerten bzw. nicht vermeidbaren zu beschränken. Dabei entstehen tragfähige Entscheidungsprämissen (Zwecke, Ziele, Strategien, Werte etc.). Auf deren Basis können Effektivitäts- und Effizienzreserven in allen Bereichen der Organisation ausgeschöpft werden.

16 Anstoß

Zum Abschluss möchte ich den Blickwinkel auf nachhaltiges Führen nochmals erweitern.

Bisher habe ich mit Paul Crutzen, Herbert Simon und Daniel Kahneman drei Nobelpreisträger zitiert. Mit Richard Thaler folgt nun der vierte. 2008 hat der Wirtschaftswissenschaftler zusammen mit dem Juristen Cass Sunstein das Buch »Nudge: Improving Decisions About Health, Wealth, and Happiness« veröffentlicht. Es wurde zu einem internationalen Bestseller und einer »Bibel« der Verhaltensökonomen. (Titel der deutschen Ausgabe ist »Nudge: Wie man kluge Entscheidungen anstößt«[353]).

Das Argument der beiden Autoren basiert auf einem *libertären Paternalismus*: Menschen sollen veranlasst werden, Dinge zu tun, die sowohl für sie selbst als auch für die Gesellschaft nützlich sind, für die sie aber eines Anstoßes (engl. *nudge*) bedürfen. Ein Beispiel: Nach einer Operation im Krankenhaus kann man Patientinnen und Patienten vor unnötiger Einnahme suchtgefährdender Schmerzmittel bewahren, indem man ihnen weniger Tabletten als sonst üblich mitgibt. Menschen brauchen nämlich gewisse Rahmenbedingungen, um mehr gute als schlechte Entscheidungen zu treffen. Die Autoren nennen diese Bedingungen *choice architecture*. Der »Rahmen« erzeugt den Anstoß. Zitat Thaler:

> »Die Idee eines Anstoßes ist, dass wir Entscheidungen nie isoliert treffen.«[354]

Auch Modelle haben Nudge-Effekte. Nach dem Conant-Ashby-Theorem, das ich in Kapitel 5.7 kurz erwähnt habe, handeln wir meist nach *Modellen des Handelns*. Angenommen, wir machen die »Logik der Wertschöpfung« zu einer *choice architecture*. Dann wäre das eine gute Grundlage, einem Ziel näherzukommen, das auch Tim Jackson, Direktor des Centre for the Understanding of Sustainable Prosperity (CUSP) in Surrey, UK, am Herzen liegt:

> »In the first place, the goal of enterprise must be to provide the capabilities for people to florish. Second, this must happen without destroying the ecological assets on which our future prosperity depends.«[355]

Peter Jacques, Forscher im Fachbereich Politikwissenschaft und Soziologie der Monmouth University, New Jersey, ist der Frage nachgegangen, was Zivilisationen oder Reiche (das römische Reich und andere) hat untergehen lassen. Dabei bediente er sich des *systemischen Blicks*. Dem Untergang folgten meist ausgedehnte *dark ages*, dunkle Zeiten, die mit erheblichen Verlusten an Technologie, Wissen, Fähigkeiten und Bevölkerungsanteilen verbunden waren. Dem gingen Ertragsdefizite voraus, für die es nie nur einzelne Gründe gab. Und immer hatte man, hatte das politische Regime, eine Wahl. Der tiefere Grund für den Untergang sei stets *normatives Fehlverhalten* gewesen.[356]

---

353 Thaler, R., Sunstein, C. (2008).
354 https://www.ubs.com/microsites/nobel-perspectives/de/laureates/richard-thaler.html. (Zugriff: 28.3.24).
355 Jackson, P. (2017), S. 141.
356 Jacques, P. (2021), S. 225.

Maßstab für *normativ richtiges* Verhalten sind für Jacques die *ersten Grundsätze der Nachhaltigkeit*: Verantwortlichkeit und Zurückhaltung (im Sinne von Maß halten), Gerechtigkeit und Voraussicht.[357] Tugendhafte Haltungen sind systemisch relevant. Sie können sogar *dark ages* verhindern.

Auch Dietrich Dörner (Kap. 2.2) und Herfried Münkler weisen darauf hin, dass Fehler der politischen Führung viel Gutes verhindern können. Münkler ist Politikwissenschaftler und betrachtet die geopolitische Ordnung unserer Welt, in der Vergangenheit, Gegenwart und Zukunft, ebenfalls durch die systemische Brille. Aus geopolitischen Machtkonstellationen seit der Antike bis heute zieht er Schlüsse für eine Prognose der kommenden Weltordnung.

Ein kurzer historischer Rückblick, gefolgt von einem Ausblick.

Nach dem Ende der Sowjetunion und des kalten Krieges war auch die *bipolare* Ordnung zu Ende. Sie wurde durch eine *unipolare* abgelöst, mit den USA als »Hüter« von Demokratie und marktwirtschaftlich organisiertem Kapitalismus. Nach den Terroranschlägen vom 11. September 2001 fühlte sich das Land jedoch veranlasst, diese Maximen in der arabisch muslimischen Welt notfalls mit Gewalt durchzusetzen, und ist damit auf ganzer Linie gescheitert. Der Reputationsverlust, der damit einherging, machte es unbezahlbar, die *Hüterrolle* weiterhin ausfüllen zu wollen. Zwei Jahrzehnte nach Ende der Bipolarität begann daher die Erosion der Unipolarität. Währenddessen ist den USA in China ein neuer Konkurrent mit globalem Anspruch erwachsen.[358] Russland wiederum, »Reststaat« der alten Sowjetunion, stellt die Souveränität einiger Nachbarstaaten infrage und hat am 24. Februar 2022 einen brutalen Angriffskrieg gegen die Ukraine begonnen.

Die Vorstellung, auf Basis vermeintlich universell gültiger Werte könnte man *Frieden schaffen mit immer weniger Waffen*, »ist infolgedessen zerbröselt und fortgespült worden wie eine Sandburg am Strand.«[359] In dieser neuen Mächtekonstellation sucht Europa, und damit auch Deutschland, nach seiner Rolle. Münkler sieht Europa als eine von demnächst fünf Weltmächten, neben den USA, China, Indien und Russland, in einer *bipolar grundierten Pentarchie*: USA und Europa als demokratisch-rechtsstaatlicher Block, China und Russland als autoritär-autokratischer Block, dazwischen Indien als *Balancemacht*. Diese Ordnung verbinde »Anpassungsfähigkeit und Resilienz mit einer reduzierten Zahl von Koalitionsbildungen, was die Balanceerfordernis des »Züngleins« [Anm.: gemeint ist die Balancemacht] politisch handhabbar macht.«[360] Die Ordnung sei stärker durch macht- und geopolitische Imperative als durch religiöse und kulturelle Prägungen gekennzeichnet und wesentlich stabiler als ihre Alternative: die *Anarchie der Staatenwelt*.

Dazu könne es kommen, wenn sich die geordneten Reihen der Akteure (neben den »Spitzenplätzen der Weltordnung« sind auch zweite, dritte und vierte Plätze zu vergeben) auflösen und eine chaotische

---

[357] Ebd. S. 51.
[358] Münkler, H. (2024), S. 403; 13 f.
[359] Ebd. S. 14.
[360] Ebd., S. 206.

Ansammlung von Erregten entsteht, die nicht wissen, wo ihr Platz ist und die sich deswegen im Dauerstress befinden. Dann zerfalle die Ordnung.[361] *(Dark ages könnten folgen.)*

Rekurse auf das Völkerrecht stehen unter dem Vorbehalt, dass es mächtiger Akteure bedarf, die es durchsetzen.[362]

Für die – in Münklers Perspektive wahrscheinlichste – *Weltordnung der Fünf* müssten allerdings Voraussetzungen geschaffen werden. Das *Europa der Vielen* müsste seine machtpolitische Handlungsfähigkeit ebenso herstellen und bewahren wie die anderen Mächte. Die USA sind derzeit politisch und kulturell, China ist sozial und ethnisch gespalten. (Bei den bislang verlässlich demokratischen USA besteht immerhin die Hoffnung, dass sie sich von der Zeit unter Donald Trump einmal erholt haben werden.) In Indien verlaufen Spaltungslinien zwischen Hindus und Muslimen. Russland agiert derzeit sowohl nach außen als auch nach innen mit Gewalt und Unterdrückung und ist damit auch (noch) kein Garant für Stabilität.[363]

Was hat nun Münklers Prognose mit nachhaltigem Führen zu tun?

Sie ergänzt die *Bezugsfelder systemischer Ordnung:*
- Führungskräfte interessiert die Ordnung ihrer Organisation,
- Soziologen interessiert die Ordnung einer Gesellschaft,
- den Politikwissenschaftler interessiert die Ordnung der Welt.

Alle drei Gebilde sind soziale Systeme, wenngleich unterschiedlich komplex. Gelten für sie nicht ein und dieselben Resilienz- und Nachhaltigkeitskriterien?

Die »Gebilde« unterscheiden sich noch in einem anderen Punkt voneinander: in der wünschenswerten (!) Weite der Horizonte der beteiligten Masterminds (die Welt ist das komplexeste der drei Gebilde). Was würden die Anführerinnen und Anführer der Weltmächte aus ihren (hoffentlich weiten) »Horizonten« ableiten? Anders gefragt: Was *sollten* sie daraus ableiten?

Hier lohnt wieder ein Rückgriff auf Kant. Auf ihn geht sowohl Artikel eins unseres Grundgesetzes zurück *(Die Würde des Menschen ist unantastbar. Sie zu achten und zu schützen ist Verpflichtung aller staatlichen Gewalt*[364]*)* als auch die Idee des Völkerbundes beziehungsweise der Vereinten Nationen.

Das höchste Gut des Menschen ist für Kant die Verbindung moralischen Handelns mit individuellem und kollektivem Glück – eine durch *Glückswürdigkeit bedingte Glückseligkeit.* Diese Konzeption des höchsten Gutes gehört, wie der *kategorische Imperativ,* zu den zentralen Ideen von Kants Philosophie. Möglich ist

---
361 Ebd. S. 436.
362 Ebd. S. 428f; 206.
363 Ebd. S. 405f; 421.
364 Grundgesetz, Artikel 1.

das höchste Gut in einer Welt, in der alle Menschen in dem Maße glücklich sind, wie sie es aufgrund der *moralischen Qualität ihres Handelns* verdienen.[365]

Daraus leitet Kant eine Weltordnung ab, in der sich jeder Einzelne *als Weltbürger* frei entfalten kann, weil diese Ordnung auf Rechtsstaatlichkeit und Gerechtigkeit, Demokratie und Frieden basiert. *Ewiger Frieden* schließt für ihn alle anderen politischen Güter ein (auch allgemeine Wohlfahrt und freien Handel). Dass dieser Zustand auch im 18. Jahrhundert utopisch erschien, war Kant bewusst. In Handelsbeziehungen und einem kulturellen Austausch, der Grenzen überschritt, erkannte er jedoch *schwache Spuren der Annäherung* an das Ziel. Es zu erreichen, ist nicht völlig ausgeschlossen. Ewiger Friede war deshalb für Kant das höchste erreichbare, politische Gut.[366]

Vielleicht finden manche *Masterminds der Weltordnung* diesen Zustand erstrebenswert, sofern es ihre Egos zulassen. Wenn nicht jetzt, dann später. Wäre es nicht beruhigend zu wissen, dass sie *führungsstrategisch* adäquat dafür gerüstet sind?

---

365 Kant zitiert nach Willaschek, M. (2024), S. 136 f.
366 Ebd. S. 182; 43.

Anhang:
NEO-Check

Markieren Sie die für Sie passenden Werte und berechnen dann für jede NEO-Kategorie die durchschnittliche Ausprägung.

　　　　　　　　　　　　　　　　　Ergebnis-Kategorien

　　　　　　　　　　　　　　　　　Befähiger-Kategorien

Geringe Systemgefährdung (entspricht einer hohen Ausprägung dieser Kategorie)											
	Nicht relevant	trifft gar nicht zu									trifft voll zu
Wir sind jederzeit in der Lage, Entwicklungen in unserem Geschäftsfeld zu erkennen und entsprechend zu handeln.		1	2	3	4	5	6	7	8	9	10
Die Ausfallrisiken bei unseren Zulieferern sind derzeit gering.		1	2	3	4	5	6	7	8	9	10
Unsere Anspruchsgruppen (KundInnen, PatientInnen, Studierende, Lieferanten, Investoren etc.) bleiben uns derzeit treu.		1	2	3	4	5	6	7	8	9	10
Eigene Leistungsträger können wir gut an uns binden.		1	2	3	4	5	6	7	8	9	10
Wir gewinnen problemlos geeignete Fach- und Führungskräfte.		1	2	3	4	5	6	7	8	9	10
Wir sind auf absehbare Zeit voll zahlungsfähig.		1	2	3	4	5	6	7	8	9	10
Bei uns bestehen keinerlei Haftungs- und Prozessrisiken.		1	2	3	4	5	6	7	8	9	10
Das Risiko von Cyberattacken ist bei uns gering.		1	2	3	4	5	6	7	8	9	10
Summe aller Ausprägungen/Anzahl der Kreuze in weißen Feldern											

Anhang: NEO-Check

Leistungsmerkmale

	Nicht relevant	trifft gar nicht zu									trifft voll zu
Wir erfüllen konkrete Bedürfnisse besser als andere.		1	2	3	4	5	6	7	8	9	10
Die Qualität, die wir liefern, ist zuverlässig reproduzierbar.		1	2	3	4	5	6	7	8	9	10
Was wir leisten, ist nach Meinung der NutzerInnen unserer Angebote seinen Peis wert.		1	2	3	4	5	6	7	8	9	10
Bei unseren Anspruchsgruppen haben wir ein gutes Image.		1	2	3	4	5	6	7	8	9	10
Bekannte Anforderungen erfüllen wir effektiv und effizient. Unsere Lieferfähigkeit ist gleichbleibend hoch.		1	2	3	4	5	6	7	8	9	10
Unsere Finanzsituation ist auf absehbare Zeit stabil.		1	2	3	4	5	6	7	8	9	10
Wir optimieren ständig unsere Abläufe. Dabei nutzen wir alle Potenziale zum Automatisieren bzw. Digitalisieren.		1	2	3	4	5	6	7	8	9	10
Wir sind innovativ.		1	2	3	4	5	6	7	8	9	10
Summe aller Ausprägungen/Anzahl der Kreuze in weißen Feldern											

Lern- und Anpassungsfähigkeit

	Nicht relevant	trifft gar nicht zu									trifft voll zu
Wir erkennen stets Relevantes innerhalb und außerhalb unserer Organisation und ziehen die richtigen Schlüsse daraus.		1	2	3	4	5	6	7	8	9	10
Wir fördern und nutzen die Vielfalt unserer Beschäftigten für bessere Lösungen.		1	2	3	4	5	6	7	8	9	10
In Teams arbeiten wir nach klaren Zielen, mit klaren Regeln und verteilten Rollen. Wir reflektieren unsere Arbeit regelmäßig.		1	2	3	4	5	6	7	8	9	10
Wir kommunizieren offen und selbstkritisch. Jeder kann freimütig Ideen einbringen und sachliche Kritik üben.		1	2	3	4	5	6	7	8	9	10
Synergiepotenziale innerhalb und außerhalb unserer Organisation nutzen wir nach Bedarf und Möglichkeiten.		1	2	3	4	5	6	7	8	9	10

Fehler sind bei uns Anlass zum Lernen.		1	2	3	4	5	6	7	8	9	10
Wichtige Entscheidungen bereiten wir gut vor und setzen sie konsequent um.		1	2	3	4	5	6	7	8	9	10
Wir erkunden regelmäßig die Bedürfnisse unserer Anspruchsgruppen und gestalten danach unsere Angebote und Leistungen.		1	2	3	4	5	6	7	8	9	10
Summe aller Ausprägungen/Anzahl der Kreuze in weißen Feldern											

Umgang mit Abhängigkeiten

	Nicht relevant	trifft gar nicht zu								trifft voll zu
Bei wichtigen Entscheidungen betrachten wir unser »System«, mit Abhängigkeiten und Wechselwirkungen, stets ganzheitlich.		1	2	3	4	5	6	7	8	9	10
Es fällt uns leicht, unsere Organisation ansprechend darzustellen und Begehrlichkeiten zu wecken.		1	2	3	4	5	6	7	8	9	10
Wir sind erfolgreich im Aufbau von Beziehungen zu wichtigen Anspruchsgruppen (Fachkräfte, Kunden, Kapitalgeber etc.).		1	2	3	4	5	6	7	8	9	10
Unsere Beziehungen zu wichtigen Anspruchsgruppen sind funktional, emotional und rechtlich robust.		1	2	3	4	5	6	7	8	9	10
Mit Interessenkonflikten können wir gut umgehen.		1	2	3	4	5	6	7	8	9	10
Summe aller Ausprägungen/Anzahl der Kreuze in weißen Feldern											

Lenkbarkeit

	Nicht relevant	trifft gar nicht zu								trifft voll zu
Bei uns weiß jeder, wozu wir da sind, wofür wir stehen, was wir beabsichtigen und was das für jeden Einzelnen bedeutet.		1	2	3	4	5	6	7	8	9	10
Unsere Beschäftigten können an allen »Orten des Geschehens« stets autonom und angemessen handeln.		1	2	3	4	5	6	7	8	9	10
Unsere Grundsätze, Werte, Ziele, Projekte, Anforderungen und Beurteilungsmaßstäbe sind in sich widerspruchsfrei.		1	2	3	4	5	6	7	8	9	10
Summe aller Ausprägungen/Anzahl der Kreuze in weißen Feldern											

Qualität der Aus- und Fortbildung

	Nicht relevant	trifft gar nicht zu								trifft voll zu
Unsere Fach- und Führungskräfte schulen wir erfolgreich nach Grundsätzen, Zielen und konkreten Anforderungen.		1	2	3	4	5	6	7	8	9	10
Keine Berechnung erforderlich											

Gesundheit an Körper, Geist und Seele

	Nicht relevant	trifft gar nicht zu								trifft voll zu
Wir fördern aktiv das körperliche, geistige und soziale Wohlbefinden unserer Beschäftigten.		1	2	3	4	5	6	7	8	9	10
Arbeitsbedingungen und Führungskultur erzeugen bei unseren Beschäftigten das Gefühl, »empowert« zu sein.		1	2	3	4	5	6	7	8	9	10
Summe aller Ausprägungen/Anzahl der Kreuze in weißen Feldern											

Nachhaltiger Umgang mit natürlichen Ressourcen

	Nicht relevant	trifft gar nicht zu								trifft voll zu
Bei Energieverbrauch und CO_2-Emissionen wollen wir zu einem definierten Zeitpunkt in naher Zukunft klimaneutral sein.		1	2	3	4	5	6	7	8	9	10
Technische Produkte entwickeln wir unter der Maßgabe von Langlebigkeit, Reparierbarkeit und Wiederverwendbarkeit.		1	2	3	4	5	6	7	8	9	10
Technische Teile und Materialien sind bei uns weitgehend recycelbar. Wir unterstützen das Recycling.		1	2	3	4	5	6	7	8	9	10
Wir vermeiden Abfälle, die nicht in natürliche Stoffkreisläufe zurückgeführt werden.		1	2	3	4	5	6	7	8	9	10
Wir emittieren keine Substanzen, die Luft, Böden oder Gewässer belasten (Feinstaub, Schwermetalle, Stickstoff, Phosphor etc.).		1	2	3	4	5	6	7	8	9	10
Summe aller Ausprägungen/Anzahl der Kreuze in weißen Feldern											

Anhang: NEO-Check | 147

Vermeidung nicht vertretbarer technischer Risiken												
		Nicht relevant	trifft gar nicht zu									trifft voll zu
Wir entwickeln unsere Produkte nach sorgfältiger Abschätzung möglicher Risiken der Herstellung, Nutzung und Entsorgung.			1	2	3	4	5	6	7	8	9	10
	Keine Berechnung erforderlich											

Der größte Handlungsbedarf liegt bei den Kategorien mit der niedrigsten Ausprägung. Beachten Sie jedoch die Abhängigkeiten: Geringe Systemgefährdung, starke Leistungsmerkmale, nachhaltiger Umgang mit natürlichen Ressourcen und Vermeidung technischer Risiken beruhen wesentlich auf Lenkbarkeit, guter Aus- und Fortbildung, Lern- und Anpassungsfähigkeit, geschicktem Umgang mit (äußeren) Abhängigkeiten und, nicht zuletzt, Gesundheit der Beschäftigten an Körper, Geist und Seele.

Danke

Brauchbare Sachbücher entstehen selten im Elfenbeinturm. Wenn, nach Aussage dieses Buches, Interaktion ein Schlüsselelement ist, um bessere Lösungen zu finden, gilt das natürlich auch, wenn Bücher entstehen, die Nutzen stiften sollen. Für inspirierende Interaktionserfahrungen danke ich Jürgen Kopfmüller, Hans Strikwerda und Jan Reisener, meinen Co-Autoren im Essential *Organisationen als Transformationsbeschleuniger*. Wie vielfältig der Einfluss von Organisationen auf unsere Gesellschaft sein kann, haben mir Jasmin Arbabian-Vogel, Damian Borth, Karl-Werner Brand, Christine Epler, Stefan Fischer-Fels, Angelika Geiselbrechtinger, Armin Grunwald, Aletta Gräfin von Hardenberg, Wulf Herzogenrath, Stephanie Hubold, Volker Jung, Miriam Koch, Petra Köpping, Manuela Lenzen, Frauke Logermann, Ferdinand Munk, Claudine Nierth, Thorsten Nolting, Gabriele Patten, Andreas Pläsken, Nina Straßner, Bernd Tischler, Uwe Schneidewind, Eckart Uhlmann und Ulla Weber vermittelt. Helga Gronemeyer und Katrin Najorka danke ich für ihre nie nachlassende Neugier für das Thema und gute Tipps beim Formulieren. Frank Baumgärtner und Claudia Dreiseitel danke ich für die Betreuung im Verlag, Elke Renz für die gute Zusammenarbeit beim Lektorat.

Literatur

Aral, S. (2020): The Hype Machine. How Social Media Disrupts Our Elections, Our Economy, and Our Health and How We Must Adapt. New York.

Argyris, C. (1999): On organizational learning. Oxford.

Ashby, W. R. (1970). An introduction to cybernetics (5. Aufl.). London. (1. Aufl. 1956).

Avolio, B., Bass, B. (2002). Developing potential across a full range of leaderships: cases on transactional and transformational leadership. Mahwah, NJ.

Bazerman, M.H., Moore, D. (2009): Judgement in Managerial Decision Making. New Jersey.

Beck, U. (2017): Weltrisikogesellschaft. Auf der Suche nach der verlorenen Sicherheit. Frankfurt.

Beck, U., Rosa, H. (2014): Eskalation der Nebenfolgen. In: Lamla, J., Laux, H., Rosa, H., Strecker, D. (Hrsg.): Handbuch der Soziologie. Konstanz.

Beckert, J. (2024): Verkaufte Zukunft. Warum der Kampf gegen den Klimawandel zu scheitern droht. Berlin.

Beckert, J. (2018): Imaginierte Zukunft. Fiktionale Erwartungen und die Dynamik des Kapitalismus. Berlin.

Beer, S. (1972): The Brain of the Firm. Chichester. Zitiert nach Malik, F. (2000): Strategie des Mangements komplexer Systeme. Bern, S. 77 ff.

Biggs, R., Schlüter, M., Schoon, M.L. (Hrsg.) (2015): Principles for building resilience: sustaining ecosystems services in social-ecological systems. Cambridge.

Bleicher, K. (2017): Das Konzept Integriertes Management. (9. Aufl.). Frankfurt/New York.

Bogumil, J., Jann, W. (2009): Verwaltung und Verwaltungswissenschaft in Deutschland. Wiesbaden.

Brand, K.W. (2014): Umweltsoziologie. Weinheim.

Breithaupt, F. (2022): Das narrative Gehirn. Berlin.

Burmann, C., Halaszovich, T., Hemmann, F. (2012): Identitätsbasierte Markenführung. Wiesbaden.

Cinner, J. E., Barnes, M.L. (2019): Social dimensions of resilience in social-ecological systems. In: One Earth 1(1), S. 51-56.

Chapin, F. S., Carpenter, S. R., Kofinas, G. P., Folke, C., Abel, N., Clark, W. C., Olsson, P., Stafford Smith, D. M., Walker, B. O., Young, O., Berkes, F., Biggs, R., Grove, J. M., Nayloe, R. L., Pinkerton, E., Steffen, W., & Swanson, F. J. (2010): Ecosystem stewardship: Sustainability strategies for a rapidly changing planet. In: *Trends in Ecology and Evolution,* 25, S. 241–249.

Csíkszentmihályi, M. (2000): Das Flow-Erlebnis. Jenseits von Angst und Langeweile im Tun aufgehen (8. Aufl.). Stuttgart. (Originaltitel: Beyond boredom and anxiety. The experience of play in work and games, 1975).

Cyert, R. M., March, J. G. (1963): A behavioral theory of the firm. Englewood Cliffs, N.J.: Prentice Hall.

De Bono, E. (1998): Simplicity. London: Penguin.

Deci, E. L., Ryan, R. M. (1990): A motivational approach to self: Integration in personality. In: Dienstbier, R. (Hrsg.), Nebraska symposium on motivation. Lincoln.

De Witt, B. (2020): Strategy, Process, Content, Context. (7. Aufl.). London.

Dillerup, R., Stoi, R (2013): Unternehmensführung. München.

Dörner, D. (2019): Schwierigkeiten des Denkens in der Politik. Arbeitspapier, Trimberg Research Academy, Otto-Friedrich-Universität, Bamberg.

Dörner, D. (1997): Die Logik des Misslingens. Reinbek.

Edmondson, A. C. (2019): The fearless organization. New York.

Elmqvist, T, Folke, C., Nyström, M., Peterson, G., Bengtsson, J., Walter, B., Walker, B., Norberg, J. (2003). Response diversity, ecosystem change and resilience. Frontiers in Ecology and the Environment, 2003, Vol. 1, Nr. 9.

Engagement Index 2023: https://www.gallup.com/de (Zugriff 25.6.24).

Eylon, D. (1998): Understanding empowerment and resolving its paradox. Lessons from Mary Parker Follett. Journal of Management History, Vol. 4 No. 1, 1998, S. 16-28.

Fisher, W.R. (1989): Human Communication as Narration. Columbia.

Folke, C., Carpenter, S.R., Walker, B., Scheffer, M., Chapin, T., Rockström, J., (2010): *Resilience Thinking: Integrating Resilience, Adaptability and Transformability. Ecology and Society*. Band 15, Nr. 4, 15. http://www.ecologyandsociety.org/vol15/iss4/art20/ (Zugriff: 23.5.24).

Franck, G. (2007): Die Ökonomie der Aufmerksamkeit. München.

Franken, S. (2010): Verhaltensorientierte Führung. Wiesbaden.

Fukuyama, F. (1992): The End of History and the Last Man. München. Penguin.

Furtner, M. (2018): Self-Leadership. Wiesbaden.

Furtner, M.; Baldegger, U. (2016): Self-Leadership und Führung. Wiesbaden.

Gigerenzer, G. (2008): Bauchentscheidungen. München.

Göpel, M. (2022): Wir können auch anders. Aufbruch in die Welt von morgen. Berlin.

Grundgesetz für die Bundesrepublik Deutschland vom 23.5.1949.

Grunwald, A. (2016): Nachhaltigkeit verstehen. München.

Grunwald, A., Kopfmüller, J. (2022): Nachhaltigkeit. Frankfurt.

Habermas, J. (2023): Moralbewusstsein und kommunikatives Handeln. Berlin.

Haskel, J., Westlake, S. (2018): Capitalism without Capital. Princeton.

Herger, M. (2016): Das Silicon Valley Mindset. Kulmbach.

Herbst, D.G. (2021): Storytelling in den Public Relations. Köln.

Holling, C. S. (1973): Resilience and stability of ecological systems. In: Annual Review of Ecological Systems 4, S 1–23.

Itami, H., Roehl, T.W. (1987): Mobilizing invisible assets. Cambridge/MA: Harvard University Press.

Jackson, T. (2017): Prosperity without growth. New York.

Jacques, P. (2021): Sustainability. New York.

Johnson, H.T., Kaplan, R.S. (1987): Relevance lost – the rise and fall of management accounting. In: Management Accounting, Jan 1987; 68, 7.

Judt, T. (2005): Geschichte Europas von 1945 bis zur Gegenwart. München.

Kahneman, D. (2012): Thinking, fast and slow. Penguin (UK/USA).

Kant, I. (2022): Kritik der praktischen Vernunft. Mit modernisierter Orthografie. München.

Kaplan, R. S., Norton, D. P. (1992): The Balanced Scorecard – Measures that Drive Performance. In: Harvard Business Review, Vol. 70, 1992, 71–79.

Kim, W. C., Mauborgne, R. (2005): The Blue Ocean Strategy. Boston.

Kinne, P. (2022): Diversity 4.0. (2. Aufl.). Berlin.

Kinne. P., Kopfmüller, J., Reisener, J., Strikwerda, H. (2022): Organisationen als Transformationsbeschleuniger. Berlin.

Kinne, P. (2020): Nachhaltigkeit entfesseln! Berlin.

Kinne, P. (2017): Hausaufgaben für Gewinner. Berlin.

Kinne, P. (2016): Querschnitts-Disziplinen. Arbeitspapiere der FOM, Nr. 62. Essen.

Kinne, P. (2013): Balanced Governance. Arbeitspapiere der FOM, Nr. 32. Essen.

Kinne, P. (2011): Die Kunst, bevorzugt zu werden. Erlangen.

Kinne., P. (2009): Integratives Wertemanagement. Wiesbaden.

Kneer, G., Nassehi, A. (2000): Niklas Luhmanns Theorie sozialer Systeme. Paderborn.

Kolko, J., (2011): Exposing the Art of Design. New York.

Kopfmüller, J., Brandl, V., Jörissen, J., Pateau, M., Banse, G., Coenen, R., Grunwald, A. (2001): Nachhaltige Entwicklung integrativ betrachtet. Berlin.

Krickhahn, T. (2022): Bioökonomie – eine (inter-)disziplinäre Perspektive. In: Jeschke, B.; Heupel, T. (Hrsg.): Bioökonomie. Wiesbaden.

Kühl, S. (2011): Organisationen. Wiesbaden.

Lade, S. J., Walker, B.H, Haider, L.J. (2020): Resilience as pathway diversity: linking systems, individual and temporal perspectives on resilience. In: Ecology and Society 25(3): 19.

Lev, B. (2011): Intangibles, Management, Measurement, and Reporting. Washington.

Levinthal, D. A.; March, J. G. (1993). The myopia of learning. In: Strategic Management Journal, 14, 1993.

Lindsay, B. (2013): Human Capitalism. Princeton.

Luhmann, N. (2021): Soziale Systeme. Frankfurt (1. Aufl. 1987).

Luhmann, N. (2000a): Organisation und Entscheidung. Opladen.

Luhmann, N (2000b): Vertrauen. Stuttgart.

Malik, F. (2019): Führen Leisten Leben. Frankfurt.

Malik, F. (2008): Unternehmenspolitik und Corporate Governance. Frankfurt.

Malik, F. (2001): Führen Leisten Leben. München.

Malik, F. (2000): Strategie des Managements komplexer Systeme. Bern. (1. Aufl. 1984).

Multi-Akteurs-Partnerschaften (MAP) für Deutschland (2017). Potentiale, Herausforderungen und Anwendungsmöglichkeiten am Beispiel der Initiative für Transparenz im rohstoffgewinnenden Sektor (D-EITI). Hrsg. vom Sekretariat der Deutschen Extractive Industries Transparency Initiative (D-EITI) c/o Deutsche Gesellschaft für Internationale Zusammenarbeit (GIZ). Berlin. Im Internet: http://star-www.giz.de/fetch/88Xk00zt8g0002QghR/giz2017-0246de-d-eiti-multi-akteurs-partnerschaften-deutschland.pdf (Zugriff: 08.11.24)

March., J. G. (1994): A Primer on Decision Making. New York.

March, J. G.; Weil, T. (2005): On Leadership. Oxford.

March, J. G.; Simon, H. (1993): Organizations. Cambridge.

Martin, R. (2020): When more is not better. Boston.

Martin, R. (2009): The Design of Business. Boston.

Mason, P. (2019): Clear Bright Future. London: Allen Lane.

Maturana, H., Varela, F (2009): Der Baum der Erkenntnis. Frankfurt.

Mau, S., Lux, T., Westheuser, L. (2023): Triggerpunkte. Konsens und Konflikt in der Gegenwartsgesellschaft. Berlin.

Mazzucato, M, (2019): Wie kommt der Wert in die Welt? Frankfurt.

Meadows. D. H. (2008): Thinking in Systems: A Primer. Vermont.

Meadows, D. (1972): Die Grenzen des Wachstums. Stuttgart.

Münkler, H. (2024): Welt in Aufruhr. Berlin.

Murphy, C. (2023): Nachhaltige Führung. Weinheim.

Nassehi, A. (2021): Unbehagen. Theorie der überforderten Gesellschaft. München.

Nassehi, A. (2019): Muster. Theorie der digitalen Gesellschaft. München.

Neckel, S., Besedovsky, N. P., Boddenberg, M., Hasenfratz, M., Pritz, S. M., Wiegand, T. (2018): Die Gesellschaft der Nachhaltigkeit. Bielefeld.

Oehler, K. (Hrsg.) (1985): Charles S. Peirce. Über die Klarheit der Gedanken. Frankfurt.

Pfeffer, J. (2015): Leadership BS: fixing workplaces and careers one truth at a time. New York.

Pfeffer, J. (2018): Dying for a Paycheck. New York.

Piketty, T. (2015): Das Kapital im 21. Jahrhundert. Zitiert nach Mau., S. et al. (2023): Triggerpunkte. Berlin.

Pinker, S. (2018): Enlightment Now. New York.

Porter, M. (2008): Was ist Strategie? In: Harvard Business Manager, April 2008, 16; 17.

Probst, G., Raisch, S. (2005). Organizational crisis: The logic of failure. In: Academy of Management Executive, 19(1), 90–105.

Reckwitz, A. (2024): Verlust. Ein Grundproblem der Moderne. Berlin.

Reckwitz, A. (2019): Das Ende der Illusionen. Politik, Ökonomie und Kultur in der Spätmoderne. Berlin.

Riemann, F. (1995): Grundformen der Angst. München.

Rubin, R. (2023): Kreativ. Die Kunst zu sein. München.

Rosa, H. (2023): Unverfügbarkeit. Berlin.

Rosa, H. (2017): Resonanz. Eine Soziologie der Weltbeziehung. Berlin.

Rosa, H., Strecker, D., Kottmann, A. (2018): Soziologische Theorien, Konstanz.

Roth, G. (2019): Warum es so schwierig ist, sich und andere zu ändern. Stuttgart.

Schneider, A. (2015): Reifegradmodell CSR – eine Begriffsklärung und -abgrenzung. In: Corporate Social Responsibility. Verantwortungsvolle Unternehmensführung in Theorie und Praxis. Berlin.

Schneidewind, U. (2018): Die große Transformation. Frankfurt.

Schultz, J., Brand, F., Kopfmüller, J., Ott, K. (2008): Building a »theory of sustainable development«: two salient conceptions within the German discourse. International Journal for Environment and Sustainable Development 7(4), pp. 465-482, DOI:10.1504/IJESD.2008.022390.

Schumpeter, J.A. (1931): Theorie der wirtschaftlichen Entwicklung, Leipzig, zitiert nach Vahs, D., Brem, A. (2015): Innovationsmanagement. Stuttgart, S. 22.

Schwaninger, M. (2006). Intelligent Organizations. Berlin.

Senge, P. (1990): The Fifth Discipline. London.

Simon, H. A (1972): Theories of bounded rationality. In C. B. McGuire & R. Radner (Hrsg.), Decision and organization. Amsterdam.

Sloterdijk, P. (2016): Im Weltinnenraum des Kapitals. Frankfurt.

Spreitzer, G. M., Doneson, D. (2008): Musings on the past and future of employee empowerment. In: T. Cummings (Hrsg.), Handbook of organizational development (pp. 311–324). Thousand Oaks, CA.

Steinmann, H., Schreyögg, G. (2005): Management – Grundlagen der Unternehmensführung. Wiesbaden.

Sustainable Development Report 2024, Executive Summary. https://dashboards.sdgindex.org/chapters/executive-summary (Zugriff: 17.10.24).

Thaler, R., Sunstein, C. (2008): Nudge: Wie man kluge Entscheidungen anstößt. Berlin.

Walker, B., Salt, D. (2006): Resilience thinking. Sustaining Ecosystems and People in a changing world. Washington.

Walker, B., Holling, C.S., Carpenter, S. R., Kinzig, A. (2004). Resilience, Adaptability and Transformability in Social-ecological Systems. Ecology and Society 9(2): 5, https://www.ecologyandsociety.org/vol9/iss2/art5/ (Zugriff: 17.10.24).

WCED (World Commission on Environment and Development) (1987). Our Common Future. Oxford.

WEF (World Economic Forum) (2024): The Global Risks Report 2024. https://www3.weforum.org/docs/WEF_The_Global_Risks_Report_2024.pdf (Zugriff: 24.1.24).

Weick, K., Sutcliffe, K. (2015): Managing the Unexpected. Hoboken.

v. Weizsäcker, U., Wijkman, A. (2017). Wir sind dran. Gütersloh.

Willaschek, M. (2024): Kant. Die Revolution des Denkens. München.

Womack, J. P., Jones, D.T., Roos, D. (1991): The Machine that changed the world. New York.

Zum Autor

Dr. Peter Kinne

Wie Führung aussehen kann, konnte Peter Kinne schon bei seinem Großvater beobachten, der einen stattlichen augenoptischen Fachbetrieb aufgebaut hatte. Den übernahm er später und entwickelte ihn weiter. Dann wechselte er in die Industrie, leitete die größte Niederlassung des Marktführers und führte deutschlandweit ein neues Vertriebskonzept ein. Nächste berufliche Station war die Geschäftsleitung eines Filialisten, wo er die Profilierungsstrategie verantwortete. Heute befasst er sich als Berater, Hochschuldozent und Buchautor mit integrativen Methoden der Analyse, Entwicklung und Führung von Organisationen. Peter Kinne hat in Berlin Augenoptik studiert, in Zürich und New York seinen Master in Business Administration gemacht und wurde an der Universität Leiden zum PhD in Business Administration promoviert. In Berlin absolvierte der gelernte Qualitätsauditor und Coach außerdem eine Journalistenschule. Mit seinen Konzepten will er dazu beitragen, Organisationen und deren Wirkung auf unsere Gesellschaft »greifbarer« zu machen und den anspruchsvollen Führungsalltag zu erleichtern.